Finish Big

起業家たちへの、
悔いなき出処進退のためのアドバイス

Bo Burlingham
ボー・バーリンガム
出張勝也 監訳
上原裕美子 訳

FINISH BIG
How Great Entrepreneurs Exit Their Companies on Top
by Bo Burlingham

This edition published by arrangement with Portfolio, an imprint of Penguin Publishing Group, a division of Penguin Random House LLC through Tuttle-Mori Agency, Inc., Tokyo

私の大切な人、リサへ。そしてジェイクとマリア、ケイトとマット、
それからオーウェン、キキ、フィオナ、ジャックへ。
家族があるから人生がある。

目次

はじめに

「そのとき」が来る前に、私たちが考えたいこと――

どんな起業家でも、いつかは表舞台から身を引くときが来る。ビジネスの世界においては数少ない「絶対確実なこと」の一つだ。存続性のある会社を築けているならば、時期と方法は自分で選べるだろう。だが「身を引くかどうか」は選択の問題ではない。引くべきときは必ず来る。それは疑いようがない。

株式未公開の企業の経営者は、この単純な事実を聞かされると、たいていショックを受ける。しかしそんな受け止め方こそが、ビジネスの最終フェーズに対する関心の低さを物語る証拠ではないだろうか。ビジネスという旅路にはさまざまな側面がある。マーケティング、財務、顧客サービス、経営、企業文化についてネットで検索すれば、あふれるほどの情報が見つかる。ところが出口戦略《エグジット》に関する情報量は本当に少ないのだ。かろうじて得られる内容と言えば、売却益を最大化する方法ばかり。だが、起業家が身を引くまでのプロセスには実に多くの要素がかかわってくる。幸せなエグジットができるかどうか――すなわち〈大いなるゴールを迎える〉《Finish Big》かどうかを決めるのは取引金額だけではない。金額の多寡以外の要素も、決して軽視できない大事な役割を果たすのである。

少なくとも今の私はそう実感している。だが本書の執筆を始めた時点では、エグジットについて全くと言っていいほど知識がなかった。私が三〇年以上にわたって寄稿してきたビジネス誌『インク』も、長年このテーマにはほとんど目を向けてこなかった。私が注目するようになったきっかけは――多くのインク誌読者にとってもそうだったと思うが――ベテラン起業家ノーム・ブロドスキーとの共著コラムだ。ノームが経営していた文書管理ビジネス「シティストレージ」が受けた買収提案について、連載で執筆していくことになったのである。彼とは一九九五年から同誌で「ストリート・スマート」と題する月刊コラムを書き、同タイトルで共著書も出版した〔邦訳『経営の才覚』の原著*The Knack*を、のちに*Street Smarts*に改題〕。いつかはシティストレージを売却するつもりだ、という話は何度も聞いていたが、彼は常に全身全霊で仕事に打ち込んでいたので、売却など遠い先の話だろうと私は思っていた。だから二〇〇六年の夏、ノームが買主候補者と本格的な交渉に入っているという話を聞き、私は驚愕したのである。

ノームはその少し前に参加した業界カンファレンスで、ある投資会社の関係者と知り合った。シティストレージの競合企業に多額の出資をしているプライベート・エクイティ（PE）会社の共同経営者だ。その人物がノームに、どんな条件ならシティストレージを売却するか、と尋ねた。ノームは、誰もそんなに払いたがらない――とノームが思う――金額を提示した。相手は顔色一つ変えなかった。ノームはさらに、シティストレージに加えて二つの関連事業も買収してもらう必要がある、と告げた。トラック運送会社と文書廃棄請負会社だ。それも相手にとっては問題ではないようだった。そういうわけで、本格的に話し合いを進めることになったのだという。ノームが私に説明した時点では、そこまでの合意内容をまとめた「基本合意書（レター・オブ・インテント）」が先方から送られてくるのを待っているところだった。基本合意書が来たあと、時を置かずに「デュー・ディリジェンス」が行われる。デュー・ディリジェンスとは、売却・買収契約の交渉に先立ち、買主側が実施する徹底的な調査のことだ。

交渉の結果がどうなるか、ノーム自身も確信を持っていたわけではなかったが、本人いわく、これは生涯またとない機会になる可能性があった。何しろ提示されている金額は申し分ない。自分と、少数株主である二人の共同経営者を満足させるだけでなく、マネージャー陣はもちろん現場の従業員にも富を分け与えることができる。六十三歳という自分の年齢を鑑みてもいいタイミングだと感じられたし、二〇〇六年当時にシティストレージのような企業に支払われるにしては破格のプレミアムがついた金額だった。この話を私がインク誌編集部のローレン・フェルドマンに話したところ、コラムで書いたらいいのでは、と提案された。これをノームに伝え返すと、彼からも「いいじゃないか、もちろんそうしよう」という返事があった。

このときの私たちは、いったい何を始めることになったのか、少しもわかっていなかったのだ。単発だと思っていたコラムは連載になった。九カ月にわたり、月刊とはいえ最大限リアルタイムに近い形で、展開するドラマを書き続けていった。こんな例は過去に見たことがないし、この先にあるとも思えない。ノームは連載を終えたあとで、「最初は、まぁ売却は成立しないだろうな、というぐらいの軽い気持ちだった」と打ち明けている。交渉の経緯を全世界に向けてことこまかに発信していくと前もって知っていたら、コラム執筆に同意しなかっただろう、とも。

それでも、始めてしまってからは、やめることのほうが難しくなった。特に、連載の続きを待ち望む読者がどんどん増えているとわかってからは、打ち切るわけにはいかなかった。途中でノームが、売却に臨むべきかどうか読者のアドバイスを募ったときには、数百通のメールが舞い込んだ。道端でも、カンファレンスでも、大勢の人がノームを呼び止めては、まだ雑誌に載っていない最新の展開を知りたがった。

かくして、この冒険譚は、予想もしていなかった紆余曲折を経ることとなった。何より意外だったのは一番最後の展開だ。熟慮と議論の末、ノームはついに売却を決意した。コラムはすでに相当の人気を博していたので、インク誌編集長ジェーン・ベレンソンが、その決断を巻頭特集で伝えることにした。ところが最終契約書に調印する数日前になって、先方の最終的な決裁者がノームにとって誰よりも信用できない人物であることがわかった——非常に重要な情報が伝えられずにいたのだ。この事実と、これが隠蔽されていた事実を受けて、ノームは疑問を抱かずにいられなかった。相手企業は、買収後の従業員待遇に関する約束を守ると信頼できるのか。

誰もが驚いたことに、そしてノーム自身も驚いたことに、彼はこの取引を破棄する決断をした。

こうしてリアルタイムの雑誌連載は終わった。だが、物語が終わったわけではない。ノームはその後、共同経営者と共に、ビジネス・ディベロップメント・カンパニー（BDC）と総称される投資会社に過半数株式を売却することを決めた。アメリカの景気が「大不況」へ転落し始めた時期のことだ。さまざまな展開があったものの、この売却プロセスは世間の目には触れないまま進行した。一方で私は、終了した連載コラムへの反響をきっかけに、ビジネス書という分野には大きな欠落があると痛感するようになった。事業売却の経験について、ほとんど語られていないのだ。会社を売却するとはいったいどういうことなのか、多くのビジネスオーナーにとっては完全に未知の世界だった。

それは私にとっても同じだ。エグジットに関して漠然とした知識しか持ってなかった。いつ、どのように、なぜ行われるのか、どんな気持ちがするものなのか、ほとんど考えたことがなかった。私の頭の中で、エグジットとは、旅の終わりを意味する一つの事象にすぎなかった。興味を持っていたのは旅の途中で起きること——ビジネスに現在進行形でかかわる人々の体験、発見、試練、喜びや悲しみのことばかり。エグジットするかどうかは選択の問題であって必然ではないと認識していたし、「身を引くとは売り払うこと、売り払うとは完全に手が切れること」と理解していた。私がそれまでに書いてきた多数の記事と三冊の著書に登場するのは、自分の事業から去ることなどつゆほども考えない起業家たちだ。持続する優良企業の構築に取り組む人々に焦点をあててきた。その中には、自分の会社がふさわしくない者の手にわたるリスクを嫌い、数億ドルの買収価格に背を向けたビジネスオーナーもいた。

だが、時が流れ、みな年齢を重ねて、私にも――そして多くのビジネスオーナーたちにも――見えてきたことがある。遅かれ早かれ、そうしたリスクテイクには臨まざるを得ないのだ。私たちには永遠の命があるわけではない。所有権《オーナーシップ》及び統率権《リーダーシップ》の移行を指揮して、自分がいなくなってからも会社が生き延び、繁栄していけるようにするというのが、ビジネスオーナーがとりうる最高の行動ではないだろうか。

では、どうやってその行動をとればいいのか。どこから着手すればいいのか。それを言うならいつ着手すべきなのか。どんな選択肢があるのか、金額はいくらを目指すべきなのか。手本はあるのか、あるとしたらどんな手本があるのか。気をつけなければならない落とし穴は何か。後継者を選ぶとしたら、候補をどのように特定し、任せていけばいいのか。売却を選ぶとしたら、買主はどのように見つけるのか。外部にはどんな助けを求める必要があるのか。社内にはどの程度まで説明すべきか。そして会社を離れたあと、自分は何をするのか……。

掘り下げ始めてみると、これは思った以上に複雑なテーマであることがわかってきた。エグジットは単発のイベントではない。ビジネスにスタートアップのフェーズがあるように、これもまたビジネスが迎える一つのフェーズなのだ。起業のときと同様、エグジットを成功させるにあたっては、実に多くの要因がかかわってくる。そもそも成功するエグジットとは何を指すのか、定義の仕方もさまざまだ。

さまざまだ――と思ったのは、私個人の直感だった。むしろ、このテーマについて私が調べた本や記事などは、どれも同じ前提にもとづいて書かれていた。オーナーがテーブルに何も残さない、すなわち買主から最大限に多い金額をもぎとるのが出口戦略の成功である、と。しかし、こうした本や記事はどれ一つとして、自分の会社を売るというプロセスを実体験したオーナーによって書かれたものではなかった。翻ってノームの体験を見れば、売却とは単に金額だけの問題ではない、という点がはっきりとわかる。だとすれば他のビジネスオーナーはどんな体験をしているのか、ぜひ明らかにしてみたい、と私は思った。

それから約三年をかけて、数多くの起業家たちの話を聞いた。エグジットを済ませた人、途中の人、これから臨もうという人。一〇〇人を超える経験者に、対面または電話で、詳細な取材を重ねた。全く同じエグジット体験など一つもないというのは早々に明らかになったが、一方で、エグジットに優劣があるのも明白だった。プロセスに納得し、結果に満足している人がいるかと思えば、悪夢のようだったと振り返り、深い後悔を抱く人もいる。その違いはなぜ生まれるのか。「良いエグジット」をする人の行動は、「悪いエグジット」をする人と何が違っていたのだろうか。

それを考察していくためには、まず、「良いエグジット」の条件は何かを考えなければならない。私が取材した中で、「良いエグジットをした」と思われる人々の大多数には、次に示す四つの共通点があった。

（1）オーナーは、エグジットのプロセスにおいて、自分がフェアに扱われたと感じている。

自分が注いできた努力と、事業構築のために賭けてきたリスクに対し、きちんと釣り合う評価がなされたと感じている。

(2) オーナーが達成感を抱いている。事業を通じて世界に貢献できた、このビジネスを楽しんだ、と振り返って実感できる。

(3) 事業構築を支えた人々が迎えた展開――彼らが受けた扱い、報酬、褒美、体験――について、オーナーがうしろめたく思うところがない。

(4) オーナーが次の目的を見つけている。新たに全力投球していく生活があり、わくわくした思いを抱いている。

また、全員ではないが、五番目の共通点も見られた。

(5) 生み出した会社が、オーナーが退いたあとも存続し、ますます成長している。CEOたる者が直面する最大の難関、すなわち「承継」という問題に、オーナー自身が胸を張れる対応ができた。

「悪いエグジット」のほうは一般化が困難だった。そもそも誰かにとって不幸な出来事でも、他人にとっては些末な問題であることも少なくない。だが私が調べた限りでは、エグジットのプロセスがフェアではなかった、得られるべき見返りが得られなかったと感じているオーナーは、ほぼ例外なく「悪いエグジットだった」と認識していた。築いたものを壊されてしまった、働く人々が騙される形となってしまったと感じている場合や、退いたあとに何をしたらいいかさっぱりわからずにいる場合も、やはり「悪いエグジットだった」という思いを抱かずにはいられないようだ。

だとすれば、「良いエグジット」を迎えたオーナーたちは、去るべき日を迎えるためにどんな備えをしていたのか。そこには何かパターンがあるのか。彼らを全体として俯瞰してみると、八つの共通する特徴が見つかった。本書はその八つの特徴を軸に章を構成している。

第一の特徴は、偉大なビジネスを築く起業家に見られた特徴と同じ。拙著『Small Giants 事業拡大以上の価値を見出した14の企業』（アメリカン・ブック&シネマ）で取り上げた人々もそうだったが、彼らはみな一様に、自分はどんな人間なのか（WHO）、ビジネスに何を求めるのか（WHAT）、自分を動かしている「根拠、理由」は何なのか（WHY）、はっきり明確に自覚していた（第二章）。

第二に、エグジットを成功させたオーナーは、「存続可能な事業を作るだけでは充分ではない」と早くから理解していた。むしろ存続可能であっても、大半の企業はそれだけでは売却可能とならない。市場価値を創出するためには、買主や投資家の立場に立って、自らのビジネスを見つめ直すことを学ばねばならなかった（第三章）。

第三に、彼らは最終的な引退に向けた準備に相当の時間を――数カ月ではなく数年単位で――投じていた。自分もしくは後継者が不本意な状況で売却を強いられるはめにならないよう、複数の選択肢を用意していた（第四章）。

第四に、オーナーの後継者選定に成功している。これは全員が必ず通る道ではないが、少なからぬオーナーにとって重大な決断事項だ。会社に思い入れが強い場合はなおさらのこと。会社を優れた者の手にあずけられるかどうかが、エグジットの優劣を大きく左右する（第五章）。

第五に、結果に満足しているオーナーは、外部から適切な支援を受けていた。企業買収・売却を専門とするプロの助けだけではなく、エグジットにおいて失敗を体験した先人の教訓も取り込んでいた（第六章）。

第六に、従業員や投資家への責任をきちんと自覚し、よく検討していた。全員が同じ結論にたどりつくわけではないが、良いエグジットを迎えたオーナーはその問題と真剣に向き合い、うしろめたく思う必要のない決断を出せていた（第七章）。

第七に、良いエグジットを迎えたオーナーは、買主のことを事前にしっかりと理解し、買収の動機についても把握していた。あとになってから新しい経営陣の思惑を知り、不快な驚きを味わうはめにはならなかった（第八章）。

そして第八に、最高のエグジットを果たしたオーナーには、売却後の自分が行く道についてビジョンがあった。それゆえに、お山の頂点から平地に降りるという人生の転換にうまく向き合うことができた（第九章）。

この八つの要素を軸にすると、私が取材した起業家たちの経験の多彩さも理解できてくる。現在または未来のビジネスオーナーも、この八つを知っていればきっと得をする――と私は確信している。とはいえ本書執筆の狙いはハウツーガイドの提示ではない。エグジット・プロセスを実際に通り抜けた起業家たちの体験を通じて、そのあり方をまざまざと描いていくのが目的だ。前述の通り、良いエグジットを果たしたエピソードがある一方で、警鐘として読んでほしいエピソードもある。不本意な結果になった例に触れることで、後悔しない結果につなげる方法もきっと学べるだろう。人名や社名のほとんどは実名掲載が叶ったが、一部は情報源の法的な守秘義務のため、あるいは言及された人々に意図せぬ害が及ぶのを避けるという理由で、仮名にしている。仮名にした場合はその旨を明示した。名前のほか、二件の例については会社を特定しうる詳細情報を変えて記載しているが、それ以外はありのままの経緯をまとめている。

『Small Giants』と同様、本書で取り上げた企業は、いずれも株式を公開していない。ただし第五章に登場するケイデンス社は例外で、私は同社のことを「擬似上場企業」だと思っている。一方で、本書には意図的に入れなかったテーマもある。家族経営企業のオーナーやリーダーから次世代に承継する際の独特の試練も、その一例だ。こうしたテーマについては本書以外に多数の情報がある。個人の生計の手段として運営される零細企業の試練についても、言及していない。そうした企業を売却するとしたら――圧倒的大多数は売却の対象とならないのだが――売るのは「仕事」であって「会社」ではないからだ。とはいえ、家族経営企業のオーナーでも、個人事業主でも、本書で紹介するエピソードにはきっと共感していただけると思っている。

取材した起業家たちの話を聞きながら、私の頭に絶えず浮かんでいた古い格言がある。

「永遠に所有していけるように、
しかし明日にも売却できるように、
今日のビジネス構築に臨め」

私が幸運にも知り合ってきた偉大な起業家たちは、ほぼ全員がこの金言に従っている。友人であり、私との共著書もあるSRCホールディングスのCEOジャック・スタックは（彼は同社を従業員に譲渡した）、住宅の維持という比喩でこれを表現した。自宅の市場価値を守りたければ、たとえ今すぐ家を売るつもりがないとしても、屋根を修理し、部屋を増やし、定期的に壁の塗り替えをしていかなくてはならない。ビジネスにも同じ理屈が当てはまる。面白いことに、いつでも売却できるビジネスを築いていれば、永遠に生き続ける《ビジョナリー・カンパニー》ビジネスを築けている可能性が高いのだ。そして幸せなエグジットを果たす可能性も高くなる。

もちろんあなたは、自分のエグジットのことなど、まだ考えたくはないだろう。起業家のほとんどが同じ気持ちだ。幸い、良いエグジットを作る機会は一瞬のタイミングではなく、かなり長いスパンで開かれている。そして、いざ最終出口に向かおうというときには、きっと意外な発見がある——そこまでの長いスパンのプロセスこそが、自社を優良企業に変えていた、と気づくのだ。ビデオラームという会社を創業し、二〇〇四年に同社の売却に臨んだレイ・パガーノも、この発見にたどりついた。売却に備えるプロセスを経る間に、彼の会社ははるかに大きく、はるかに迅速な成長を果たしている。これならばもっと早く始めてもよかった、とパガーノが悔やんだほどの効果が得られたのである。

1 どんな旅にも終わりがある

エグジットについて、今、考え始めよう

バージニア州デルタビルにある港、レガッタ・ポイント・マリーナ。気温はじりじりと上がり始めているが、静かに停泊しているその船の中は涼しい。船の名は「ベラ・ヴィータ〔イタリア語で『美しき人生』〕」という。チェサピーク湾をめぐる三週間の処女航海から戻ってきたところだ。電子機器の専門家が操作盤のチェックをしている間、レイ・パガーノはTシャツに短パン、足元はつっかけという格好で、この船のあちこちを案内した。

「快適に過ごすための設備はすべてそろっていますよ。少しそろいすぎてるくらいにね」

日に焼け、髪もヒゲもきれいに整えた六十八歳のパガーノは、まだ新しい船を披露しながら照れたような笑顔を浮かべている。船の大きさは全長六十フィート（約十八メートル）。セレー

ヌ・オーシャン・トローラーといって、中国の造船所に特注したものだ。パガーノはこの船を、三十五年前に創業した会社ビデオラームの売却後、自分への贈り物として購入した。桜材を使った美しい羽目板といい、御影石を使ったバスルームのカウンターといい、各船室にあつらえたクイーンサイズのベッドといい、相当に上等な〝贈り物〟だ。

立派な船の名前通り、パガーノはまさに美しき人生を謳歌している。会社を売却したオーナーはその決断を後悔したり、「もし売らなかったら」と考えて苦しんだりすることが多いが、彼はそうした悩みとは全く無縁だ。それどころか、誰もが望むような幸せなエグジットを果たした。従業員のほとんどが買収企業のもとで引き続き働いているのも、幸せに感じる一因である。

「私が立ち寄ると、いつもおおいに歓迎してくれます。嬉しいですね。期待していた以上です。（こんなに幸せになれるとは）私はよっぽどの善行をしたのかな、なんて思いますよ。何が決め手だったんでしょうね」

その答えを知るためには、二〇〇四年まで時を遡る必要がある。この年からパガーノは引退後の人生を真剣に考え始めた。創業二十八年目を迎えていたビデオラームは、セキュリティカメラのハウジングケース製造という分野で、すでにリーダー的ポジションを確立していた。パガーノ自身が一九七六年に同分野で革命を起こしたのだ。当時三十三歳だった彼が、街灯によく似ていて、しかも使用するモーターが他の屋外セキュリティカメラよりもかなり小さいハウジングケースを開発した。だが、大手カメラメーカーを説得してこの装置を採用させるまで、八年かかった。収入はカツカツで、設置作業やセキュリティ・コンサルティングの仕事で何とか食いつないでいたが、ついにセキュリティカメラ分野大手のＲＣＡという企業と契約が決まった。パガーノが喉から手が出るほど欲していた展開だ。ビデオラームの製品は期待通りの性能を発揮。この成功が追い風となって、ソニーやパナソニックや東芝など、他の大手企業との契約も勝ちとった。

それから二十年の間で、特許を取得したビデオラームの設計は業界標準となり、広く普及していった。二〇〇四年には売上高一〇四〇万ドルを達成し、従業員も四十二人に増えていた。パガーノ自身も六十一歳になり、そろそろ次のステージに進む時期が来ていた。他にも追求したい関心や夢は前々からあったし、残された年月も限られている。いい頃合いだとパガーノは判断した――会社を離れることを検討すべき時が来たのだ、と。

だが、どのように進めればいいのだろうか。三人の子供のうち一人に会社を継がせるという考えもあったのだが、事情により、それを選択肢にすることはできなかった。だとすれば売却するという手がある。合併という可能性もあるだろう。他に経営者となるべき人材を見つけられるかもしれない。いずれにせよ、自分がずるずると会社にかかわり続けるのは望まなかった。パガーノは、中小企業のオーナーや経営幹部が勉強会を行う会員制組織ジ・エグゼクティブ・コミッティ（The Executive Committee：ＴＥＣ）（現在はヴィステージ・インターナショナルと改名）に加盟していたのだが、支部代表でビデオラーム顧問でもあったゲイリー・アンダーソンに、こう心情を説明していたという。

「アーンアウト〔条件に応じた分割払いで売却代金が支払われること〕は望まないんですよ。すっぱり売却して身を引きたいんです。人生でやりたいことは他にもいろいろあるものですから」

この二〇〇四年に、パガーノは競合他社から買収提案を受けている。提示された金額をアンダーソンに相談したところ、事業に何点か改善を施せばもっと高く売れる、というアドバイスが返ってきた。

当時のビデオラームは、「創業者＝経営者」の典型的な会社だった。寛容ではあるものの独裁的な支配者によって統治されていたのである。ビジネス全体がパガーノ中心に回っており、彼があらゆる部分に口を挟んで、部下の行動も細かく管理していた。指示伝達は絶対的なトップダウン式。財務情報を把握するのはごく少数で、最高財務責任者（ＣＦＯ）のジャネット・スポールディングから他の従業員へ説明することは禁じられていた。重要な判断はもちろんのこと、たいして重要でない判断も、パガーノが決める場合が多かった。マネージャー陣にとっては、パガーノはいつでも好きなときに「はしごを外す」ことができる、という意識があった――と一人が語っている。スポールディングは「みんなレイを尊敬し、そして恐れていました」と話した。

「ときには恐れが尊敬を上回っていたと思います」

管理職ではない従業員も、この二つの感情を抱いていた。パガーノが従業員を大事に思っていることは知っていたし、少なくとも公正に扱う意図はあるのだと信じていた。パガーノが従業員に求める水準は、彼自身が自分に課す水準であるということも、察していた。仮にそれを疑う者がいたとしても、社則違反を理由にパガーノが実の息子を解雇した時点で、疑いは払拭されたはずだ。苦渋の決断だった。今でもパガーノは思い出して涙ぐむほどなのだ。

だが、独裁的なマネジメントスタイルは、支配者が寛容であろうとなかろうと、会社の価値に傷をつけかねない。アンダーソンからは、最終的な売却に向けた準備について、他にもアドバイスがあった。

「自分がビジネスにどっぷり浸かるのはやめることだ。マネジメントチームを育てて、彼らの責任範囲を広げてやらなくてはいけないよ。自分はコーチ役に徹して、実際に業務を回すのは部下に任せなくてはいけない」

パガーノは異を唱えなかった。アンダーソンが正しいとわかっていたからだ。売却価格の多寡以前に、彼が会社経営の根幹となっている限り、多くの企業が買収を希望してくるとは考えにくい。それはつまり、パガーノ自身のエグジットの選択肢も多くは望めないという意味だ。納得のいく取引で売却できる確率を高めたいなら、ビジネスを作り変えて、自分がいなくても回っていく会社にしなくてはならなかった。

自主的な調査を進めた結果、従業員に責任を委譲していくにあたり、相応の理由がなくてはならないという結論が出た。ファントムストック（自社株連動型報酬）というやり方なら、その狙いが実現するのではないか。本当の株式を与えなくても――つまり従業員の側から見れば自社株を取得する義務を負わずに、株価上昇の恩恵を受けられるという仕組みである。組立作業員から事務員までの全員が、給与体系と、会社の長期的繁栄に対する貢献の評価をベースに、

「架空の株式」を受けとる。パガーノがTEC支部のメンバーにこの案を話すと、ほぼ全員から、正気の沙汰ではないという反応があった。だがパガーノ自身は、これが進むべき道だと確信していた。そこで導入を決定し、ビデオラームの売却時には売却益の一部がファントムストックの取り分として入る旨を、従業員に説明した。

従業員は真意を測りかねていた。パガーノの財布の紐の固さは有名だったからだ。もっと労働させるためのトリックではないか、という見方も多かった。まともにとりあわないか、冗談と受け止めるか、反応は二つに割れた。「私たちにしてみれば、リアルなお金の話だとは思えなかったんです」と、スポールディングが語っている。

しかしパガーノは本気だった。そこで不完全ながらも自分なりのオープンブック・マネジメントを導入し、従業員がビジネスの財務情報を理解・活用できるようにした。パガーノ自身が読んだ先行文献の例ほど徹底的な実践はできないと感じたが、それでも、従業員が基本的な財務知識を持つ必要性は納得していたからだ。業績アップに貢献し、ひいては企業価値を高める方法を学んでいけるように、ぜひとも財務情報を把握してもらわなくてはならない。説明会を開き、まずは売上と利益の予想をたてさせたところ、従業員は売上を数億ドルと推算し（実際には一二〇〇万ドル足らず）、そのうち数百万ドルが毎月パガーノの懐に入ると認識していたことがわかり、衝撃を受けた。そこで損益計算書と貸借対照表の読み方を順を追って教え、ビデオラームのようなメーカーが行わなければならない資本投資、払っている税金、行政監督の対象となる業務、費用対効果などを説明した。さまざまな質問や意見があったので、提案箱を作って意見を集め、一つ一つに対応した。さらに従業員の家族にあてた月刊の社内報を発行し、各家庭に送って、新商品の見学にも招待した。「本心から、全員にビジネスに参加してほしいと思いましてね」とパガーノは言う。

特に重要だったのがマネジメントチームの強化だ。財務、業務、マーケティングをあずかるシニアマネージャー三人の自由裁量と権限範囲をできるだけ広げるよう心がけた。また、TECのツテを活かして、元TEC支部長リック・ホウチェックの力を借りることにした。ホウチェックが創業したソアー・ウィズ・イーグルスというコンサルティング会社は、企業の戦略策定の支援が専門だったからだ。ホウチェックはパガーノに、経営幹部のみならずマネージャー全員を集めた社外会議の開催を提案した。年次計画の策定を彼らの主導で行うのだ。そうすればパガーノが求める目標実現に向けて、きっと役立つ成果が得られるから、とホウチェックは言った。

そこでパガーノは三日間の社外会議の開催を告知し、現場監督を含め十五人ほどの管理職を集めた。進行役を務めるホウチェックからは、パガーノはただ座って意見を聞くように、と指示されていた。会社には何が必要か、会議参加者が意見を交わすのを黙って聞いているのだ。部下がくちぐちに不満を言い出したときには、反論したい気持ちを抑えるのは難しかった――とパガーノは認めている。しかしホウチェックは、口を挟まずに部下たち自身に計画を考案させろ、と譲らなかった。パガーノの計画を押しつけようとすれば、部下はその計画実行に責任意識を持たないからだ。はたして会議の終わりには、ビデオラームの運営体制と業績の改善につながる三十種類近い案が出て、一人一人の具体的な任務が決まった。それ以降、彼らは毎月会議を開いて、宣言した任務の進捗をレビューしあうようになった。

さらに別の変革も進めた。会社の利益目標の達成や、各部署の具体的な目標到達度に応じて、職場全体に見返りをもたらすインセンティブ・プログラムを敷いたのである。パガーノは過去の業績よりも高い、野心的な目標を掲げて、徐々に水準を高めていくつもりだと説明した。当然ながら反発もあり、特に現場レベルの不信感は強かったのだが、パガーノは現場業務がやりやすくなるよう工場の体制を改善すると約束した。彼が約束を守ると、生産性は確かに上がり始めた。

取引の面でも重要かつ戦略的なアクションを起こし、大手カメラメーカーに対する売上アップを目指した。ビデオラームにとって最も収益性の高い領域だ。運営体制の改革も手伝って、成果はたちまち業績数字に表れた。パガーノは当初の目標を税引前利益率八%に設定していたが、以降は一年ごとに数字を引き上げている。最初は一二%、次に一五%。一八%まで進んでからは年間目標を上げなかったのだが、業績は伸び続け、最終的には売上高およそ一九五〇万ドルに対して利益二一%という驚異的な数字を達成した。

結果はもちろん、達成までの経緯は、パガーノに大きな喜びをもたらした。「新しいシステムは、私の仕事を完全に変えました」と彼は語っている。

「私が会社をがっちり握らなくなったことで、全員にとって良い結果となりました。社内にいた有望な人たちが、本領を発揮するようになったんです」

ゲイリー・アンダーソンも、これには感銘を受けたと話している。「目を見張る成果だった。私はふさわしいやり方を示しただけだが、彼は身をもってそれを実践してくれた。TECメンバーにも強く印象づけられたよ。レイの会社に一歩でも足を踏み入れれば、彼のしてきたことの効果ははっきり感じられるはずだ」

そろそろ具体的に売却先を探さねば――パガーノがそう感じ始めたのは、二〇〇八年初頭のこと。詳細はあとの章に譲るが、ここではムーグ・インクという大手に売却が決まったことだけ書いておきたい。近年では最も企業売却に適さないタイミングだった。リーマン・ブラザーズの破綻により、二十世紀初頭の大恐慌以来とされる厳しい経済不況が始まって五カ月後である。そのような時期であったにもかかわらず、二〇〇九年二月十三日の金曜日に取り決められた売却価格は四五〇〇万ドル。経営改革前に受けた買収オファーの四倍だった。

従業員のほとんどは、パガーノが四年前に導入したファントムストックのことなど、きれいさっぱり忘れていた。売却成立の前日、パガーノが売却益からの取り分受領に必要な書類を提示すると、従業員は金額を知って驚き、そして喜んだ。組立作業員でさえ、受け取った金額は四万ドル。一人はそのお金でメキシコに住む両親に家を建ててやったという。

パガーノ自身はこのときどう感じていたのか。「解放感ですね」と本人は話している。売却後はセミリタイアの暮らしになった。例の船の他に、妻と共に始めたブティック経営もあるので――ヨットの装飾品やギフト用品の販売店だ――それなりに忙しい。合間に釣りをしたり、ゴルフをやったり、ときには旅行に出たりする。「それぐらいがせいいっぱいですよ」。CEO

の座への執着はないが、今も会社には強い愛着を抱いている。彼が大事に思う従業員も、企業文化も、売却後ほとんど変わらず残っている。

「ムーグの社風と、我が社の社風が、本当に不思議なほどぴったりだったんですよ。期待以上でした。ですから私もおだやかな気持ちでいられましたし、一種の誇りのようなものも抱くことができました」

彼が誇りに思うのは、最終的な結果に対してであると同時に、達成までの経緯に対してでもある。

「どこへ行っても我が社の製品を目にします。そのたびに、我々がどんなふうに業界を変えてきたか、思い出すんです。会社が年月をかけて発展してきた証拠をこの目で見るというのは、かなり自尊心をくすぐられるものですよ。幸運だったと思っています。起きたことすべてが幸運でしたが、今も会社との間に絆があり、商品に対して絶大な誇りを抱いていられるというのは、本当にありがたいものですね」

確かに幸運も作用したのだろう。それはよくあることだが、かといってパガーノが二〇〇四年に初めてエグジットを検討したときに下した決断の重要性を見逃すわけにはいかない。

「業績は歴然と向上しました。従業員を巻き込むことができれば、これほどの変化が起きるんです。信じられない思いでした。私が何か正しいことをしたんだとしたら、その点でしょうね。もっと早くやっておけばよかったと心底思っていますよ」

言い換えれば、パガーノが身を引くための準備に取り組んだからこそ、彼の会社は大きな飛躍を果たしたのである。ここにはビジネスオーナーが学ぶべき教訓がこもっている。

起業は旅路 ――

ビジネスを経営する人、立ち上げようとしている人に、ちょっとしたアドバイスがある。自分の最終的なエグジットについてまだ考えたことがないのなら、ぜひこれを機会に考え始めてほしい。たとえ現時点では売却の希望などさらさらないとしても、永遠に自分が守っていくつもりだとしても、もしくは自分の子供に残すか従業員に継がせるか、はたまたいずれは廃業するつもりだとしても、エグジット自体は避けて通れない。自分のために、そして会社のために、どんな条件で会社から去るか、まずは考えてみてほしい。そして、いずれかの時点で可能な限り高く会社を売れるように、できるだけの手を尽くしてほしい。もちろん、身を引くときに会社の所有者が変わることもあれば、事業そのものが解散となってしまうこともあるだろう。自分がこの世を去ることで会社から離れる場合もあるかもしれない。どんな形にせよ、離れるときは来る。しっかり準備ができていれば、きっと幸せな別れになる――少なくとも、残された人に重い荷物を押しつける可能性は低い。それだけでも、今すぐエグジット計画を考え始めるべき理由としては充分なのだが、理由は他にも少なくとも二つある。

一つめの理由は、エグジットに備えるプロセスそのものが、優れたビジネス手法を見つけて取り入れていくきっかけになること。レイ・パガーノの例がそうだった。また、自分の事業について、こんな機会でもなければ考えないような問いと向き合うこととなる。この事業を買収したい・投資したいと思うのはどんな人や企業だろうか。事業のどんな資質に価値を見るだろうか。どんな要素があれば高く買おうとするか。安い値をつけようとするのはどんな場合か。事業の存続力について、彼らはどう見るか……。こうした問いを通じて、自社の弱点が特定できれば、その解消に乗り出せる。欠点の再発を防ぐ取り組みを始められる。言い換えれば、会社を一つの商品ととらえて、それを一級品に変える方法を学んでいくのだ。結果として、より優れた、より堅牢な会社になっていくのである。

二つめの理由も重要だ。エグジットの計画を考えようとすれば、必然的に、自分自身に重大かつ難しい問いを投げかけていかなくてはならない。特にはっきりさせなければならないのは、「自分はどんな人間なのか（WHO）」、「ビジネスに何を望むのか（WHAT）」、「自分を動かしている『根拠、理由』は何なのか（WHY）」。これらの答えが出た人は、ほぼ例外なく幸せなエグジットを迎えている。まだオーナーの座にいる間にも、自分とビジネスに対して優れた決断ができている。

もちろん起業家本人は、ビジネスを始めた理由など明白だと思っていることだろう。たいていは生計のため、そして一国一城の主となるために、起業し経営者となる。偉大な会社を作る、業界を一変させる、人類に貢献する、最高の職場を作る、自分の生きた証を残す、コミュニティを支援する、経済的な自由を確保するといった夢もあるのかもしれない。こうした夢を叶えるには相当の努力と、自制心と、忍耐力と、頭の回転のよさが必要だ。存続力のあるビジネスを創出したければ、かなり必死に働かなければならない。だから、存続力のあるビジネスを作れたのだとすれば、それは確かに称賛に値する功績だと言っていい——しかし、それが旅の終着点ではないことはわかっていなければならない。

そこがポイントなのだ。ビジネスを築くというのは、一つの旅なのである。一生をかけた旅になるかもしれない。二、三年程度の旅になるかもしれない。他では絶対に体験できないような旅になるかもしれないし、よくある体験の一つになるかもしれない。この仕事のために生まれてきたと感じるか、あるいは、別の目的地に至る上での寄り道か回り道だったのか。いずれにせよ断言できるのは、旅はいつか必ず終わるということ。だとすれば重要なのは、「いつ」、「どのように」、「なぜ」終わるのか、という点だ。こうした点を早いうちから真剣に考え、事業を生み出すことがゴールではないと忘れずにいられるならば、それぞれの答えは自分自身で決められる。事業を成功させられたなら、それは旅の中盤にさしかかったという意味だと思ってほしい——旅を首尾よく完了させることこそ、真の終着点だ。登山に真剣に臨む人が言うように、エベレスト登山の最大の目標は登頂ではない。無事に下山すること、そして、そこまでの体験を心から納得できることなのだ。

終点こそが出発点——

望ましい終着地点を最初から念頭に置いて旅路を往け——そう提案するのは私が初めてで

はない。スティーブン・R・コヴィーも、『七つの習慣　成功には原則があった!』（キングベアー出版）で、同じ主張をしている。コヴィーが掲げる七つの習慣の一つは、「終わりを思い描いて始める」だ。一九五九年から一九七七年にかけてITTコーポレーションのCEOを務め、現代の国際的巨大複合企業《インターナショナル・コングロマリット》のあり方を生み出したハロルド・ジェニーンにとっても、それこそがビジネスの基本ルールだった。彼がアルヴィン・モスコーと執筆した『プロフェッショナルマネジャー　58四半期連続増益の男』（プレジデント社）は、ビジネス書の古典的名著である。ページをめくると、最初のほうで、こんな言葉が出てくる。

「本を読む時は、初めから終わりへと読む。ビジネスの経営はそれとは逆だ。終わりから始めて、そこへ到達するためにできる限りのことをするのだ」

しかし、ビジネスのエグジットを考えるにあたって、「終わりを思い描くことから始める」という表現は間違って解釈されやすい。何も、旅の最終ステージを事前にすべて計画しておかなければならない、という意味ではないのだ。計画は絶対に守らなければならない、あとから変更してはいけない、という意味でもない。この表現が示唆しているのは、ビジネスに対する自分の関与はいつか終わるのだと当初から自覚せよ、ということ。そして、このシンプルな事実を旅の指針にせよ、というメッセージなのだ。起業家はさまざまな決断を下す。大半は最終地点に影響しないが、いくつかの決断は終わりのあり方を大きく左右する。幸せなエグジットという目標を頭の隅において考える習慣がないと、自己の判断がもたらす重大な結果を見逃すことになるかもしれない。

起業家や経営者の大半は、その習慣を持たない。起業当初はとにかく生き残りに主眼を置いてしまう。生き残るか否かの段階をくぐり抜けられるとは限らないからだ。運に恵まれれば成長ステージへ進めるが、いずれにしても、コヴィーが「活動の落とし穴」と呼ぶ罠にハマるリスクがある。コヴィーによれば、活動の落とし穴とは、「成功のはしごをのぼる努力で忙しく、結局は、そのはしごが間違った壁に立てかけられていたと気づくだけ」という状態のことだ〔コヴィーの著書からの引用部分の訳は本書訳者による〕。

忙しいから——。自分の旅が本当に望む方向に向かっているかどうか、ビジネスリーダーがきちんと考えようとしないのは、まさにこれが理由の一つだ。オーナーという立場には、考えなければならないことが常に膨大にある。来月の給料は払えるか、大口顧客の契約を勝ちとれるか、厳しいキャッシュフロー問題を解決できるのか。そうしたことに比べれば、最終目的地の見極めなど、特に緊急性があるとは思えない。エグジットは具体的に思い浮かべづらいので、なおさら先延ばししたくなる。そういうわけで、ビジネスオーナーの大多数はエグジットについてあまり考えないし、いざ考えざるを得なくなったときには、たいてい選択肢がかなり少なくなっている。

こうした過ちがはびこる一因は、エグジットを一回限りの出来事として、どちらかと言えば遠い先のイベントとしてとらえる傾向があるからだ。実際にはエグジットとは、ビジネスオーナーがたどる旅路の重大なフェーズであり、起業家としての体験から決して切り離すことはできない。カナダで五つの事業を立ち上げ、そのうち四社を売却したジョン・ワーリローという起業家は、エグジットのことを「フルマラソンで二十六・二マイル（四十二・一九五キロ）までちゃんと到達するか、ホームランを打ってベースまで戻ってくるようなもの」と表現する。

「エグジットするまでは、本当の起業家とは言えないと思っている。サイクルを完了していないのだから。まだ三塁に立っているのと同じだ。重要なのは始めることじゃない。ビジネスを始めるだけなら誰にでもできる。売却してはじめて、塁をすべて回ったと言えるんじゃないか」

　ワーリローの主張に全面的に賛同するかどうかは別としても、ビジネスオーナーの旅路においてエグジットのフェーズがその他のフェーズと同様に――もしかしたら他のフェーズ以上に――重要だという指摘は正鵠を射ている。起業に関する文献を熟読してもそのことは学べない。スタートアップに関する情報は膨大に出回っているのに、エンドアップに関する情報はほとんど手に入らない。だが実際には後者こそ不可避の、そしてはるかに大切な問題なのだ。ほぼすべての起業家にとってキャリア最大の取引になると言ってもいい。本人はもちろん、家族や従業員を含め、関係者にあまねく影響が及ぶ。起業家の置かれる環境を様変わりさせるかもしれない。人生のメインとなった仕事を振り返って、自分がどんな思いを抱くか、それを決定づけていくこととなるかもしれない。

　ワーリロー自身、エグジットによって人生が変わる経験をした。彼はトロントで育ち、手掛けた事業五社のうち最初の四社もトロントで起業した。最も規模が大きかったワーリロー・アンド・カンパニーは、大手企業を顧客に迎え、中小企業へのマーケティングに関する詳細なリサーチと分析を提供する会社だ。ワーリローは同社を二〇〇八年に売却し、その後はビジネス書の執筆や講演といった新しいキャリアに乗り出した。売却により、妻と幼い子供二人と共に、三年間にわたってフランス南部で生活するという自由も得られた。ワーリローが会社経営に没頭したままだったら、決して実現しなかった新しい冒険だ。

人材派遣という分野に二十五年間携わってきた企業家マイケル・レモニアーもそうだった。彼は三社を育て上げ、二社を売却した。最初の一社はシカゴのダウンタウンにあった事務員専門の人材派遣会社だ。もともとは別の人が始めた事業だったが、業績が思わしくなく、創業者がレモニアーにアドバイスとサポートを求めたのが関与のきっかけだった。大手の人材派遣会社で長年の経験を積み、コンサルタントになっていたレモニアーは、その会社の株式四九％を購入し、業績回復に手を貸すことにした。一年半後、完璧な黒字転換を果たすと、投資の十四倍に相当するリターンを手にして同社を離れる。その後、シカゴ都市圏で同じように苦戦していた別の派遣会社と同種の契約を結び、二五〇〇ドルで株式五〇％を取得。六年をかけて、従業員数を五人から六〇〇人に、売上高を約十二万五〇〇〇ドルから一一〇〇万ドルへと成長させた。レモニアーは当初のオーナーから株式を買い上げ、最終的には同事業を大手の公営型雇用斡旋会社に五〇〇万ドルで売却。レモニアーにとっては、最初の投資の二〇万％に近いリターンが得られた。

このときの売却がすべてを変えた。「初めての売却経験は、単なるパートナー関係の解消でした」と、レモニアーは言う。

「成果は出ましたけどね。それだけです。ところが二度目の売却は記念すべき出来事となりました。私にとって、経済的自由を得るという目標がついに達成したからです。この先の道を好きなように選べる特権が得られたんですよ。今も一つの事業に携わっていますが、投じる時間は自分で決められます。どれだけ集中的に、どれだけ長く、どれだけハードに働くか、自分で決めるのです。それが自由ってもんです」

もう一人、バリー・カールソンのエグジットの例も紹介したい。一九九六年に、カナダ西部の遠隔地を対象としたインターネット・サービス・プロバイダー「パラサン・テクノロジーズ」を共同で立ち上げた彼は、それを含めて三つの事業の共同所有者だった。うち二社の売却は彼の人生にさほど影響を及ぼさなかったのだが、パラサンは違った。創業から十一年後に約一五〇〇万ドルでパラサンを売却したときのことを、「概念としての売却と、誰かが目の前に本物のカネを積むという出来事は、全く違う」と語っている。

「そうなるとゲームが変わる。自分のものになるカネが積まれるのを見るのは、誰だって気分がいいものだよ。といっても人生が激変するほどの大金じゃない。人によってはそうかもしれないが、そうじゃないかもしれない。要は自分にとってどうか、という点なんだ」

売却当時のカールソンは隠居生活に入る気でいっぱいだった。それまでの住居はカナダのブリティッシュコロンビア州バンクーバーの繁華街にあったのだが、ジョージア海峡に面したバンクーバー島に転居した。夫婦で旅行をして、ガーデニングにも精を出した。散歩に出たり、ときどきゴルフをしたり。だが、一年半後にはビジネスの世界に戻りたい気持ちを抑えられなくなり、数社の取締役会に加わることにした。五年も経たないうちに、スタートアップ二社の会長として、さらに別の会社のCEOとして、フルタイムで働く生活に完全に戻っていた。

とはいえ、たとえテーブルにお金を山のように積まれても、それで幸せが得られるとは限らない。完全なる経済的安定が得られた――多くの起業家にとっては、人生で初めて――にもかかわらず、予想もしなかった後悔に見舞われ、鬱に苦しみ、自分自身や自分の目標がわからなくなって模索する起業家も少なくない。彼らにとって、エグジット後の人生は暗黒期だ。何年も続く暗い時代に突入してしまうのである。

エグジットの四ステージ――

ビジネスから身を引いて憂鬱な人生が始まる人がいる一方で、そうではない人がいる理由は何なのか、はっきりとはわからない。それぞれ状況が違うし、性格も、望みも、心理状態もさまざまである。一つ言えるのは、エグジットの準備にきちんと時間をかけていれば、憂鬱に陥る可能性は低いということだ。といっても、かける時間だけが重要なのではない。エグジットの四ステージをしっかり経たかどうかにもかかわってくる。

●ステージ1　事前調査

多くの可能性を調べ、じっくり内省して、エグジットについて自分が何を重視し何を重視しないのか見極める。具体的な数字――つまり、実際にその場面が来たときに満足して身を引ける金額と、タイムフレームについても考える。

●ステージ2　戦略策定

自社を財やサービスの提供者と考えるのではなく、会社自体を一つの商品として見ることを学ぶ。その「商品」の評価額を最大化し、望むエグジットが可能となるような資質と特性を伸ばす。

●ステージ3　実行

契約を締結する段階のこと。第三者への売却、マネジメント・バイアウト〔経営陣が株式を買収する〕、子に継がせる、資産を清算するなど、さまざまな形態がある。

●ステージ4　移行（トランジション）

取引完了から、自分が次の対象に完全に軸足を移すまでが、移行のプロセスだ。新たな取り組みやキャリア、これまでと異なる役割、そして完全リタイアも含め、心身共に次の段階に進むまではエグジットが完了したとは言えない。

もちろん、すべての会社のすべてのオーナー、そしてすべてのエグジットはそれぞれにユニークだ。ステージの進み方も決して一律ではない。私が知る限りでも、実行ステージがひどく苦しいものになった例もあれば、速やかに痛みもなく済んだ例もあった。あるオーナーは、売却契約を交わすステージを「九カ月かけて抜歯するようなもの」と表現し、別のオーナーは「楽しくて、胸が躍り、勉強にも刺激にもなった」と振り返る。どんなふうに身を引きたいか何年も内省した起業家もいれば、直感的に答えの出た起業家もいる。ステージ1の事前調査プロセスをスキップし、あとからそのツケを払わされた人もいる。

ステージとステージが重なってくる場合もある。特に最初の三つは重なりやすい。たとえば賢い起業家ならば、明日にでも売却できるように準備し（ステージ2）、具体的にどんなエグジットをしたいか念頭に置きながら（ステージ1）、日々の業務に従事する。そうかと思えば、売却交渉を進めていたのに（ステージ3）、土壇場で考えを変え、望むエグジット像を再検討して（ステージ1）、学びを糧に戦略を練り直す（ステージ2）こともある。ステージ4の移行フェーズだけは、簡単にはやり直せないので、なおさら最初の三つを正しくこなすことが重要となってくる。

そのためのとっかかりは、どんな可能性があるのか理解すること。たいていの人が想像するより、実は可能性の幅は広いのだ。たとえば企業を解散ではなく売却したいと思っているとしよう。だとすれば考えるべき問いは「誰に売るか」だ。家族か、第三者か。従業員か、経営幹部か。株式の公開によって売却するのか。どれを選ぶ場合にも、そこからさらに多様な選択肢がある。第三者を選ぶとしたら、ＰＥ（Private Equity）会社に売るのがいいか、有望なビジネスチャンスを探している個人に売るのがいいのか。競合他社に売るべきか、あるいは市場や生産能力を拡大したい大手企業に売るべきか。売却後に自分は会社に残りたいのか、立ち去りたいのか。買主が企業文化の維持を約束するかどうか、自分としてはその点をどれほど重要視するか。会社に対して長期的に望むことはあるのか、あるとしたら何か。売却が従業員にもたらす影響についてはどのように懸念しているか。何らかの遺産を会社に残したいのか、残すとしたらどんな遺産か。売却後の業績に応じて売却代金を分割で受け取るアーンアウトという手法を受け入れるか。考えるべきことはあれこれと出てくる。*

遅かれ早かれ、こうした問いの答えはすべて出していかなければならない。では、どう答えるのか。その答え方こそが自分のエグジットのあり方を決めることになるのだ。じっくり思案し、他のオーナーの経験も学び、自分の考えや性質と比較しながら考えることができるなら、望みも明確になるし、結果に満足できる可能性も高くなる。

すでに答えは出ている、という読者ももちろんいることだろう。起業する前からエグジット計画を考えていた例もある。反対に、投資家からいわゆる「リクイディティ・イベント〔流動性を確保すること、利益獲得機会〕」——たいていは株式を第三者へ売却することを意味するが、新規株式公開もこれに含まれる——を迫られ、投資家のニーズを最優先にエグジットする例もある。そうかと思えば、

＊　エグジットの選択肢を網羅したリストと、検討すべき重要項目のリストを、本書のためのウェブサイト www. finishbigbook. com に掲載した。

オーナー自身が自分を投資家とみなし、自分が買った会社や興した会社を単純な投資物件と考えている場合もある。こういうオーナーにとっては会社の評価額を最大化して売却することがすべてだが、はっきり言って、そんなふうに結末を具体的に見据えているオーナーは少数派だ。私が知る限りでは、目の前の経営に追われたり、成長のために力を尽くしたり、その日、その月、その年をつないでいくのにただただ必死だったりして、会社や自分がいずれ迎えるエグジットに備えるどころか、そんなことを考える時間もないという創業者やオーナーのほうがはるかに多い。

運に見放されなければ、そんな泥沼からは抜け出せる。レイ・パガーノのように、考えないまま何年、何十年と過ごしてきてしまったとしても、見事なエグジットのために軌道修正を図る機会が最後にめぐってくるかもしれない。だが、リスクは伴う。旅は自分が望むとき、予期したときに終わるとは限らない。ここで言っているのは、会社のトップが明日バスに轢かれるとか、そういう可能性のことではない。そんなリスクは常にあるものだし、堅実な企業なら偶発的な出来事にも備えがある。だが、偶発的事故に備える危機管理計画と、エグジット計画は違うのだ。前者は残された人々を守るための計画だが、後者はオーナーを守るプランである。会社を売却したからといって、そこでオーナーの人生が終わるわけではないのだ。むしろエグジットの一番難しい部分は売却そのものではない。そのあとに来る移行ステージ、すなわち人生の新たなフェーズに踏み込み、自分の決断の結果と共に生きていく段階のほうが、ずっと手ごわいのである。

レイ・パガーノがほぼ理想的な結果を迎えられた一因は、彼が最初から目標を明確にしていたからだった。エグジットに向けて準備を始めた時点で、自分が何を望むかはっきりわかっていた。ビデオラームを離れたあと、会社構築に尽力していた最中は叶わなかった物事に何でもチャレンジできる生活となること……。そんなふうに生きる日々を心の中で視覚化していたし、そこにはボートや、家族と過ごす時間だけでなく、エグジットのプロセスに納得している自分という像も含まれていた。「気持ちよく会社を離れることができるとすれば、それこそが自分の望みだ、といつも思っていました」とパガーノは語っている。

彼の行動はすべてそのビジョンに沿ったものだった。社内で起こした改革だけでなく、どんな売却取引を望むか、どんな条件をつけるか、どんな相手に売却するか、すべてビジョンを軸に決めていった。CFOのジャネット・スポールディングが、「私は一度ならず、彼が『従業員が今と同じ待遇を受けるのでない限り、絶対に売却しない』と言うのを耳にしています」と証言している。

「そして実際にその通りにしました。文書にもそう書いていました。『会社は私の家族だ。家族にはきちんとした待遇を望む』と」

とはいえ、はっきりしたビジョンのもとで売却し、解放感を味わったパガーノでも、売却後の数カ月は一種の喪失感を味わった。喪失感を抱くのは、不可避とは言わないまでも、非常によくあることなのだ。特に、長いこと会社経営にどっぷり身を投じてきた者にとって、その痛みはほぼ間違いなく襲ってくる。だがパガーノの場合、起業家人生を終えた達成感と、従業員が新体制のもとで業務に邁進していることに対する感謝のほうが、喪失感を大きく上回っていた。

後悔の気持ちがあると、エグジットにケチがつき、移行プロセスにも多大な苦痛が生じる。パガーノはそうした後悔からは免れた。もちろん彼ほど幸運ではなかった例もある。だが心の中に備えがあり――WHOとWHATとWHYの答えを見極めているという意味だ――その備えに沿って決断を下しているならば、移行プロセスはきっとレイ・パガーノのように円滑に進むに違いない。

2 ── 人生における「ビジネス以外」の部分

WHOとWHATとWHYを知ること

深夜二時。クロスコム・ナショナルのオーナー、ブルース・リーチは、オフィスでじっと書類を睨んでいた。朝が来れば会社の過半数株式を売却することになっている。手元にあるのは、契約のクロージングに先立ち署名する予定の書類だ。数時間後にはまぎれもない大富豪になる。四十八歳のミリオネアだ。経歴に汚点もなく、業績も堅実。株式の一部は今後も保有するので、数年後に次の売却が決まれば、再び大金が入ってくる見込みもある。シャンペンでも開けて、長い旅路を歩んできた自分の労をねぎらい、あとは莫大な金額を受け取ればいい状態だった。それなのに、デスクについたまま、自分の二十三年間の集大成たる書類の山を前にして、リーチはなぜか心がざわめくのを抑えられずにいた。

彼が二人のパートナーと共にクロスコムを立ち上げたのは一九八一年。まだ二十五歳という若さだった。彼らは当時の何百、もしかしたら何千という人々と同様に、マ・ベル〔現在はAT&Tとなったベル電話会社のこと。アメリカ全体を包むように展開していたことから、マザー・ベル、マ・ベルと呼ばれた〕の分割を好機と見て、法人向け通信機器の販売で儲けられると期待したのだ。勢いに任せて起業したようなものだった。二人の共同経営者は三年も経たずに退いた。リーチ自身も事業縮小の決心をして、別の仕事の研修を受け始めていたとき、薬局チェーン大手のウォルグリーンから留守番電話にメッセージが入った。ウォルグリーンの店舗一二〇〇軒に電話システムを設置してほしい、しかも三カ月でやってくれ、というのだ。そんな短期間で実現する方法など思い浮かばなかったが、リーチは「まかせてください」と返事をした。転職を取り消し、あとは振り返ることもなく突っ走ってきた。

それから二十年で、クロスコムは国内用通信機器の設置とサービスでリーディングカンパニーと呼ばれる一社となった。従業員は三〇〇人、売上高は七〇〇〇万ドル。顧客には超一流企業が名を連ねた。創業当初とは比べものにならない幸せな日々だった。「わくわくしっぱなしだった」とリーチは当時を振り返って語っている。

「毎日、朝が来るのが待ちきれなかった。夜も遅くまで働いた。一瞬一瞬が本当に充実していた」

彼の情熱は、しかし、時が経つにつれてしだいに薄れ始めた。それでも一九九五年にクロスコムをイギリスに進出させると、以前のような熱意が戻ってきた。アメリカ以外で働いた経験がなかったので、ヨーロッパに支店を開いていくという展望に胸が躍った。立ち上げと運営のために、一年間にわたってロンドンに住まいも移した。

このときの彼の心にあったのは、ビジネスの機会だけではなかった。

「今思うと、あれはアメリカからの逃避だったんだろう。飽きてしまっていたんだろうね。イギリスはいいところだったから、二年ほどいたが、そのうち浮世に戻るときが来た。帰国して現実をつきつけられたよ──自分は昔のような熱意をなくしてしまった、という現実を。たぶん、私はそれと向き合いたくなくて、逃げ回っていたんだと思う」

向き合わなければならない現実は、熱意をなくしたことだけではなかった。長く外国にいたせいで、家庭も会社もぐちゃぐちゃに崩壊していたのだ。結婚生活の立て直しは叶わず、二〇〇〇年に離婚した。会社の組織的問題のほうは何とか解決しようと、グレッグ・ミラーという野心的な若手にCEOの座を譲った。ミラーは経営の才能があったが、彼のやり方にはほとんどリーチが関与する余地がない。リーチは主に営業とマーケティングで仕事に携わり続けたが、全力で打ち込む気にはなれなかった。

「やりがいがないんだ。もっとビッグなことをやりたかったが、あまりに多くを失いすぎた。結婚が破綻したことに対する喪失感もあったし、子供とのつながりが切れたことで心にぽっかり穴が空いたようだった。グレッグが経営することになったクロスコムに対しても、同じ気持ちだった。なくしたものが多すぎて、埋めるものが何もない。金銭的にも立ち行かず、銀行預金の残高は減っていく一方。元妻に借金をしていたし、息子が大学に入るし、家は担保にとられるし。真綿で首を締められているようだった」

とはいえ予備資金ゼロというわけではない。株式があるではないか。四〇%を売却しても経営権は自分の手元に残ると判断し、株式売却の仲介業者を雇ったところ、その業者が彼をゴンジー・バウンズ&パートナーズというPE会社と引き合わせた。同じ仲介業者が手を貸して、売却条件の交渉はおおむね進んだ。ところが話を聞いたリーチの弁護士が、なぜ外部の大手投資会社を関与させるのか、と尋ねた。経済的な不安が解消されれば自由が増えると思うから――とリーチが答えると、その女性弁護士は一笑に付した。

「自由ですって? そんなもの得られるわけがありませんよ。今後は、新たなパートナーのお伺いを立てなければ大きな決断をできない人生になるだけです」

リーチはショックを受け、株式売却をとりやめた。

彼の翻意のせいで違約金が発生し、クロスコムには数十万ドルの負担が生じた。売却準備に力を尽くしていた部下たちの士気も当然ながら下がった。彼らは売却益の一部を得られるはずだったし、外部資本が入って事業が活気づくのを楽しみにしていたからだ。逼迫した財政状況も何ら解消されていない。リーチの不安に追い打ちをかけるように、ある大口顧客が手を引くという話が飛び込んできた。売上高七〇〇〇万ドルのうち、九〇〇万ドルを担っていたエッカード・ファーマシーという薬局チェーンが、契約を打ち切るというのだ。

「朝の三時にぐっしょり汗をかいて目が覚め、そのままオフィスに向かうくらい、追い詰められていた。グレッグに話したら、『そうですね、あなたは厳しい立場ですよね』と突き放されたよ。『のっぴきならなくなったら、僕は辞めるだけですけど、あなたは何もかも失うかもしれないですね。それが心配なんですか？』だと。あの会話のあと、一カ月は眠れなかったんじゃないかと思う」

破産を目の前にして、リーチは、もう売却しかないと腹を決めた。経営の主導権を手放すのも仕方がない。そこでＰＥ会社ゴンジー・バウンズに再びアプローチしたところ、前回と同じ評価額での買収意思を提示された。ただし、条件が一つ。当初の話し合いでは株式の四〇％の譲渡で合意を見ていたが、今回は六〇％を主張してきたのだ。マネージャー陣に二〇％を渡しているので、そうなるとリーチ個人の保有株式は二〇％になる。彼は同意して受け入れ、売却取引を正式に進めることとなった。日付も決まった。弁護士の作業も済み、サインすべき書類が送られてきた。

今、深夜二時のオフィスでこれまでの道のりを振り返りながら、リーチは逡巡していた。はたして自分は正しい決断をしようとしているのだろうか。現ＣＥＯは、数時間前にオフィスに立ち寄って、こんなふうに言っていた。

「必要な材料は全部そろってるんでしょう。みんなこれが正しいと思ってますよ。僕自身は、あなたの決断しだいだと思ってますけど。頑張ってください。明日の朝にお会いしましょう」

そのセリフは間違いではなかった。誰もがこの取引を推していた――取締役会も、マネージャー陣も、弁護士や会計士も、友人も家族も。だが、何かを失いかけているという気持ちを、どうしてもふるい落とせない。「人生であんなに孤独な気持ちになったことはなかった」と、数年が経った今、彼は語っている。

「どうしようもなくやりきれなくてね。そのとき、急に一つの考えが浮かび上がってきたんだよ。売却が最善の選択だと言ってくる人は、全員、何らかの形でこの取引にかかわっている。多くは友人だ。そう思いたいが、かといって、本当に私のためを思っているんだろうか。心の中の小さな声にそう問い詰められても、何も答えられなかった」

だが、ここまで来てしまって、今更何ができるというのか。

「怖かった。また売却を取りやめるなんて、できないと思った。私が最後の引き金を引くのをみんなが待っている。だから結局、書類にサインをした」

無計画なエグジットがもたらす呪い――

ビジネスオーナーの旅の終わり方はさまざまだ。ほとんどはリーチの例のように、準備の時間をろくにとれないまま終わりを迎える。疲れたから、というオーナーもいる。飽きたから、というオーナーもいる。個人的な不運に見舞われて会社を手放す場合もある。断れないほどの買収価格を提示された、業界や景気の変化に不意打ちを食らった、顧客トラブルのとばっちりを受けた、あるいは単純に資金繰りが立ち行かなくなった……理由を挙げていけばキリがない。

あわただしく計画したエグジットは、ほぼ例外なく、幸せなエグジットとはならない。特に先のことを考えてこなかったオーナーが幸せなエグジットを迎えるのは難しい。彼らは他人の望みに引っ張られているにすぎないのだ。他人が思う「すべきこと」に従い、他人がお膳立てしたことに従い、出来事や環境に対応しているだけ。そうこうするうちに、自分の未来を自分で作る機会を逸していく。未来を自分の手で作れるという点こそ、ビジネスオーナーにとっての最大の見返りであるはずなのに。そもそも事業を始めたり買収したりしたのは、それが理由であったはずなのに。

旅を始めた時点では、この道がどこへ続くか、どのように終わるのか、それを決めていくチャンスは間違いなく自分の手の中にある。選択の幅は実に広い。ところが時間が経つうちに、意図的かどうかにかかわらず、自分自身で選択肢を狭めていく。売却せざるを得ないのか。売却するとしたらいくらで売れるのか。誰が買収するのか。エグジットに向けて会社の態勢を整えるには何が必要か……。いずれの場面でも、自分自身の決断や行動が、可能性の幅に影響を及ぼしていくのである。

当然、望む終着点——自分がそれを知っていると仮定して——につながる選択肢を残しておきたいものだ。だとすれば、まずは自分はどんな人間なのか（WHO）、ビジネスに何を求めるのか（WHAT）、自分を動かしている「根拠、理由」は何なのか（WHY）を明確にすることが肝心である。さもなければ選択肢から自由に選ぶどころか、選択肢の理解すらできないかもしれない。最後にエグジットを迎えても、その先に何をしたらいいか皆目見当がつかないかもしれない。

クロスコム・ナショナルから不本意なエグジットをしたブルース・リーチは、「売却後の人生なんて、全く考えてなかった」と明かす。

「友人の一人に会社売却の経験があってね。そいつが『次に何をするか決めるまでは売るな』と言っていた。今でも昨日のことのように思い出せる。なのに私は気に留めなかった。それが私に大きく欠けていた点だったんだよ。『何をするか』の答えを出していない、というのが」

自分が落ちた穴を理解するまで、二カ月ほどかかった。売却は二〇〇四年十一月初旬に成立し、その後は感謝祭とクリスマスのおかげで、年末まで忙しく過ごした。一月になり、さて仕事始めだと思ったが、何をしたらいいかさっぱりわからない。クロスコムの取締役会には引き続き在籍していたが、そこに毎日の業務があるわけではない。それでもリーチは危機感を持たなかった。自分の体が空いたとなれば、きっと何かがやってくるはずだ。そう思ってシカゴのダウンタウンにオフィスを借り、名刺を注文して、「何か」を待った。待ち続けた。待つばかりだった。

「ああ、自分は一人なんだ……そんな思いがわきあがってきた。同じオフィスビルで働く人たちと交流があるかと思っていたんだが、ドアはがっちり閉ざされたままだ。友人にはみんな仕事がある。付き合ってくれるやつは誰もいない。子供たちだって学校がある。何もすることがないのは私だけだ。自分が無価値な人間に思えてきた。クロスコムでは三〇〇人の従業員が私を頼っていたが、ここにきて急に、私のほうがはじきとばされたんだ。もう誰も私を必要としないし、誰も気にかけていない。社交辞令として『いかがお過ごしですか？　リタイア生活はさぞいいものなんでしょうね』なんて言われたが、そう言われるのが本当に苦痛だった。まだ四十代半ばだよ、引退には早すぎたんだ」

リーチは、失ったものを埋める「何か」を探し始めた。非営利の世界に見つかるのではないかと考え、世界の貧困対策に取り組む団体に二つほどかかわってみることにした。片方の活動でアフリカに行き、もう片方の団体の医療チームが毎年行っているボリビア視察旅行にも参加した。教育に対する熱意も芽生え、特にビジネスという海に乗り出す若者の指導に情熱を感じて、母校ミシガン州立大学と、MBAを修めたデポール大学でその情熱を追求することにした。第三世界に赴いた経験は「人生を変える」経験になったし、若者を指導するというのも「夢中になれる」体験ではあったのだが、それで心の穴は埋まらなかった。

「起業家になったら、一生、起業家。つくづく思い知ったよ」とリーチは話している。「ビジネスをやっていたい、という思いが消えないんだ。カネのためじゃない。何か意味のあることをしていたいし、それによって報酬を得ていたいんだ。無償で時間を捧げるというのもとても大切なことなんだが、元がビジネスオーナーだと、ビジネスというゲームに加わり続けることで評価されたい、という感覚を捨てられないんだと思う」

模索する一方で、クロスコムの支配持分を売却したのは正しかったのか、疑問に思うことも増えていった。新たに過半数株式を保有することになったオーナーは、事実上、リーチを会社から締め出した。取締役であり、主要株主ではあったが、ほとんど貢献しない部外者という扱いだ。戦略会議は彼抜きで行われた。誰も彼の意見を求めなかった。完全に除け者扱いで、それがリーチにとってはフラストレーションになり、フラストレーションが「ひょっとしたら」という考えを呼び起こした。ひょっとしたら、自分は結論へ誘導されてしまったんじゃないだろうか。確かに売却当時はビジネスに疲れていたし、熱を失っていたし、おそらく多少は鬱の傾向があったのかもしれないが、それにしても他に選択肢があったはずではないのだろうか。

考えが確信に変わったのは、シカゴのテイスティ・ケータリングという会社を訪れたときのこと。イリノイ州で最も働きやすい職場の一つとして、何度も表彰を受けている企業だ。

「あの会社の社風を見て、頭をがつんと殴られたような気がした。まさに私がいた頃のクロスコムの姿だ。私は素晴らしいものを築き上げていたのに、手放してしまったんだよ。なのに、それがどんなに特別なものだったか、気づいてもいなかった。売却するときは、『二〇〇〇万ドルあれば何ができるか考えてみろ、元妻にも借金を返して、飛行機の一機も買えるじゃないか』と、そんな意見ばかりで頭がいっぱいだった。だが、いざ売ってしまうと、何も残らなかった。そこからの三年間は、自分が背を向けてしまったものを嘆くだけで、先のことも考えられずに過ごしていたよ」

それでも最後には新たな天職が見つかった。二〇〇八年に、同じく不本意なエグジットを経験した友人のデイヴ・ジャクソンと共に、「エボルブUSA」という会社を立ち上げたのだ。事業の売却をした人、これからする人、検討中の人の互助および交流をサポートする組織である（第六章で詳しく紹介する）。

「自分が売却したときは、何の備えもできていなかった。備えるというのがどういうことなのかもわかっていなかった。だから、他の人にはぜひちゃんと考えてほしい。売却に進むと、どうしても取引条件の話が中心になってしまうが、そんなものは全体の二割か三割の要素にすぎない。残り七割から八割は、気持ちの問題だ。事前によく考えていなくちゃ。契約のやりとりが始まってしまったら、どんどん押し流されて、気づいたときには外に放り出されているってことになるんだから」

WHO、WHAT、WHYを考える――

知識は力。ビジネスにおいては当然の事実だ。市場を形成するトレンド、顧客が抱く懸念、テクノロジーが産業に与える影響、ぶつかるかもしれない新たな競争の火種、従業員を鼓舞していく方法……きちんと知っておくことがどれほど重要か、誰かに教えられるまでもない。ところが奇妙なことに、オーナーは事業を把握する上で最も重要な分析対象を軽視しやすい。最も重要な分析対象、それは自分自身のことだ。

自分自身をしっかり理解しているかどうか。それはビジネスに何より大きな影響を与える。自分が何を望み、何を望まないのか、何を一番大事に思うのか、自分を突き動かすものは何か、本当に情熱を感じる対象は何か、弱点は何か、やる気が燃えてくる要因は何か、心が冷める要因は何か。自分のことをわかっているオーナーは、そうでないオーナーと比べて、たいてい優れた意思決定をする。優れた会社を築き、優れたリーダーになり、充実したビジネスキャリアを積んでいく。そして幸せなエグジットを迎える可能性も高い。望む終わり方をはっきり視野に入れられるからだ。自己を見つめる鋭い目がなければ、終わり方など見えてくるわけがない。

もちろん最終的な目標がわかっているからといって到達できる保証はない。しかし、わかっていなければ到達はほぼ不可能だ。

とはいえ、お気づきの読者もいるだろうが、正しい自己認識など一朝一夕に生まれるものではない。それは一生涯かけて考えていくテーマだ。週末を一回つぶして見極めるというわけにはいかない。はるかに長期にわたって思索していくことになる。私の知っている一人の起業家は、毎年はじめに時間をとって、十年から十五年先の人生のビジョンを詳細に文章にしている。彼のビジネスパートナーにも同じ習慣があるという。

そうしたプロセスがないと、ビジネスの終わりだけでなく、その後の人生に対しても、全くの丸腰でつっこんでいくこととなりかねない。いよいよ会社から離れようというときになって、WHO、WHAT、WHYの疑問にぶちあたるのだ。そうなったらもう逃げられない。答えを出すまで、もしくは答えをもらえる偶然に恵まれるまで、先の見通しを出せずに苦しむはめになる。リーチと同じく、あちこちふらふらしながら、人生の目的を探していかなくてはならない。探求はいつまで続くのか、どれほど苦しい日々となるか、それは自分しだいでもあるし、運しだいでもある。だが、これだけは確かだ――答えが見つかった頃には、選択肢は少なくなっている。ビジネスの現場にいるうちから問いと向き合い、答えを出していたならあったはずの選択肢が、だいぶ目減りしている。だからこそ、エグジット・プロセスのステージ1にあたる事前調査のプロセスを今すぐ始めることが肝心なのだ。

とはいえ、WHOを考えるだけではダメだ。WHATだけでもいけない。三つめのWHYを考える重要性を、ぜひ強調しておきたい。最初の二つは表面的な答えでやっつけておくことも可能だが、物事のＷＨＹと向き合うためには、自分の心を深く探らなければならない。ＷＨＯとＷＨＡＴの答えにどれだけ自信があるか、しっかりつきつめることになる。

私が過去に数冊を共に著してきた起業家、ノーム・ブロドスキーは、ＷＨＹと向き合うことの重要性を痛みと共に学んだ。一九八〇年代に、最初の起業として文書配達ビジネスのシティポスタルを立ち上げたとき、彼は自分の望み（ＷＨＡＴ）をはっきり理解していた。売上一億ドルを突破する会社にしたい、というのが彼のＷＨＡＴだ。だが、「なぜそれを目指すのか」というＷＨＹを胸に問うことはしなかった。仮にしつこく尋ねたならば本人も認めただろうが、当時のブロドスキーは、しっかり食い扶持を稼がねばという強い自負心に加えて、何でもいいから自分が一番だと証明する機会が欲しかったのだ。

起業の意義はそれだけではなかったはずだ。よく考えていれば「一億ドル」という目標は見直していたかもしれない。しかしブロドスキーはそうしなかった。この「一億ドル達成」という意気込みこそが、彼に非常にまずい買収判断をさせた。買収によってシティポスタルの売上は一気に四五〇〇万ドルから一億二〇〇〇万ドルに伸びたものの、一一〇万ドルだった年間利益は一〇〇〇万ドルの赤字になり、あれよあれよというまに状況が悪化して、気づけば翌年には破産法適用の申請をしていた。それから三年間、破産法適用下でもがき続けた日々は、彼にとってＷＨＯとＷＨＡＴとＷＨＹを見直す長い執行猶予期間だった。

まずは起きた出来事を受け入れなければならない。最初は、大失態の責任を認めるのがどうしても嫌だった。責任をなすりつけやすい外的な要因があったからだ。そもそも一九八七年十月に起きた株式市場大暴落のせいで仕事の大半が失われたのだが、そんな事態が起きようとは誰も予測できなかった。同時期に突然ファックス機が普及し、自転車便に代わって伸びていくというのも、予測できることではなかった。確かに買収は失敗だったが、誰でも失敗はするではないか。予見しようのない外部の出来事のタイミングが悪かったのだ。

こうした自己弁護の壁を打ち破れたきっかけは、雑誌記事で読んだ投資銀行家の言葉だった。その人物は過去にシティポスタルへの投資を検討したのだが、ようやく財務情報を把握できてみると、シティポスタルが「火の車」だとわかり衝撃を受けたのだという。「ひとめ見て（……）こう思った。『だらしない。こんな資本構造でエグジットできる会社があるわけがない』と」

ブロドスキーには、そこにほのめかされた意味がすぐにわかった。この投資銀行家は事実上、破産は予見可能で、しかも回避可能だったと言っているのだ。だとしたら当然浮かび上がってくる疑問は、「なぜオーナーである自分には予見できず、回避もできなかったのか」である。認めづらくはあったが、心の奥では答えがわかっていた。ブロドスキー自身がちゃんと注意を払っていなかったせいだ。一億ドルという目標に主眼を置きすぎて、さらには買収が吉と出ると過信しすぎて、その危なっかしさを見ようとしていなかった。危なっかしさを楽しんですらいた。リスクには血肉が湧き立つ思いだった。そういう性格だったのだ。「崖っぷちに踏み出して下を眺めるのが好きな性分」だと本人は表現している。

シティポスタルは、株式市場暴落のせいで倒産したわけでも、ファックス機の台頭のせいで倒産したわけでもなかった。大博打を好むブロドスキーの性向が原因だった。彼が自身の衝動に流されていたせいで、会社は不測の事態に対して脆弱になり、三〇〇〇人の従業員を全く必然性のないリスクにさらした。結果的に従業員の九八％以上が、本人には何の落ち度もなく、職を失ったのである。

どんなに欠点があろうと、ブロドスキーは仁義を重んじる男だ。自分が雇い、自分のために尽くしてきてくれた従業員二九〇〇人以上がこうむった悲劇は、自分に直接的原因があると悟って、彼はうちのめされた。そして、従業員を路頭に迷わせるような真似は二度としない、と固く心に誓った。

これをきっかけに、ブロドスキーはビジネスのやり方を転換した。自分自身を変えることはできないが、今回の一件で浮き彫りになった事実――自分の性格をきちんと制御しなければ、それが自他をおびやかしかねない――を受け入れる誠実さは持ち合わせている。この気づきを踏まえて、短所を埋め合わせ、長所を伸ばし、同じ失敗を繰り返さぬよう、何ステップもの対策をとった。手始めに、堅実で分析力があって細部に目が行く人材を周囲に置くことにした。自分の管理能力のなさには自覚があったし、好きでもなかったので、そういうことが得意な人材に任せるのだ。昔なら聞き流していた意見や主張にも注意深く耳を傾けるよう意識した。問題対処の方針を定め、自身に原因がないかどうかしっかり向き合うと心がけた。さらに、「大きな決断は必ずシャワーを浴びたあとで」というルールを作った。シャワーはいつも朝に浴びるので、少なくとも一日は決断を先延ばしにすることになる。そうすれば考える時間ができるというわけだった。

これらと等しく重要な改革として、ビジネスの目標も変更した。破産したおかげで、売上至上主義の精神や、大企業を経営したいという欲求は消えた。売上一億ドルを実現すれば何だと言うのか。特に文書配達のような利益率の低いビジネスでは、それ自体には何も意味がない。利益率が高く、キャッシュフローが潤沢な売上二〇〇〇万ドルの企業を経営するほうが、はるかに好ましいではないか。

こうした変革の真っ最中に、文書配達サービスの顧客から、電話で異例の頼みごとを持ちかけられた。

「どこかに保管しておかなきゃならない文書が二十七箱あるのだけれど、おたくはそういうサービスはやってないかしら」

ブロドスキーはそんなサービスは聞いたこともなかったのだが、すぐに調査を行い、文書保管という事業がまさに自分の探していたタイプのビジネスであると判断した。かくして、ブロドスキーの人生二つめの会社、シティストレージが誕生する。それから十七年間にわたり、従業員と共にシティストレージを育て上げ、国内最大規模かつ最も尊敬される独立系文書保管会社にしていった。二〇〇七年には、このシティストレージと関連会社二社の過半数株式、さらに拠点を置いていた一等地の不動産権利もあわせて売却。売却相手はビジネス・ディベロップメント・カンパニーのアライド・キャピタルで、金額は約一億一一〇〇万ドルだった。自分はどんな性格で（WHO）、何を望んでおり（WHAT）、失敗した理由は何だったのか（WHY）をはっきり見極め、必要だと悟った変革を進めていなければ、この売却も決して現実のものとはならなかっただろう――と、本人は断言している。

投資家の発想で考える――

もちろん、破産を経験しなければWHOとWHATを見極められない、というわけではない。だが、危機は学習の機会になる。幸せなエグジットを果たしたビジネスオーナーの多くは、針路を定めるきっかけになった不幸な出来事を具体的に自覚している。

第一章で登場した人材派遣会社のマイケル・レモニアーの場合、その出来事は、九年間勤めた大手人材派遣会社から突然解雇されたことだった。担当部門の副社長にまで昇りつめたというのに、新しい上司と衝突してクビになったのである。ただし本人は「解放された」と表現している。「お前は大馬鹿だ、って言ってやったんですよ」。原因はなんであったにせよ、レモニアーは一つ教訓を学んだ。

「私は仕事に自分を注ぎすぎていました。大間違いでしたよ」

この認識は、彼が企業家としてのキャリアを踏み出すにあたり、一つの指針になった。彼はビジネスをライフワークではなく、投資と考えることにした。

「人生という書物の一章にすぎないんです。仕事イコール私ではありません。もちろん情熱は持っていますよ。勝てる投資には情熱を感じるのが当たり前ですよね。でも、他のビジネスオーナーとは見方が違うんです。たぶん、そもそものアプローチが違うせいなんでしょうね」

レモニアーにとって、ビジネスのスタートとエグジットは同じコインの表裏なのだという。

「オーナーとしての私の役割は、事業を育ててエグジットの用意をすることだと思っています。事業に臨むときは、必ず、始め方だけじゃなくて終わり方も考えるんです」

何社を経営しようとも、会社はレモニアー個人のWHOとWHATとWHYに寄与することはない。「ビジネスは、人生の目的ではないんです」と本人は言う。

「ビジネスはあくまで、人としての深い目的を見つける機会です。『この仕事を差し引いて考えれば、私という人間はいったい何者なのか』という問いへの答えも、ちゃんとわかっています。私は、神のもとにある一人の子であり、夫であり、父親なのです」

レモニアーはそもそも起業をしていないではないか、と指摘する声もあるだろう。彼がするのは会社を買収し、育て、そして売却することだ。といっても投資家の役割だけに徹するわけではなく、現場の運営にも携わるのだが、「起業していない」という要素を鑑みると、彼がなぜ事業を投資と割り切ることができるのか、なぜ会社と自分自身を結びつけずにいられるのか、納得がいく。

ジョン・ワーリローは違った。何しろ、初めて起業したのは小学三年生のとき、という人物なのだ。当初から終わり方を念頭に置くという点では彼もレモニアーと同じだが、そういう考え方が根づいた理由は異なる。生まれ育ったトロントで、幼い頃から周囲に成功した実業家がたくさんいたのが一因だった、と本人は考えている。父のジェームズ・ワーリローは、現在は『プロフィット』という名前になったビジネス誌をカナダで創刊した人物だ。アメリカで言えばインク誌に相当する雑誌である。

「意識していたかどうかわからないが、私は父を通して、エグジットを果たした起業家たちを見てきた。彼らはみな、始める前から終わりを考えていた」

ワーリローの経歴を見ると、始めた会社をやすやすと売っていく人物に思えてしまう。だが彼が立ち上げた最大の、そして最も有名となった会社ワーリロー・アンド・カンパニーを手放したときは、困難なエグジットになる可能性が高かった。それを回避できた理由は、彼が自分のWHO、WHAT、WHYを見極めていたからだ。

この会社を始めたそもそものきっかけは、ワーリローがプロデューサー兼司会を務めていたラジオ番組だ。成功している企業家にインタビューをする番組だった。スポンサーにカナダ・ロイヤル銀行も加わっていたのだが、スモールビジネスを対象としたダイレクトメールの反応が芳しくなく、また営業部員の覇気も足りず、ワーリローに助けを求めてきた。広告主への謝意として最初は無償でアドバイスを提供したワーリローだったが、ほどなくして有償の仕事として請け負うようになる。そうしたコンサルティングにお金を払いたがる企業は他にもあるとすぐにわかったので、一九九七年に、正式にワーリロー・アンド・カンパニーとして創業する運びとなった。

当時のワーリローは二十六歳。採用したスタッフは同年代ばかりだった。「高校のような」

社風だったという。みんなで働き、みんなで遊んだ。七年間で年間売上高およそ四〇〇万ドルに成長。ワーリロー自身は、リーダーシップスキルの向上と、偉大と呼べるビジネスの構築に心血を注いでいた。セミナー、講義、カンファレンスに参加し、職場環境の重要性を説く経営論の本を読み漁った。

「職場に飼い犬を連れてきてもいいとか、楽しい休憩場所がたくさんあるとか、社員同士が全員がっちり仲良しだとか、ああいう社風づくりに熱中していた」

熱中どころか、彼はそうした企業文化こそがすべてだと信じて疑わなかった――だからこそ、主要メンバーが離職し始めたとき、強い衝撃と失望を味わったのである。

最初に去って行ったのは、顧客対応を統括していた上層経営メンバーの一人。取引先に引き抜かれたのだ。それから二カ月後、リサーチ部の責任者だった人材も、やはり別の顧客に引き抜かれて辞めていった。さらに何人かがあとに続くように辞めた。半年ほどで四割が離職し、会社は大混乱に陥ると同時に、顧客との関係も危なくなってきた。

従業員が離れていった理由は、別に不思議でもなんでもなかった。「もっといい仕事があったというだけのことだよ」とワーリローは語る。

「彼らは大きな会社で働くことを選んだ。うちは小さい会社で、なんでも自分たちでやっていた。全員が三つずつ業務を担当してね。組織構造と言えるほどの構造もなかった。しかも、ここが重大なポイントだったんだが、取引先は超大手企業ばかり。そういう会社ならどんな福利厚生や報酬を出せるか、しょっちゅう目の当たりにしていたんだよ」

そうは言っても、裏切られたという思いは消せなかった。「高校生カップルの片方が、急に相手から『別れましょう』って言われたみたいな、そんな感じだった。他に言い表せる表現は思いつかないよ」

結局のところ、従業員はワーリロー ほど素敵な職場づくりに重きを置いていなかったし、ワーリローの試みを評価してもいなかったのだ――そう結論は出たものの、「一時期は本当に苦しかった」という。

それでも何とか踏ん張りながら、欠員を補充し、新メンバーと共に会社を軌道に乗せ直した。しかし、この経験はビジネスに対する彼の姿勢を一変することとなった。

「あんなふうに感情的に入れ込みすぎることは二度とするまい、心に誓った。職場を自分個人の交流や家族の絆の代用品にしてはいけないんだ。ちょうどその頃、妻との間に第一子を授かったのは、私にとって幸運なタイミングだった。父になったことですべてが変わった。会社よりも大事なものは他にたくさんあると悟って、それからはきちんと距離をとるようになった。一歩引いて客観的にビジネスを眺めるようになった」

言ってみれば、彼は会社から心理的な決別を果たしたのだ。かつては素晴らしい職場と素晴らしい会社作りに燃えていたが、もっと手堅く自分の仕事を見て、ビジネスとは儲けを出すことだと考えるようになった。ビジネスのおかげでオーナーのプライベートが充実することもあるかもしれないが、あくまでもビジネスはその「手段」であって、人生とイコールではないのだ。こうした方向転換を経た結果、四年後に売却を迎えたときのワーリローは、事業を手放す起業家の多くと比べて、ずっと楽に別離を済ませた。

「会社を売るのは子供が離れていくようだとか、離婚をするようだとか、そういう言い方を聞いたこともあった。だが、私はそんな気持ちには全くならなかった。たぶん、例の時期を経験したからなんだろう。失ったものを惜しんで悲しむ気持ちは、あのときのほうが強かったかもしれない」

それは仕事か、それとも天職か――

レモニアーやワーリローと同じようにＷＨＯとＷＨＡＴとＷＨＹを深く掘り下げながらも、彼らとは正反対の結論に至るビジネスオーナーももちろん存在する。後者のオーナーたちは、ビジネスに対する心理的な執着を自覚している。自分のアイデンティティが会社とがっちり絡み合っている、と気づいている。属している分野のリーディングカンパニーとなって、顧客に比類なきサービスを提供し、サプライヤーと素晴らしい関係を確保し、従業員にとって最高の職場を創出するべく、彼らは人生の少なからぬ割合を捧げている。来る日も来る日も、会社にかかわる人々に貢献する方法を探し続けている。

だが、そうしたオーナーでも、いつかはエグジットしなければならない。彼らが幸せに、そして円満にエグジットできるかどうかというのは、むしろレモニアーやワーリローのような割り切ったタイプより困難な試練なのだ。新オーナーの選定にあたっても、実に多くのことを検討しなければならない。自分が離れたあとの会社の行く末を思うと不安になるからだ。また、ワーリローが「失ったものを惜しんで悲しむ」と表現した心情とも向き合わなければならない。仮に、もしかして万が一、自分の分身たる大事なビジネスよりもさらに情熱を感じられる新たな天職を見つけることができるならば、喪失感も軽くなるかもしれないが、そんなことが可能だとは思えない……。

いや、違う。それは決して不可能なことではない。人は変わる。そして、しっかりと自覚し意識して向き合うならば、人生の計画だって変わるのだ。

チップ・コンリーは二〇〇七年頃、自身の変化に気づいた。彼は成人してからの人生の大半を、国内を代表するデザインホテル・チェーンの構築に捧げてきた。一九八七年、まだ二十六歳という若さで、サンフランシスコのテンダーロイン地区に「フェニックス」という名前のホテルを創業。二十年が経つ頃にはジョワ・ド・ヴィーヴル・ホスピタリティというホテルチェーンとして、カリフォルニアに三十以上の拠点を展開し、独創的なホテルコンセプトと、手本とされる一流のカスタマーサービスと、例年サンフランシスコのベイエリアで「最も働きやすい職場」に選ばれる栄誉で全国に名を知られるようになった。コンリー自身も、革新的CEOの多さで知られるベイエリアで、「最も革新的なCEO」として称えられた。二冊の著書を書き、最も広く読まれることとなる三冊目の著書『ザ・ピーク　マズロー心理学でモチベーションの高い会社を作る方法』(ダイレクト出版)も、出版を待つばかりの状態だった。同著では、ITバブルの崩壊と二〇〇一年の同時多発テロに加えてホテル業界を襲った大不況をどう生き抜いてきたか、コンリーのアイデアと、方針と、テクニックを紹介している。

それまでのコンリーは、会社から身を引くという可能性など、まともに考えもしなかった。買収の打診は長年の間に数えきれないほどあったのだが、現実化することは一度もなかった。最大の理由は、コンリーにCEOの座を退くつもりがなかったことだ。「その役割を手放すなんて、全く頭にありませんでした」とコンリーは言う。

「ジョワ・ド・ヴィーヴルは私の天職でした。七十五歳か八十歳になるまでやるつもりでした」

だが、三冊目の著書を執筆しつつ、二冊目の著書『マーケティングがものを言う（*Marketing That Matters*）』について講演などをしているうちに、何かが変化してきた。一人で籠って文章を紡ぎ、自分の心の奥を深く探り、振り返るという執筆の作業と、大勢の人の前に立って説明し、啓蒙し、共有するという講演の要素が、本当に楽しかったのだ。もしかしたらジョワ・ド・ヴィーヴルの経営よりも好きかもしれない——そんな思いがわきあがりつつあった。

「天職というのが人に活力を与えてくれるもので、仕事というのが活力を消耗させるものであると考えるなら、私にとってホテル会社のCEOという立場は、少しずつ『仕事』と感じられるものになっていました。その一方で、週に四回か五回ほど講演に立っても疲れませんでした。講演すると力がわいてくるんです。とは言っても、自分にとってのメインはCEOなのですから、『これはまずいな』と痛感しましたよ。自分がそれまでの二十年を投じてきたことと、そこからの時間を投じていきたいことが、ズレ始めていたんです」

にもかかわらず、二〇〇八年のはじめにまた買収のアプローチを受けたとき、彼のとっさの反応は「もちろんノーだ。まだそのつもりじゃない」だった。だが、その後、あらためて考えをめぐらせた。

「頭の中の声が言うんです。『よく考えろ。同時に二つはやれないんだぞ』と」

そこで買収提案の検討に同意。秘書と、最も近しい相談相手である父を除いては誰にも打ち明けずに交渉に臨み、買収希望者や、投資銀行家や、その他デュー・ディリジェンスの関係者と極秘に会合を重ねた。交渉はほぼ半年間続いた。

「すごく抵抗がありましたよ。人から会社を評価されるのも、『売るかもしれない』という発想に慣れるのも。でも最終的には六月のある日、夕食をまじえた会合の場で、ようやく評価額について合意に至りましてね。それで私が『では決めましょう』と言いました」

だが、そこには一つ穴があった。買主はジョワ・ド・ヴィーヴルを別のホテル会社二社と合併する計画で、しかも、残り二社はこれから買収するという状態だったのだ。コンリーには何も知らされず、合意から二週間が過ぎて電話をしたとき、「他の二社の買収が難航している」と告げられた。この頃にはすでに景気が下降路線に入り、住宅バブル崩壊の始まりと共に不動産価格が急落しつつあった。さらに一週間ほどして、買主側は、二社の契約が流れたと知らせてきた。

まるで教会で神父の前に取り残され、呆然と立ち尽くす花婿みたいな気分だった──とコンリーは表現している。

「頭も心も、さあ売却して先に進もう、というモードになっていましたから。途方に暮れてしまいました」

実は、最悪の知らせを聞かされるのは、この日はこれが二度目だった。経営するホテルの一つで、経理責任者が四年で一〇〇万ドル以上を着服していたことを認めたのだ。追い打ちをかけるがごとく、同日の夕方に野球に参加したコンリー自身が足首を折り、十日間も入院するはめになった。

不運は続き、骨折の合併症にも苦しんだ。八月半ばにはミズーリ州セントルイスへ講演に赴いたのだが、講演後に本のサイン会をしている最中に失神する。数秒ではあったが実際に心臓が止まるという大騒動があった。救急医療隊員のおかげで息を吹き返したが、そのまま入院し、二、三日ほど危険な状態が続いた。さらに、まだ回復しきれずにいた九月十五日にリーマン・ブラザーズが破産法の適用を申請し、そこから景気は一気に悪化。バブル期に多額の借入をしていたホテル会社にとっては特に打撃が大きく、ジョワ・ド・ヴィーヴルも例外ではなかった。年間売上高は、毎年二〇%から二五%の幅で減少が続き、気づけば破産を食い止めるのに必死という状態。破産寸前となるのは七年間で二度目だった。

「一度目のときは自分が戦士になった気分でした。でも二度目のときは、囚人になった気分でしたね」

ジョワ・ド・ヴィーヴルのホテルを二十一カ月で十五拠点も増やすプロジェクトの最中だったことも、重圧をいっそう苦しくした。景気の悪化が進むと、経営パートナーの妻たちから、深夜に酒の力を借りた嘆きの電話がかかってくるようになった。このままじゃ破産してしまう、子供を大学にやれないじゃないの、と。

事態の深刻さを痛烈に感じていたコンリーだったが、まるで「まだ自覚が足りない」とでも言うように、知人の自殺の知らせが舞い込むようになった。コンリーと同年代の男性ばかり、二年間で七人も命を絶った。一人はコンリーが起用していた保険ブローカーだ。大事な相談相手でもあり、いつでもしっかりと頼りがいのある人物で、しかも偶然にも名前がチップだった。コンリーは葬儀に出席し、自分と同名の故人を偲ぶ話に耳を傾けた。

たたみかけるような災難続きに、コンリーは、やはりジョワ・ド・ヴィーヴルを離れて新たな天職に移るべきなのだという思いを強めた。はっきりと確信に変わったのは、一週間の年末休暇をとり、カリフォルニア沿岸のビッグサーで過ごしたときのことだ。

「それまでの五年間、いや、十年間の中でも最高というくらいに充実した休暇でした。自分のしたいことだけをしていました。執筆をする日も三日間とれました。これを一生続ける自分を思い浮かべることができたんです」

人生に対するもやもやした思いは、この経験を境に、一気に晴れていった。実存主義的な問いから実際的な問いへ──すなわち、「身を引くかどうか」から「どのように身を引くか」へ、焦点が切り替わった。この休暇の思い出が、それから数カ月間にわたって彼を動かした。

「起業家として難しい立場に立たされ、逃げ場もないと感じるときは、いつでもあの休暇を思い出して、自分に言い聞かせていました。『いつかはあっち側に行く。僕は本当にそうしたいと思っている』と。肌で感じられるくらいに、ありありと思い浮かべられたんです。あの一週間があったから、未来はもうぼんやりしたものではなくなりました。ゴルフをするとか、アイルランドに住むとか、イタリアに行ってみるとか、そんなふうに売却後の人生を思い描く人もいます。でも、今の自分からかけ離れすぎていると、現実味を持たないんです。ぼんやりしたものを食べていくことはできません。自分の支えになってくれないんです」

実際に売却が決まるまで、それから一年半の年月を要した。その期間に買収候補者二十五人以上と話し合いをして、最終的に、大富豪プリツカー家〔ハイアット・ホテルグループを創業した一族〕のジョン・A・プリツカーが経営するPE会社ジオロ・キャピタルと話がまとまった。二〇一〇年六月、ジオロにジョワ・ド・ヴィーヴルの過半数株式を売却。ジオロは十六カ月後に、別のホテルチェーン「トンプソン・ホテルズ」との合併を行った。この合併は、コンリーが運営から離れる機会だった。本人はそれを喜ばしく受け止め、常勤会長という役職を返上した。ただし「戦略顧問」として、そして少数株主として、かかわりは持ち続けた。

この頃には新しい職業にすっかり身を投じていたのだが、かといってジョワ・ド・ヴィーヴルとの心理的な絆が完全に切れたわけではなく、偉大な会社であり続けてほしいという願いも捨ててはいなかった。彼がCEOを務めていた期間は、確かにそう断言できる会社だったのだ。しかし、ジョワ・ド・ヴィーヴルは「コミューン・ホテルズ&リゾーツ」という新たな集合体の一部になり、今後の運命はもはやコンリーの手の中にはなくなった。

彼はその現実を受け入れた。特にトンプソン・ホテルズのCEO——ホテル業界のベテランだ――が合併後のCEOになったときは、いつかジョワ・ド・ヴィーヴル自体が消滅するかもしれないという可能性すらも受け止めることができた。

「ジョワ・ド・ヴィーヴルは、もう私個人がどうこうできるものではなくなりました。私が二十四年間をかけて築き上げてきたこの会社は、もはや私が残す遺産ではないのだ、という考えを受け入れる必要があったんです。何年も何年も、給料もなしでやってきたのは、何か記憶に刻まれるもの、残り続けるものを築こうとしていたからでした。誰かの手本になるような、真似されるような、そんな成果を目指してきました。でも、もう私自身の力でその目標を目指せない地点に来てしまったんです。自分が主体的にかかわれないものと向き合っていると、むしろ不安になるだけだ、と痛感しました。それに、人生の中で魂を注ぎたいと思える対象は、他にもできていましたし」

すでに四冊目になる著書『感情の方程式（*Emotional Equations*）』の執筆を始めており、講演の仕事も忙しく続いていた。仲間と共に選んだ世界最高のお祭り三〇〇種類を紹介するオンラインサイト「フェスト３００」というプロジェクトを立ち上げている。二〇一三年一月には、エアビーアンドビーの共同設立者でCEOのブライアン・チェスキーから連絡を受けた。エアビーアンドビーは、家を貸したい個人と借りたい個人をオンラインで仲介する人気上昇中のサービスだ。チェスキーは、これを世界で最も尊敬されるホスピタリティ会社にしたいと考えており、そのためにコンリーの力を借りたいと言ってきたのである。コンリーは了承し、ホスピタリティ・アドバイザーとして非常勤で働き始めたのだが、一カ月も経たないうちに、エアビーアンドビーのグローバル・ホスピタリティ及び戦略責任者として正式に勤めることになった。この時点でジョワ・ド・ヴィーヴルとはかなり距離が離れていたコンリーは、二〇一四年はじめに、残っていた保有株式をコミューン・ホテルズ&リゾーツに売却した。

このときのコンリーには、ほぼ四半世紀にわたって人生を独占してきた会社を手放すことに対して、何も後悔を感じなかったという。むしろ五年か十年ほど早く退くべきだったという実感すらあった。

「いつでも学んでいたい好奇心旺盛な人間にとって、ある地点まで来てしまうと、『ここから先は学べることが少なくなるだけ』となるんです。時間をかけても、エネルギーを投じても、昔のような学びが得られなくなります。もっと学ぶべきだと思っていても、それを満たすリターンが返ってこなくなります」

現在の生活は、ジョワ・ド・ヴィーヴルでの最高の日々と同じくらい楽しくてたまらない――とコンリーは語る。同じくらいといっても、種類の異なる楽しさだという。

「昔は、ビジネスに一〇〇%没頭し、すべてにおいて自分らしさを誇示することが楽しくてたまりませんでした。今は、私だけで成り立っているわけではない、という部分がいいんです。私個人ではない、もっと大きなもののために働き、その一部に参加しているというのが、何より大事なことだと感じています」

目覚めを促す声――

昔の情熱が醒め始めてきたちょうどその頃に、新しい情熱が見つかったのは、とても幸運だった――とコンリー自身も認めている。それはよくあることではない。そもそも「何か記憶に刻まれるもの、残り続けるものを築こう」とする人の多くは、当初の情熱を失わない。できる限りいつまでも同じ仕事に没頭し、力を尽くしたいと思っている。

だが、そういう人でも、いつかはエグジットする。たとえそれが「担架で運ばれていく」という形になるとしても、エグジットするという意味では同じだ。そのときまでにきちんとした準備ができていないと、息を引き取るのは自分よりビジネスのほうが先ということだって、充分にあり得る。さらに厄介なのは、残される人々に多大な尻拭いを強いる可能性があること。そうした危険を予期し、惨憺たる末路だけが後世に記憶されることにならないよう、予防措置をとらなければならない。だがそのために、まずはしっかりした自己認識が必要だ。

ポール・サギノーとアリ・ワインツワイグに、当初はそんな自己認識が足りなかったことを、誰が責められるだろう。二人はミシガン州アナーバーにある惣菜店ジンガーマンズ・デリカテッセンの創業者だ。一九八二年に設立し、一九九二年になる頃には世界的に名が知られ、さまざまな全国紙や雑誌で国内最高のデリの一つとして特集されるまでになった。当初の目標を達成した創業者二人は、「次は何をすべきか」という問いにぶつかった。徹底的な話し合いと内省を二年も続けた末に、二人は「ジンガーマンズ・コミュニティ・オブ・ビジネス」

（Zingerman's Community of Businesses：ＺＣｏＢ）の結成というビジョンを思いついた。共同体として、アナーバー近辺でさまざまな食品関連会社を経営していこうという試みである。デリだけではない。ベーカリー、レストラン、乳製品販売店、コーヒー豆店、キャンディメーカー、通信販売業、ケータリングサービス、食品関連の研修会社などなど、多様なビジネスの参加を想定した（実際そうなった）。ジンガーマンズ・デリカテッセンの親会社として、サギノーとワインツワイグが経営するダンシング・サンドイッチ・エンタプライズ（Dancing Sandwich Enterprises：ＤＳＥ）という企業を設立していたので、そのＤＳＥがＺＣｏＢに加わる会社の共同オーナーとなって、各社の経営を助けていくのだ。大胆なビジョンだった。二人が自分たちのＷＨＯ、ＷＨＡＴ、ＷＨＹと向き合うことがなかったら、決して思いつかなかったに違いない。

だが、二人にはまだ見えていない点があった。エグジット計画について尋ねられると、ワインツワイグは怒りのこもった声で反応したという。

「エグジットなんかしたいと思うか？　好きなことを思いっきりやれる仕事を作り上げてきたっていうのに。世界中を回れるし、素晴らしい人たちと一緒に働いているじゃないか。身体に悪い食品とは一切かかわらず、人がすこやかな生活を送れることを目指して、毎日勉強したり、教えたり、手伝ったりしている。ここでできないことなんかない。よそでやりたいことなんて一つもない。だったら、何でここを離れる必要がある？」

だがサギノーのほうは、少なくとも、エグジットというのが不可避の問題であることはわかっていた。

「離れる必要があるとは思っていないよ。だけど、永遠に働き続けるってわけにもいかないだろう。だから、考えたほうがいいんじゃないかな。今現在、僕たちのエグジット戦略といったら、死んで終わることしか想定してないじゃないか」

二人は、それぞれの旅が不測の終わり方をする可能性に対して、いくつか予防策をとった。たとえば、どちらかが死んだら財務的な問題が生じる可能性があることはわかっていた。残されたほうが、遺産税の支払いを求める歳入庁に対応しなければならない。現金相続を望む相続人がいるとしたら、そちらにも対応しなければならない（二人は相続人を事業には参加させないと決めていた）。そこでサギノーとワインツワイグは、お互いを受取人として生命保険をかけた。これで少なくとも理論上は、死去に伴う支出をカバーする金額が、残されたほうに入ることになる。

しかし、所帯持ちだったサギノーは、それだけでは充分ではないとわかっていた。「それで、二人目も死んだらどうなるんだ？」と、折に触れパートナーに問いかけた。「株式は誰が受け取る？」

独身だったワインツワイグのほうは、ただ肩をすくめるだけ。

「そんなこと心配したってしょうがないじゃないか。そのときはどっちも死んでるんだろ。誰かが好きにすればいいよ」

幸い、その後の数年間、二人とも健康に過ごした。だからこそエグジット計画や後継者育成計画は後回しにされ続けた。それでもサギノーはときおり同じ話を蒸し返していたし、サギノー以外に同じ懸念を持つ者もいた。二〇〇〇年にＺＣｏＢの管理運営部門ジンガーマンズ・サービス・ネットワークに加わり、管理担当副社長兼ＣＦＯを務めていたロン・マウラーだ。このマウラーが二〇〇八年に、知り合いのファイナンシャルプランナーを連れてきた。ファイナンシャルプランナーとの話し合いを通じて浮き彫りになったのは、会社の適正な市場価格を現実的に査定する必要があること。それがないと、サギノーとワインツワイグが充分な保険をかけているかどうかもわからない。そこでシカゴの会社に企業価値の査定を依頼したところ、実は保険がお粗末なくらい不充分だったことがはっきりした。新たな保険契約を結ぶために、ワインツワイグとサギノーの双方が健康診断を受けなければならない。しばらく前から体調がすぐれなかったサギノーは、不調が消えてからにしたいと思い、健康診断の予定をずるずると先延ばしにした。

だが、すべてを一変させる出来事が起きる。二〇〇九年七月のある日、テニスをしていたサギノーが不意の痛みに襲われた。彼は心臓に病気を抱えていたのだ。そのときは自分の身体について知識がなかったので、ただ痛みをやり過ごすだけにしてしまったが、一日半ほど経ってから妻に不調を打ち明けた。当時カリフォルニアにいた妻に強く促され、病院の救急外来に行ったサギノーは、下された診断に衝撃を受けた。

「症状が表に出て、医者から心臓発作だと言われるまで、自分が死ぬかもしれないなんて考えたこともなかった。そんな出来事があって初めて真面目に考える人がほとんどだと思う」

死という概念が現実味を帯びたことで、ＺＣｏＢの未来に対して抱いていた不安が、サギノーにとって最大の緊急事項となった。自分やワインツワイグが死んだら、現実問題としてZCoBはどうなるのか。共同体のメンバーを守るために、何をしておくべきなのか。ZCoBに加わる各社の経営者たちも、死という問題に対して同じ財務的リスクに直面しており、同じように生命保険の備えをする必要があるのではないか。そして、設立者二人がいなくなったあと、ZCoBはどのように運営されていくのだろうか。

二〇一〇年一月、サンフランシスコの会議室でZCoBの集会を開いたとき、集まった十六人のビジネスパートナーたちに向けて、サギノーは自分の懸念を打ち明けた。ZCoBの未来の運営について、さまざまな疑問を検討していくために、特別なガバナンス委員会を結成するべきではないだろうか。サギノーはそう主張し、メンバーに切々と訴えた。

「所有権と経営権をどう引き継いでいくか、まじめに考えていく必要があると思います。その二つは全く別のことです。僕とアリの両方がこの世を去ったとき、問題となるのは、僕らの腕が失われるとか、精神面でのリーダーシップが失われるとか、そういうことではありません。みんなでしっかり基軸を守るにはどうしたらいいか、それを見極めていないことが、ゆくゆくは問題になるんです。規模が大きくなったときのことも考えなくてはいけません。今はこのガバナンスモデルでうまくいっていますが、ZCoBに加わるビジネスパートナーが三十人になっても大丈夫でしょうか？　六十人になったら？　一〇〇人になったら？　今のモデルじゃ大所帯に対応できないとしたら、どんな修正をしていくべきでしょう？」

委員会設立の必要性については全員が同意した。サギノーは意図的に、一番批判的な目を持ったメンバーを委員会に加えた。ワインツワイグもその一人だ。「（委員会を立ち上げたことで）私の仕事は基本的には終わったようなものだった」と、サギノーは言う。

「あとはそれでやっていけばいい。この問題にみんなの目を向けさせる、という私の役割は済んだんだから。委員になった人が考えてくれる。厳しい人たちだからこそ、考えておかなきゃならないことは、きっとしっかりつつきだしてくれる」

落ち着いて進めるための計画――

こうして始まった検討プロセスは、しかし、四年が経っても終わらなかった。一つの課題が別の課題につながり、また別の課題につながって、検討すべきことが果てしなく出てくるのだ。それでも彼らは一つ一つ、創業メンバーが両方ともいなくなったあとの運営について全面的な見直しを進めた。たとえば片方が死んだとき、新しいＣＥＯはどう選ぶのか。二人とも死んだらどうするか。親会社であるダンシング・サンドイッチ・エンタプライズ（ＤＳＥ）は誰が引き継ぐのか、それともＤＳＥ自体が消滅するのか。もし後者だとしたら、ＤＳＥが所有する知的財産はどうなるか。事業運営から生じている収益はどうするのか。新しい団体を作るのか、誰がそのオーナーとなるのか。ＤＳＥ傘下の各社に対し、ＤＳＥが保有している株式はどうなるか。

そのうち、新たな問題も生じてきた。従業員持株制度をめぐる疑問だ。サギノーとワインツワイグはかねてから、従業員が何らかの形でビジネスオーナーとなる形式を作りたいと考えていた。だがZCoBは企業ではない。個々または信託型従業員持株制度（ESOP）を通じて株式を保有できる仕組みではないので、サギノーたちのビジョンの実現は難しかった。* DSEのほうは企業の形をとっているが、その子会社の一部だけが従業員持株制度を導入すると、他の子会社に予期せぬ影響が及ぶかもしれない。サギノーとワインツワイグが対応できればいいのだが、それができなくなった時期にこそ、厄介な問題が多発する可能性がある。さらに二人は、さまざまな権利に特化したZCoB共通のチームを作りたかったのだが――従業員、顧客、サプライヤー、コミュニティの権利保護を担当する専門スタッフを置くというアイデアだ――この案もやすやすとは実現しないことがわかっていた。「アイデアを背中のリュックに突っ込んで、何年もただ背負ったままだった」とサギノーは表現している。

従業員が株式を保有する制度を敷くにせよ、敷かないにせよ、定期的に株式価値を評価する制度は必要だ。非上場企業がESOPを導入した場合は、専門の会社を雇って年に一度、評価額の鑑定を受ける。そうした専門会社が複雑な方程式を用いて、歳入庁が確認できる適正な市場価格に相当するものをまとめるのだ。このやり方が好きではなかったワインツワイグは、

＊ 従業員持株制度にはいくつかの形式があり、ESOPはその一つである。連邦法によって制定・統治されている一種の退職金制度だ。その他の形式としては、自社株購入選択権制度（ストックオプション）、従業員株式購入プラン（ESPP）、制限付き株式購入プラン、労働者協同組合などがある。第五章と七章でさらに詳しく述べる。

「誰も理解していないブラックボックスから数字が出てくるだけじゃないか」と反論の声をあげた。

「オープンブック方式で財務状況を管理しよう。自分たちで評価額の計算ができるようにしたい」

ガバナンス委員会のメンバーとして、ワインツワイグは、評価額の自主的な査定に伴うさまざまな問題の対処方法を調べた。そして、ビジネスカンファレンスでオランダ人参加者から聞いた評価査定手法を参考に、自分たちなりの方程式を考案した。歳入庁や裁判所は、それを「適正な市場価格《フェア・マーケット・バリュー》」という名称で認識するが、ＺＣｏＢでは同じ概念を「事業価値《ビジネスバリュー》」と呼ぶことにして、独自の方程式で計算した。すると、専門の会社が出した数値とほぼ同じ結果が出た。そこでこの査定手法を採用しつつ、方程式の信憑性を確認するチェックシステムとして、一般的な「ブラックボックス式の評価」も続けることとした。

このように、サギノーとワインツワイグのエグジット計画は、実にさまざまな試行錯誤を経てきた。しかしサギノーは、四年間を注いだプロセスを振り返り、その試練に感謝の気持ちを抱いている。

「地図がないからこそ、旅が楽しくなるというものだ」

とはいえ、二人のエグジット計画には、二人を裕福にする要素が含まれていない。困窮するというほどではないが、だからといって彼らが積み上げてきた――多くの人がそう認めている――報酬を受け取らなくてもいいなんて、本気なのだろうか。何しろ二人が人生をかけて築いてきた会社なのだ。起業には大きな金銭的リスクを伴った。軌道に乗ってからも、ほぼ全面的な責任を担い続けた。生み出したものの価値に対して、金銭的支払いを受ける権利はあって当然ではないだろうか。

サギノーも、その点を考えなかったわけではないという。

「アリと私はタイプが違うけれど、どちらもお金のために動いてきたわけじゃない。もしお金がすべてだったらいろいろと厄介だったと思う。もちろん首が回る程度のお金はあったほうがいいけれど、多すぎるお金はいらないと考えていれば、自由度が高くなる。ビジネスで遊んでみる自由、実験してみる自由ができる。お金は必要なだけあればいいんだ。あとはビジネスを通じてたくさんの喜びを提供して、たくさんの人の力になっていけばいい。そのほうが特別なことができる。自分が金持ちになるつもりだったら絶対できないような、すごいことができる。欲をかいていると、いつまでも満足できないんだ」

創業者二人が本当に現世を離れるときが来るまで、このプロセスの真の結果はわからない。そしてサギノーもワインツワイグも、お迎えが来るまでは自分から離れる気など全くない。そういう観点から見れば、彼らにとってのエグジットとは、今も変わらず「この世を去るときのこと」を意味しているのかもしれない。彼らのような強烈の個性の持ち主が退場して、会社が何も変わらないわけはないだろう。だが少なくとも、二人が生涯を投じてきたZＣｏＢを誰かが継ぐための土壌は用意されている。二人にこうした選択肢ができた理由はたった一つ。自分たちのＷＨＯ、ＷＨＡＴ、ＷＨＹにしっかり向き合ったからだったのだ。

3 — 売るか売らぬか

自分が売りたいときに、売りたい相手に売れるビジネスに育てる

十一月下旬のある日の午後。ビル・ナイマンに取材するべく、私はカリフォルニア州ボリナスに赴いていた。こののんびりした土地で、ナイマンの不幸なエグジット体験について話を聞くことになっていたのが、本人は話どころではないらしい。気が散る要因は七十八羽の七面鳥だ。よくある品種改良ではなく、ヘリテージ・ターキーと呼ばれる在来種の鳥たちが、思い思いの鳴き声をあげ、木に飛び移ったり、フェンスに飛び乗ったりしながら、寝床である鳥小屋に追い込もうとするナイマンと、その妻のニコレットから逃げ回っている。ターキーだけではない。彼の牧場には牛もいる。先日一頭の牝牛が出産したが、出産時に子牛が死んでしまったので、別の母牛に育児放棄された子牛と引き合わせるつもりだという。その他にもたくさんの

牛が、太平洋海岸近くに一〇〇〇エーカー（四〇〇万平方メートル）にわたって広がるナイマンの牧場のあちこちに散らばっている。

彼の牧場《ランチ》は「BNランチ」と呼ばれている。法律上の理由でナイマン・ランチと名づけることはできない。彼が二〇〇七年にナイマン・ランチ・インクから退く際に交わした契約により、食肉生産事業を立ち上げても苗字を社名にしてはいけないことになっているのだ。もちろん、ナイマンはこの牧場から食肉生産事業を展開していくつもりがある。彼が育てるターキーと牛のほか、牧場仲間が育てるヒツジとブタも販売する予定だ。かつて自分が経営していたナイマン・ランチのような全国展開の精肉会社ではない。BNランチのビジネスで目指すのは、動物を人道的に育て、ホルモン剤や抗生物質を使わず、最大限に環境にやさしい飼育方法を守りつつ、それで最高においしい肉を作って実利を得ることは可能だ、と証明することなのだ。ナイマンの育てる牛は人工飼料ではなく、自然の牧草だけを食べている。彼が手を組む牧場主も、ヒツジやブタに成長剤や人工飼料は与えず、あくまで放牧で育てている。

彼の狙いはすでに一度成功しているではないか、という意見も多いだろう。少なくとも「おいしい肉を作る」という点は過去に実現している。彼が一九七〇年代半ばに創業した食肉生産・販売業のナイマン・ランチは、世界でも最高レベルの品質と味わいを誇る牛肉、豚肉、ラム肉で定評がある。一流レストランや高級スーパーマーケットがメニューや値札に生産者の名前を示すことがあるが、そうした習慣が始まった当初から、ナイマン・ランチは名前を出すにふさわしいブランドとして選ばれ続けてきた。現在ではグルメ食品で最も有名なブランドと言っても過言ではないほど。知名度を高める一方で、持続可能な飼育方法、動物に対する人道的な扱いなど、ナイマン・ランチが支持する理念を世間に広げてきた。

しかし創業者であるビル・ナイマン自身は、自らの名前を冠した企業と、もはや何のかかわりも持っていない。二〇〇六年八月にナチュラルフード・ホールディングスがナイマン・ランチの過半数株式を買い取ったからだ。ナチュラルフードは、イリノイ州ノースブロックを拠点とするPE会社ヒルコ・エクイティ・パートナーズの子会社である。ナイマンは、この新しい経営体制の方針ではやっていけないと痛感し、売却後しばらくしてナイマン・ランチを離れることにした。引き取ったのは乳牛が一頭、食肉用の雄牛が一頭。株式の一部も継続して保有していたが、それは結果的に紙くずになった。二〇〇九年、株主特別総会の投票で、ナチュラルフードが全株式を取得するという案が可決。優先株保有者への支払いが済んだ時点で、ビル・ナイマンを含む早期出資者や普通株保有者の取り分は何も残っていなかった。

そういうわけで、成人後の人生のすべてを投じてビジネスを育て上げ、業界を革新し、精肉に新しい品質基準を作り、ブランドの知名度を高め、二億ドルもの売上を達成してきた果てに、ナイマンの手には何一つ残らなかったのである。残らないどころか、失ったと言ってもいいのかもしれない。何しろ彼が信じることのできない商品、買う気になれない商品に、今も彼の苗字がつけられているのだ。「ナイマン・ランチのビーフは食べる気にならないね」と本人は断言する。

「他人にも勧めないよ」

どうしてこんなことになってしまったのか……。辞めてからの年月で、ナイマンはずっと考え続けている。妻のニコレットと、まだ幼い息子マイルズとニコラス、そしてグレートデンのクレアと共に住む簡素な住居のリビングで、彼は辞めたときの心境を語った。この会社にはいられないと思った理由は何だったか。説明する声には熱がこもっていたが、一方で、顔にはかすかな笑みも浮かんでいた。彼にとっては重大な出来事ではあったものの、今はもう他人事と感じているようだ。それも無理はないだろう。ナイマン・ランチはもはや彼の人生の一部ではない。彼は今の生活で満足しているように見える。

満足するのも当然だ――と、話を聞きながら私は思った。何しろ太平洋沿岸に広がる自然の中で生活し、心から愛せる仕事に汗を流し、妻と幸せな生活を送りながら、環境活動家としても活躍し、執筆活動も行っているのだ。息子二人の誕生も、人生に新たな喜びをもたらした。

「昔が恋しいかって？　まさか」と、ナイマン自身も明言している。

「恋しく思う気持ちだけは、一度も感じたことがないね。味わえるもんなら味わってみたいよ」

そう言って、一瞬口を閉ざした。

「だが、この業界でどんなことが行われているか、動物が毎日どんな仕打ちを受けているか知っていて、昔はそうしたことに発言権があって……何も感じないと言ったら嘘になる……」

語尾が尻すぼみになる。口には出されなかった「後悔している」という言葉が、行きどころなく宙に投げ出される。

私が抱いた印象は間違っていた。他人事どころか、彼はまだ、ナイマン・ランチのことを吹っ切れていないのだ。むしろ、「会社から去った決断に納得されているように見えますが」と水を向けた私に対し、ナイマンは「そうかね?」とささくれだった声で返した。

「今でも苦々しい失望でいっぱいだよ。だが、責任は自分にある」

強制売却という悲劇――

先にも指摘した通り、エグジットとは単に一度限りのイベントではない。ビジネスにおける一つのフェーズなのだ。事業構築という旅路で何を得られるか、あるいは何が得られないか、それを決定する最重要フェーズと言っても過言ではない。そのクライマックスになるのが、売却を決める実際の取引である。金額の多寡で成否が判断されやすいが、取引の良し悪しはお金だけで決まるわけではない。自分がしっかり主導権を握って取引のタイミングと相手を決めることができるか、その点が重要なのだ。好きになれない相手、信頼できない相手に、望まないタイミングで売却せざるを得ないとしたら――他にどうしようもないという理由で――どんな金額を積まれても幸せなエグジットにはならない。

そうした結果は「強制売却」と言われる。タイミングや理由はさまざまだが、頻繁に起きることだ。予想もしていなかった時期にオーナーがこの世を去り、会社の売却以外ではカバーしきれない遺産税の支払義務が生じるかもしれない。大口顧客が下請業者に対する新たな契約条件を定め、それに対応できず事業継続が困難になることがあるかもしれない。あるいは反対に、必要不可欠だったサプライヤーを失うとか。訴訟に巻き込まれ壊滅的なダメージを負うとか。浅はかな買収をする、オーナー個人に脳腫瘍が見つかる、離婚が修羅場になってビジネスを巻き込む……。強制売却となるパターンは枚挙にいとまがないし、悪魔はいつだってほんの小さな隙間に潜んでいる。

ロバート・トーミーは、強制売却についてはちょっとした専門家である。売却と買収、双方の立場から二十五年以上も強制売却にかかわってきた。最初にその概念を知ったのは一九八八年。売却の対象となったのはカリフォルニア州サンタバーバラで展開していた小さな金融サービス会社だ。数年前に三人の創業者でスタートしたビジネスで、当時三十代前半だったトーミーも、その一人だった。

トーミーは「数字こそすべて」という気質の男だった。過去のキャリアでもそう叩き込まれてきた。ビジネススクール卒業後は会計事務所アーサー・アンダーセンに就職し、公認会計士の資格を取得して、シェアソン・リーマン・アメリカン・エキスプレスに転職。証券販売の仕事で財を蓄えてから、一九八五年に退職し、二人の仕事仲間と共に起業した。「シェアソン時代は部下が二十人か三十人ほどいました」と、トーミーは語っている。

「起業はハードだといっても、まぁたいしたことはないだろう、というくらいの気持ちでしたね」

そのハードさは彼の想像以上だった。規制が厳しく、しかもチャールズ・シュワブのようなディスカウントブローカーの台頭によって急速に変化しつつあった業界でリテール証券業をやっていく難しさを、彼は甘く見ていたのだ。その点はすぐに思い知らされたが、幸いなことに、トーミーらが立ち上げた会社には他に二つ、リテール部門での苦戦を相殺する事業があった。富裕層向けの投資管理サービスと、ミドルマーケット企業（年商一〇〇〇万ドルから五億ドル程度の中堅企業のこと）のために資本取引を行うコーポレート・ファイナンス業務だ。特に後者はトーミーが統括していた。

だが、事業がまだ軌道に乗らずにいるうちに、ブラックマンデーによる悪夢のような株価大暴落が発生。運命を分けたあの日、一九八七年十月十九日の月曜日に、ダウ工業平均は下落率二二・六％という、一日の下げ幅としては最大の記録をつけた。証券業は全国的に立ち行かなくなった。

トーミーらはこんな事態をまるで予見していなかったし、その後の大混乱に対する備えもできていなかった。

「手に負える事態じゃない、とはっきり悟りました。リテール業務は一夜にして干上がりました。株を買うなんて考える人もいなかった。仲買部門は毎月赤字ですよ。私の頭にあったのは、『どうやったらここから抜け出せるか』ということだけでした」

抜け出す方法は事業を売却することだ。だが、ブラックマンデー後に株がぱたりと売れなくなった状況で、証券業を簡単に売却できるわけがない。サンタバーバラに小売の基盤を持ちたい小規模または地域密着型の証券会社を見つけるのが一番安全だ——と、二人の共同経営者は考えていた。一方でトーミーは、未来はないとわかっている事業の立て直しのために、延々と労を注ぎ続けた。

「強制売却というのがどういうものなのか、そうなって学びましたよ。くたびれはてて、もう事業を売っ払いたいとしか思えなくなるんです」

引き受けると言ってくれるブローカー・ディーラーは、ニューポートビーチでようやく見つかった。トーミー自身は、売却が成立するより先に会社を離れた。

「基本的には丸投げして、会社の債務の肩代わりをしてもらったんです。持っていた株式はほぼ無価値。カネをつっこんでしまった私は無一文でした」

彼の最初の起業家キャリアは短くも幕を下ろした。だがこれは、ミドルマーケット企業のアドバイザーやCFOとして成功する長いキャリアの幕開けだった。彼はその後、専門知識を活かして、苦境に追いやられた数々の企業を救っている。今では、自分が働いていた企業、買収を助けた企業など、強制買収をめぐるエピソードを次から次へと披露できるほど多くの経験を積んだ。たとえば、収益性も成長性もあり、年商三〇〇〇万ドル以上だった企業のエピソードがある。その企業のオーナーたちは不動産開発業をやってみようと考えた。会社の資本を借りる形で不動産投資を行い、公園と一体になった二〇〇戸の共同住宅の建設を決め、さらに必要経費のため非銀行系金融会社の融資を確保した。だが案の定、建築計画は問題にぶつかり、遅れが生じた。不動産ビジネスには不慣れだったオーナーたちは、そうしたことを予見できず、ノンバンクの期間の短い不動産ローンが終わっても、他に継続利用できる金融業者を見つけられなかった。住宅が完成した頃には、世界的な信用収縮が始まっていた。さらに状況を悪くしたのは、居住者募集が遅れたため、まだ全戸の四〇％しか埋まっていない時点で、不動産ローンの支払期日が来たこと。借り換えもできず、自力で返済する資本もない。融資元の金融会社が担保権を行使し、オーナーたちは投資物件を失った——つまり、自分たちの会社から借りたお金をそっくり失ったのである。

公認会計士にも相談したが、例の物件を担保とする受取手形は会計記録上に資産として計上し続けることはできない、と通告された。オーナーたち自身の給料を投じる以外に返済方法はない。そこで会計規則にのっとって、彼らが溶かしてしまった金額を課税対象の配当金として扱い、企業利益及び資産価値に対する責任をとることにした。これによって彼ら個人の純資産額が下がり、メインバンクから借りていたローン返済が焦げついた。銀行は支払いを要求。最終的に、サプライヤーの一社へ、会社を売却しなければならなかった。共同経営者であったはずのオーナーたちは、何より貴重だった資産をドブに捨てたあげく、お互いを訴えあうこととなった。

事業売却をせざるを得なくなる経緯の一例だ。とはいえ、これがよくあるケースだと言うつもりはない。「よくあるケース」などないのだ。不幸せな結末を迎えた事情は一つ一つ違っている。にもかかわらず、すべてに通じる共通点もある。オーナーが不測の事態に対して何も準備をしていなかったことだ。備えていなかった具体的な理由はそれぞれに異なるし、すべきだった備え——最悪の状況になっても、売却以外の選択肢を選べるように——の種類も、それぞれに異なっている。だが、いずれの場合も、自社の短所や脆弱性にきちんと目を向けていなかった。それが明るみになった時点で、破産や解散に代わる選択肢として、強制売却しか道が残っていなかったのである。

ビル・ナイマンが自分の会社を失うまで──

この章の冒頭に登場したビル・ナイマンも、「よくあるケース」ではなかったかもしれない。だが、先見性があり経験も積んだビジネスパーソンでも成功という甘い罠によろめき、慎重さを失っていく様子を、彼のエピソードははっきりと描き出している。ここで言っているのはナイマンではなく、彼の会社に一九九〇年代後半からかかわるようになった経営幹部や投資家たちのことだ。そもそもナイマン・ランチの経営状態は苦しかった。一九七〇年代初期の創業以来、一度も黒字転換を果たせず、早々につぶれてもおかしくはなかったのだが、一九八四年に驚くような幸運がめぐってくる。アメリカ国立公園局が、ナイマン・ランチの牧場をポイントレイズ国定海浜公園に含めるという決定を下したのである。政府は、ナイマンと、共同経営者であるオーヴィル・シェルに対し、彼らがサンフランシスコ北部のボリナスに所有していた二〇〇エーカー（八十万平方メートル）の代金として一三〇万ドルを支払った。二人が生きている間はその土地に住み、農場を経営する権利と、隣接する八〇〇エーカー（三二〇万平方メートル）をリースする権利も与えた。約二年後、ナイマンとシェルはアパレルメーカーのエスプリ創業者の一人スージー・トンプキンズ・ビュエルを説得して、五十万ドルを融資させることに成功した。この融資と、政府から支払われた金額は、ナイマン・ランチの赤字を向こう十年にわたって補塡する資金となった。一方で、ベイエリアの高級レストランがメニューにナイマン・ランチの名前を出すようになったおかげで、しだいに評判も広がっていった。

しかし一九九七年になり、ビュエルと政府から得られた資金が尽きると、事業は破産ぎりぎりの危険な状態に陥った。そんなとき、全くの青天の霹靂で、ナイマンのところにマイク・マコンネルという人物から連絡があった。シリコンバレーの数々の企業で経営幹部を経験しているマコンネルが、自分が名づけ親になっている若者を就職させてやってくれないか、と頼んできたのである。マコンネルは当時を振り返り、語っている。

「ビル（ナイマン）はこう言ったんだ。『本当は人手は必要としてません。でも、これはビジネスチャンスだと受け止めました』と。あいつは事業を拡大したがっていた。オーヴィル（シェル）はそうではなかった」

ＩＴ世界ですでに財をなしていたマコンネルは、五十万ドルでシェルの持ち株を買い上げ、ナイマンのビジネスパートナーとなった。数カ月後には、元ネスレ幹部のロブ・ハールバットも加わった。水産業界での起業についてアドバイスを求めてナイマンに連絡してきたハールバットを、逆に口説き落として引き入れたのである。

マコンネルとハールバットの参加は一つの分岐点だった。ナイマンのような牧場経営者と違い、この新しいパートナーはビジネス畑の人間だ。ナイマンの価値観を共有し、ミッションを支持していたが、彼らが真に魅力を感じていた対象は、コモディティのフードビジネスで全国展開の有名ブランドを築くという機会だった。奇しくもタイミングは最適。ナイマンはちょうど、ポール・ウィリスというアイオワの養豚場経営者と手を組んだところだったからだ。アメリカ中西部では、巨大な工場型養豚業の進出により、家族経営の養豚場は廃業に追いやられたり吸収されたりして、数十万軒が姿を消していた。その中でウィリスは伝統的な養豚法を復活させようというビジョンを抱いていた。ナイマンとウィリス、この二人が協力してサプライヤー・ネットワークを結成していた最中に、ホールフーズ・マーケットから連絡が入る。ホールフーズ全店舗でナイマン・ランチから放牧豚を仕入れたいというのだ。これは大きなチャンスだった。売上の額だけではない。牛肉やラム肉はほとんど儲けにならないのだが、豚肉は絶大な利益を得るポテンシャルがあった。

ハールバットが豚肉ビジネスの機会に集中する一方で、マコンネルのほうは、成長に必要な資本の確保に力を入れ始めた。簡単だった――とマコンネルは語っている。何しろドットコムバブルの全盛期だ。そしてサンフランシスコのベイエリアほど、「手っ取り早く金持ちになろうぜ」という熱に浮かされていた地域もなかった。ナイマン・ランチは利益額ではゼロに等しかったが、当時の投資家たちは利益にはそれほど重きを置かなかった。ブランドと拡大可能性《スケーラビリティ》がすべてであり、「先行者」にこそ競争優位があったからだ。利益はわずかでも、パワフルなブランドと拡大可能とみられるビジネスモデルを備えた先行者であるナイマン・ランチは、優良株だったのである。マコンネルは一九九八年から二〇〇四年にかけて、七十五人の投資家からおよそ一一〇〇万ドルの調達に成功した。

ナイマン自身は、そういうお金が企業文化にもたらす影響について、懸念を抱いていた。「慎重さを失い、企業イメージのキャンペーンにカネをつぎ込んだり、見本市に参加したり、外部ファシリテーターを招いて戦略プランニングセッションを開催したりするようになった。ありがちな行動だよ。財布を引き締めることをせず、すかんぴんだった頃の行動は一切捨ててしまったんだ」

だが彼も、その懸念をわきに追いやっていた。

「『俺が口を挟むことじゃない』と思ったんだ。『この人たちはビジネスの世界に詳しくて、他の会社のやり方も知ってる。この人たちのやることは正しいに違いない』ってね。それに私自身、大会社になるという考えに浮かれていたことは否定できない。業界に対して大きな影響力を持てると思うと、その誘惑には逆らえなかった。最後のほうは、投資銀行家から『この会社はきっと一億ドルくらいで売れますよ。あなたの保有株は三〇〇〇万ドルになるかもしれませんよ』なんてことまで言われて、すっかり心を持ってかれてしまった」

ナイマンだけが誘惑に負けたわけではない。当時のビジネス界全体がドットコムバブルの熱狂におぼれていた。ナイマン・ランチは食肉生産会社であって、インターネット企業ではなかったものの、その一点の事実を除いては、のりにのったドットコム企業が持つ資質をすべて備えていた。当時の感覚では、売上高の伸び率で測られる「ブランド・エクイティ（ブランドが持つ資産的な価値）」の数字が、銀行にある預金に等しい意味を持っていたのだ。ナイマン・ランチには相当のブランド・エクイティがあった。売上が急速に増えるので、その価値も毎月のように伸びていった。利益が出ていない点は誰も心配していなかった。「収入があったらあっただけ、会社につぎこんでいた」と、今のナイマンは思い出す。

「入ってくる金額を増やすことだけに全神経を注いでいた」

しかし、現実世界でそんな戦略が奏功するのは、将来的に売上高がさらに伸びるのはもちろんのこと、いずれかの時点で確実に黒字転換するビジネスモデルだった場合のみだ。しかも、資本が枯渇する前にその分岐点に到達しなければならない。ナイマン・ランチの場合、ハールバットとウィリスが手掛けた豚肉事業においては持続可能なビジネスモデルが確立していたが、ナイマンが担当していた牛肉事業はその限りではなかった。ハールバットはナイマンに対し、豚肉モデルを牛肉にも取り入れるよう説得していたのだが、ナイマンは頑として受け入れなかった。マコンネルが「ビルは、『それをやったらブランドがダメになる』と言うんだよ」と語っている。

「取締役会にも、ビルの意見を覆すほどの確信はなかった」

とはいえ、すべての非をナイマンにかぶせるのはフェアでもなければ妥当でもない。出資が増えた結果として、当時のナイマンが保有する株式はわずか一二・五%だったからだ。しかも彼の周囲には、マコンネルとハールバットだけでなく、経験豊かな実業家が顔をそろえ、投資家として発言力を持っていた。その誰もが、儲けの出ないビジネスモデルは続かないと理解していたはずなのに、何も修正されなかった——ドットコムバブルが続々と崩壊し始めていた時期ですら、改善はなされなかった。

決定的瞬間は二〇〇六年に訪れた。この年のナイマン・ランチは、売上高およそ六〇〇〇万ドルに対して四〇〇万ドルの赤字を計上。資金はほぼ底をついたが、株主はさらなる資金投入をしたがらない。会社の未来はブランド・エクイティの価値しだいとなった。評価額を正式に査定させようという案はすでに取締役会で可決しており、それが出るまでの六カ月ほど、買収希望者から続々と打診を受けた。しかし蓋を開けてみると、ナイマン・ランチの評価額は株主が思った額にはほど遠く、投資銀行家が請け合った額にもまるで届かないものだったのだ。最終的な買収申し入れはたった一件。ヒルコ・エクイティ・パートナーズが、株式四三％と議決権に対して約五〇〇万ドルを提示した。

ナイマンを含め、破産を覚悟していた株主たちは、出資を受けられると知って胸をなでおろしていた。しかも、ヒルコの経営陣と、その子会社であるナチュラルフード・ホールディングスは、ナイマン・ランチの理念や哲学を支持していると思われた。ヒルコ側はハールバットとマコンネルの手は必要としていなかったが、ナイマンにはぜひ取締役会長として、そしてスポークスパーソンとして続投してほしいという要望を示した。

ナイマンは同意したが、雇用契約には、遠からず退職できるための条件を盛り込んだ。結果的にはこれが賢明な予防措置だった。二〇〇六年七月の売却から一カ月も経たないうちに新経営陣との関係に亀裂が入り、一年後にはナイマンが去ることになったのである。

そもそもハールバットとマコンネル、そして取締役会に運営をまかせきりにしたのが致命的な間違いだった——と、今のナイマンは確信している。だが、運転のハンドルを渡さなければ結果が違っていたかどうか、それは定かではない。本人も認める通り、人生を台無しにした究極的な要因は、彼自身の「偉大になるんだ、たくさん儲けるんだ、という幻想」だったからだ。こうした誘惑でエグジットをダメにした起業家は彼が初めてではないし、また、彼のあとにも尽きることなく登場している。

そのビジネスは売却に臨む力があるのか——

そうは言っても、あなたも疑問に思うかもしれない。

「強制売却につながる要因なんて、そもそも自分では制御できないから、そうなるんじゃないか。だとしたら、強制売却に追い込まれないようにするには、どう対応できるというんだろう」

回避に成功する保証はどこにもない。だが対策は立てられる。さまざまな状況に対応・順応できるビジネスを構築していればいい。そのためにはビジネスの短所と脆弱性を定期的に洗い出し、対処し、さらには「もしも……となったら」というパターンを多種多様に考えておくことだ。SRCホールディングスのジャック・スタックは、このプロセスの後押しとなる原動力を「創造的な疑心暗鬼《パラノイア》」と呼び、さらには——インテル元CEOのアンドリュー・グローブが自著の題名に掲げたように——「偏執狂だけが生き残れる」と指摘している〔邦訳は『インテル戦略転換』という題で七賢出版〕

から刊行）。

ある意味では偏執狂のほうが有利なのだ。疑心暗鬼の心で細かいところをつつき、そのつど改善を続けていれば、ビジネスに最大の価値を創出し、望むエグジットを迎える確率を最大限に高めることができる。一言で言えば、それが「セラビリティ（売却可能性）」を高めてくれる。ビジネスの旅を幸せにしめくくる条件の一つだ。

ここで言う「セラビリティ」の意味を明確にしておきたい。買主がその企業を獲得したいと欲するならば、一面的には、その企業は売却対象として成立する。これを「売却可能、セラブル（sellable）」であると表現する。だが、これだけでは何も定義していないも同然だ。強制売却せざるを得なくなった企業でも、「売りさばける」という点では同じになってしまう。もちろん、スモールビジネスの圧倒的多数は、強制売却だろうと何だろうと、とにかく「売りさばける」という基準にすらたどりつかない。アメリカ商工会議所の調べによれば、売却に出された企業のうち、最終的に売却が成立するのはわずか二〇％。つまり、売却に出したオーナーの五人に四人は何も得られぬまま立ち去っているのだ。さらに別の推算によれば、売却を望んだオーナーの六五％から七五％は、実際に売りに出す段階にすら至らない。買主が見つかるチャンスはないに等しいと、早々に思い知らされるのである。

だが、仮に買主が現れたとしても、良いエグジットを迎えられるとは限らない。自分がいつ退くのか、その後は誰が会社を所有するのか、自分が選べる立場にいられなければ意味がない。それは経営している会社の種類によって、ある程度は決まってくるだろう。たとえばスモールビジネスは独特だ。たいていはオーナー自身が生計を立てる手段として存在している。そうした事業の中には売れるものもあるだろうが、買主は家族か、従業員か、あるいは一国一城の主となって生計の手段を持ちたい個人に限られてくる。場合によっては事業売却という発想を捨てて、今のライフスタイルを守れる限り経営を続けながら、廃業後の生活を支える貯金をしていくのが最善の道となることも少なくない。

ＩＴ系のスタートタップも独特のカテゴリーだ。ＩＴ企業のＭ＆Ａのアドバイスやコーチングを行うサービス会社ストラテジック・エグジットの代表、バジル・ピーターズの意見によると、こうしたビジネスが売却可能かどうか決まるにあたり、規模や利益性は関係ない。一定レベルの売上を達成していなくても、ある程度の利益額を確保できていなくても、有望なビジネスモデルを明示できさえすれば、そのＩＴ企業は「セラブル」の範疇に入るのだという。

たとえば、何らかのサービスを定額料金制で提供するなど、反復的な経常利益が出る企業の場合、

① 顧客一人あたりの粗利益
② 顧客維持期間
③ 顧客獲得コスト

という三つの要素を明示すればいい。「言い換えれば、顧客一人の価値がいくらで、一人確保するのにいくらかかるか、ということだ」とピーターズは説明している。

「それならば実際のデータだ。予測ではなく」

異なるビジネスでは、また異なる指標でビジネスモデルを証明しなければならない。場合によっては五つか六つほどの指標が必要だ。ピーターズの説明によれば、買主が一定の資本を投じたと仮定して、その後の事業がどれだけの価値を持つか、信憑性のある予測を立てられるようにすることが目的なのだ。予測が立てば、あとは事実にもとづく評価額の交渉が可能になる。もちろん、競争や市場のトレンドといった別の要素も視野に入ってくる。だが買主は現在の売上や利益以上に今後の展開を重視しているのだから、まずは基盤として、その情報を提示するべきなのだ。

むしろビジネスオーナーは、有望なモデルが確立できしだい、すぐさま真剣に売却検討を始めたほうがいい――と、ピーターズは主張する。

「上昇気流に乗っているときに売るほうがいい。そのときの現実ではなく、先の約束にもとづいて売る。そのモデルは確かに有望だと証明する情報がそろった時点で、一番いい値段がつく場合が多い。ぐずぐずしていると、実際の企業価値が天井に到達してしまう。たいていの起業家がそうなる」

ピーターズは主張の正当性を裏づける事実と数字を持っている。売却まで含めた起業と経営のプロセスが好きだという起業家や、一定期間以上は同じ企業にとどまりたくない企業家にとっては、そうした数字は確かに真実味を持って響くのだろう。だが、ビジネスオーナーの圧倒的大多数には、これは当てはまらない。特に、すでに長年ビジネスに携わってきたオーナーや、とうの昔にビジネスモデルの有望性が証明されているオーナーにとっては、あまり関係のない話だ。彼らは、売却ありきの企業家とは異なる目で、「セラビリティ」を考えていく必要がある。

売主は何を売り、買主は何を買うのか——

事業を売却するときは、何よりもまず、自分が何を売ろうとしているか正確に理解しなければならない。売るのは将来のキャッシュフローなのだ。もちろん、買主が買収に臨む最初の動機は、何か別なものかもしれない——利益を出したいとか、新しい市場に参入したいとか、競合他社を牽制したいとか、あるいはロールアップ買収をしたいとか。しかし最終的な分析対象は、とにもかくにも長期的なキャッシュフローだ。ある会社が他の会社を買収するなら、買収によって自社のキャッシュフローが増大しなければならない。ベンチャーキャピタル、PE会社、エンジェル投資家も同じ期待を抱く。買収を通じて事業を引き継ぐ家族や従業員も、同じ期待を持つ（持つべきだ）。仮に、買収したことによって将来的にキャッシュフローが小さくなるのだとしたら、それは質の悪い取引をつかまされたのだ。

物事には必ず例外があるので、この法則にも穴があるのではないかと思っているが、少なくとも私には一つも思い浮かばない。売上高とか、利益とか、市場占有率とか、シナジー効果とか、そういったものは結局のところ「使える」ものではない。もちろん重要ではあるが、あくまで概念だ。使えるのは現金しかない。キャッシュこそ王様である。だから、この先キャッシュが増えるように、という目的で買収は行われるのだ。

こうした理由から、IT系ではない企業の価値は、減価償却前営業利益（EBITDA）で評価されることが多い。EBITDAは、いわゆる「フリーキャッシュフロー」をざっくりと測る物差しだ。企業が一年間に稼いだ額から、営業費用と経費をすべて支払い済みで、税金と利息はまだ払っておらず（場合によっては支払う必要がないこともある）、減価償却費（特定の資産のコストと寿命を反映した会計手法）もまだ引いていないお金と考えてほしい。純利益などよりも、その事業の経営状態が如実に表れる数字である。*

売るのは将来のキャッシュフローだ、と理解しさえすれば、賢明な買主が何を知りたがるか推測が立てられる。第一に買主は、現在のキャッシュフローと、今後のキャッシュフロー成長予測に興味を持つだろう。第二に、その予測に信憑性があるか推し量ろうとするだろう。状況が悪化する危険性はどれだけあるか、と考えるのだ。だから、事業売却に成功するチャンスを高めたいなら、しなければならないことははっきりしている。今後の成長ポテンシャルを明示し、買主にとってのリスクを軽減するのだ。買主は、主に企業の過去の業績を綿密に吟味することによってリスクを評価するので、だとすれば健全なビジネス構築の積み重ねこそが、セラビリティを有利にする。

もちろん、他の思惑を持つ買主もいるだろう。買収によって将来のキャッシュフローが増えると期待する理由は、買主に不足する技術力が獲得できるからかもしれないし、新しい市場へのアクセスを可能にするからかもしれないし、競合他社を吸収することになるからかもしれない。その場合は買収対象会社の規模や収益性よりも、保有する特許や商標に他社を圧倒する力があるかどうか、顧客との関係をそのまま引き継げるかどうかといった点に関心を持つ。こうした買主はストラテジック・バイヤーと呼ばれる。一方、ＰＥグループなどはファイナンシャル・バイヤーだ。ストラテジック・バイヤーは、買収が自社にとって戦略的なメリットとなることを求める。ファイナンシャル・バイヤーは、買った事業を育てて、三年から七年後にさらに高く売り、儲けることを狙っている。この二者で言えば、当然ながらファイナンシャル・バイヤーを見つけるほうが簡単だ。そしてファイナンシャル・バイヤーは、おおむねどこも同じ基準で買収対象を値踏みする。

ファイナンシャル・バイヤーの判断基準を軽視してはいけない。彼らの目のつけどころを念頭に置いて企業構築に臨んでいれば、将来的に売却がしやすくなるだけでなく、基準をクリアする過程でビジネスをより良く、より強く、より持続力のあるものに変えられるのだ。何しろファイナンシャル・バイヤーほど、えり好みが激しく、やり手の買収者はいない。彼らは投資家に対する責任があるからだ。投資家は、ポートフォリオの財務内容にしか興味を持たない。そうした投資家の期待に応えるため、必然的に、買収対象会社の短所と脆弱性、そしてユニー

＊ 厳密に言えば、フリーキャッシュフローとＥＢＩＴＤＡは同一ではない。フリーキャッシュフローとは、ＥＢＩＴＤＡから非現金運転資本――主に在庫と売掛金――を引き、さらに定期的に支払う設備投資（ＣＡＰＥＸ）を引いた額を指す。しかし話を単純にするために、買主と売主はＥＢＩＴＤＡに対する倍率（マルチプル）で事業価値を議論する。

クな長所を厳しい目で特定しようとする。ビジネスオーナーはこれを逆手に取り、買収するかどうか値踏みするファイナンシャル・バイヤーの目線と、彼らの評価方法を拝借して、自主的に弱みと強みを洗い出せばいいのだ。ファイナンシャル・バイヤーに売却する意図は全くないとしても、この手法は有効である。家族や従業員など、未来の後継者が誰であれ、プロセス自体がきっと役に立つ。

セラビリティを決める要素――

非上場企業であっても、賢明なオーナーならば、プロの投資家による企業査定方法を取り入れることに価値があるのは理解しているものだ。だからM&Aのプロに自社の分析を依頼したり、そうしたプロを顧問委員会に迎えたり、デュー・ディリジェンスを通じた売却の予行演習を行ったりと、さまざまな手法を活用する。本格的な評価にはならないが、とりあえずの把握のためにコンピューター・ソフトウェアを利用し、投資家の目線で事業の強み・弱みを評価することも可能だ。対応するソフトウェア製品もかなり増えている。

第一章に登場した起業家のジョン・ワーリローもそうしたソフトウェアの市場に出会い、自分でもプログラムを一つ開発している。彼は二〇〇八年に四社目を売却した後、講演や執筆という新たなキャリアに踏み出した。その中の一冊『売却するための事業構築（*Built to Sell*）』では、小説仕立てで、広告会社オーナーが売却不能なビジネスを売却対象として充分成立するビジネスへと変えていく経緯を描いている。この本の宣伝として、ウェブサイト（www. builttosell.com）を立ち上げ、そこにセラビリティ指標というものを掲載した。簡単な設問に答えていくと、自分の会社が売却可能かどうか、ざっくりした感覚をつかめるという趣向だ。サイトで誰かがこれを試すとワーリローに通知が来るのだが、驚いたことに、通知の数は安定して伸び続けた。

「この事実は何かを語っているんじゃないか」

そう考えたワーリローは、さらに高性能な評価ツールの作成に取り組んだ。そうしてできたのが「ザ・セラビリティ・スコア」だ。

ワーリローだけではない。アリゾナ州メサの会社B2B CFOや、バーモント州ノーウィッチの会社コアバリュー・ソフトウェア、ジョージア州ジャスパーの会社インク・ナビゲーター、オーストラリアのニューサウス・ウェールズ州ブルックベールの会社MAUSビジネス・システムズなどが、類似のプログラムを開発している。こうしたツールの目的は、ビジネスオーナーにとって最も困難かつ重要な任務の一つ――ビジネスや、そこで働く人々に対して思い入れを持たない投資家の目で、自分の会社を客観的に見るという任務――の補助をすること。このスキルを習得していれば、強制売却に追い込まれる可能性はかなり低くなる。売却前も売却後も、自分と会社が経る展開をできるだけ自分で決めていけるようになる。

とはいえ、最初に釘を刺しておきたい。こうしたプログラムを使えばセラビリティのロードマップができるというわけではないのだ。将来的に高値で売却できると保証されるわけでもない。どちらの方向に向かうべきか、ひとまとまりの指標が得られるというだけだ。もちろんそれだけでも利用価値はある。進捗を計測管理するビジネスダッシュボードと合わせてこれを活用してもいいだろう。定期的な業務査定で活用してもいいだろう。いずれにしても重要な変動要素を把握する効果は期待できる。

たとえばワーリローのザ・セラビリティ・スコアの場合、自分の事業について一連の質問に答えると、総合スコアに加えて、一般的な投資家が買収を望んでくれそうかどうか、八つの角度からスコアが算出される。* しかし私が見るところ、ビジネスオーナーがこのツールを利用する真の価値はスコアの数字そのものではなく、八つの注目要素を解説する分析レポートにあるようだ。

第一の注目要素は財務内容である。 ワーリローのレポートでは、投資家が買収価格を決める際の思考プロセスを説明している。会社の「現在価値」の計算方法を示し、投資家が認識するリスクのレベルによって現在価値が変わってくる様子を教える。たとえば買収対象会社の規模が小さければ、その小ささはリスク（サイズリスク）だ。そのため買収価格が割引となる。

第二の注目要素は、成長のポテンシャルである。 成長率が現在価値の計算にかかわってくるということは、裏を返すと、会社が急速に成長していくと予想されれば、それだけ現在価値は高くなるのだ。ゆえに前述の通り、ビジネスの拡大可能性が買主にとって大きなカギになる。ワーリローのレポートは、ビジネスを広げる方法をさまざまに提示している。地理的に拡大する、既存顧客に新たな商品を提供する、未使用のキャパシティを埋める新たな顧客を見つける、一つの文化から生まれた財やサービスを他の文化に順応させるなど。

第三の注目要素は、過度の依存がないかどうか。ワーリローはこれを、中立性と独立性の利点を示唆した「スイス構造」という表現で説明している。顧客一社、サプライヤー一社、従業員一人への依存が大きい場合、その顧客・サプライヤー・従業員を失った場合に事業が滞る危険性が高い。投資家は特に顧客集中の度合いに着目し、脆弱性を示す重要なサインだと認識する。一件の取引先が売上の一五%以上を占めている場合、それに応じて買収価格を割り引く。

第四の注目要素はキャッシュフローである。内部発生するキャッシュフローで成長を支えられるなら、外部資本に依存する必要性も少ない。買主は外部資本の少ない企業を高く買い、外部資本を多く必要とする企業には大金を出さない。ワーリローはこれを「評価額シーソー」と

＊ ここでは例としてワーリローのザ・セラビリティ・スコアを紹介するが、他のプログラムが劣るからではない。他のプログラムをすべて吟味し比較検討したわけではない。ワーリローのプログラムを選んだ理由は、他のプログラムと違って、企業オーナーならば無料で利用できるためだ。ワーリローの収入源は、株式ブローカーやM&A専門の弁護士、ファイナンシャル・アドバイザー、投資銀行家など、このサイト利用者へサービスを提供したいプロが支払う登録料である。ザ・セラビリティ・スコアはオンラインのアンケート形式なので、これを埋めると、システムが自動的にレポートを生成する。そして前述のようなプロのアドバイザーにも通知が行く。彼らはそれを受けて、アンケート回答者に連絡し、システムが特定した変動要素をもとに、会社を魅力的な買収対象にするためのアドバイスを提供する。

表現する。顧客から代金を回収する期間（売掛債権回転期間）を短縮し、サプライヤーへの支払い日数（買掛債務回転期間）を伸ばせば、キャッシュを増やせるとレポートで解説している。

第五の注目要素は経常利益である。継続して発生する収益が見込めているのなら、将来の売上がある程度は保証される。買主にとってのリスクを下げ、ひいては事業価値を高めることになるので、これは重要な要素だ。ワーリローはこれを六種類に整理している。

- 消費者自身が継続的に購入しなければならない消耗品（例：歯磨き粉、シャンプー、トイレットペーパー）
- 継続課金するもの（例：新聞、雑誌）
- 初期費用がかかり、継続課金するもの（例：ブルームバーグ・ターミナル。金融・経済情報サービス会社ブルームバーグが提供している情報提供端末のこと）
- 自動更新で課金するもの（例：文書保管サービス）
- 顧客を複数年縛りで維持する長期契約（例：携帯電話の料金システム）

未来の収益をできるだけ確実に保証する仕組みがあれば、それだけリスクは低く、それだけ事業の市場価値は高くなる。

第六の注目要素は、独自のバリュープロポジションがあるかどうか。ワーリローはこれを「モノポリー・コントロール（独占支配）」と呼ぶ。競合他社による模倣が困難であれば、その商品を値下げする必要性は生じにくい。ウォーレン・バフェットは、「堀で囲まれた企業を買収する」という言い方をする。競合他社が城に攻め込んで顧客を盗むのを防ぐような、長く深い堀で守られた企業を買収するのが理想的であるという。確固たる競争優位があれば、その堀は最強だ。これも買主にとってのリスクを軽減し、ビジネスの価値を高める。

第七の注目要素は、顧客満足度である。ここで重要なのは、顧客満足度を定期的かつ厳格に計測するシステムを確立しているかどうか、という点だ。満足した顧客の証言があればいいというものではない。顧客満足度アンケートを実施すればいいというものでもない。ワーリローが推しているのは、顧客ロイヤルティ研究の第一人者フレデリック・ライクヘルドが提唱し、ベストセラー著書『ネット・プロモーター経営　顧客ロイヤルティ指標NPSで「利益ある成長」を実現する』(プレジデント社)で紹介した「ネット・プロモーター・スコア(推奨者正味比率)」である。規模を問わず、経営状態が良好な企業の多くが採用している指標だ。顧客に「〇~一〇点で表すとして、この企業を友人や同僚に薦める可能性はどれくらいありますか」と呼びかけ、顧客がリピート購入をする可能性と、他人に推薦してくれる可能性――成長を促す二大要因だ――を予測する。スコアが9から10なら、その顧客は「推奨者《プロモーター》」と考えられる。リピート購入する可能性が高いし、他人にも勧める可能性が高い。7から8なら、その顧客は「中立者《パッシブ》」だ。ライクヘルドは、これを「満足はしているがあくまで受け身」と表現する。それ以下の顧客は「批判者《デトラクター》」と考える。推奨者の割合から、批判者の割合を引いた数字が、ネット・プロモーター・スコアだ。ワーリローが指摘する通り、この計測手法は中小の非上場企業には特に効果的である。理由は四つある。

① 実施しやすい
② 投資家と、共通言語で話し合える
③ 計測コストが安い
④ 予測が立てられる

最後の第八の注目要素は、マネジメントチームの強さである。オーナーが意思決定をどの程度まで握っているか、という問題だ。主要な意思決定がすべてオーナーによって下されているのであれば、その人物が離れた後の会社の存続力には大きな疑問符をつけざるを得ない。買主は、顧客がオーナーに対して忠誠心を抱いているのか、それとも会社に対して忠誠心を抱いているのか、その点にも厳しく注目する。オーナーがいなくてもきちんと回っていく会社なら、「セラブル」な会社だと考えられる。

当然ながら究極的には、売却する側にとって買主候補者の選択肢が広い――ファイナンシャル・バイヤーか、ストラテジック・バイヤーか、従業員か、経営幹部か、家族か――のが理想だ。さらに言えば、PE会社に売却することが可能な事業を構築しておけば、それらすべてのカードが手中に入っている可能性が高い。

プライベート・エクイティ会社から学ぶ──

今後、ＰＥ会社（プライベート・エクイティ会社。ＰＥグループ、ＰＥＧとも言われる）による企業買収は増えていくと考えられる。理由の一端は、未公開株式（ＰＥ）が多く存在することと、そこに投資せよというプレッシャーも大きいこと。実際のところ、これは近年の大きな問題の一つだ。コンサルティング会社ベイン＆カンパニーの調べによれば、ＰＥＧは二〇一四年に一兆ドル以上の「手元資金」、すなわち獲得したが投資に回していない資金を保有していた。投資家が資金を託す理由は、他より多くリターンの得られる投資をしたいからなのに、ＰＥＧがその資金を成長するビジネスに投じなければリターンを得られるわけがない。資金が長く停滞していれば、それだけ投資家は苛立ちをつのらせ、不満をぶつけるようになる。一方でＰＥＧ側にもタイムリミットがある。特定の期間内（通常は五年）に預かった資金を投資に回さない場合、その資金を扱う権利を失うのだ。そうなれば今後の資金調達もしにくくなる。

だからといって、ＰＥＧへの売却が簡単というわけではない。強制売却に詳しいロバート・トーミーは、「ＰＥＧは、投資を決める前に、数百もの企業を調べています」と指摘する。トーミーは過去二十年間に三十社以上のＰＥ会社と接してきた。

「投資銀行を通じて二社を売却したことがあります。最初の例では、投資銀行家が、条件を満たしたＰＥＧに向けて何百部も目論見書を配布しました。それに対して関心を表明する基本合意書を送ってきたのは五社でしたが、それでも大成功だったんです。二番目の例でも一〇〇通以上の目論見書を送って、反応があったPEGは三社、基本合意書を送ってきたのは一社。別に珍しいことではありません。PEGは、一社に投資する以前に、一〇〇社以上を見送っているんです」

PEGに売却したい企業にとって、今後は競争が熾烈化する一方となるだろう。ある推算によれば、アメリカで従業員を抱える企業のうち約四〇〇万社は、オーナーがベビーブーム世代〔一九四〇年代後半から五〇年代に生まれた人々〕だ。彼らがそろそろ引退しようと考えて、どんどん売却市場に流れ込んでくる。その理由だけ考えても、PEGがビジネスに何を求めるか理解し、その理解を自社に当てはめて検討しておく価値はある。ただし、PEGはEBITDAが五〇〇万ドル未満の企業にはめったに投資しない。PEGが投資家に約束したリターンを確保するためには、ある程度の借入を起こさなくてはならない。融資を認めさせるには、それだけの年間キャッシュフローが必要だ。この点は先に説明した通りである。

だが、五〇〇万ドルのEBITDAがなくても、目の高い投資家や買主が重視する規律やベストプラクティスを導入してもいいではないか。そうしておけば、最終的にどんなエグジットを選ぶにせよ、会社はより強く、よりしなやかに、より価値ある存在になる。成長のために必要な資本も得やすくなる。

トーミーは、「出口戦略という赤ん坊を育てる――PEから学んだ教訓」というタイトルのホワイトペーパー（非公開）で、PEGをオーナーとする製造会社でCFOを務めた経験を詳細に語っている。その製造会社は、いわゆる「ロールアップ買収」で事業を拡大していた。小さな同業他社をどんどん買収・統合することで、大会社へと成長するのだ。トーミーは経営企画責任者として、買収対象となる企業（買収対象会社）の選定から、買収後の統合に至るまで、あらゆる面で責任を担っていた。買収対象の候補が尽きることはなかった。一社との契約をまとめるにあたり、最低五社は検討して却下していた。

振り返って何より興味深いのは、買収プロセスが〝母艦〟の経営状態に与えた影響だったという。買収対象会社に対して望むビジネス手法を、徐々に本社自身が取り入れるようになっていったのである。

「行動や取り組みのすべてにおいて、企業価値の創出を重視するようになりました。ＥＢＩＴＤＡの最大化に努め、節税にこだわりすぎないようにしました。運転資金は慎重に守り、売掛債権も油断なく見張って、購買の判断は金額だけでなく条件もよく検討するようになりました。運転資金から得られるリターンのことや、キャッシュフローを活用して借入金を投機に使う方法も、正しく理解するようになりました。また、買収をするなら、それを支えるインフラが整っているよう常に注意していました。その結果として、我々の会社は二十四カ月で、八〇〇〇万ドルだった売上高を四〇〇〇万ドルへと成長させられたんです」

言い換えれば、知恵と経験を積んだ買主（ＰＥＧのような）が買収対象会社に求めるビジネス手法を自主的に採用しておくことによって、結果的に、目標達成のための資本を持った企業になることができるのだ。本当に売却するかどうかは別として、彼らのおめがねに叶うようにしておく。そうすれば、優れたビジネス手法のおかげで、資本にアクセスしやすくなる。資本だけが重要というわけではないが、ビジネスを通じて達成したい目標があるなら、資本はやはり必要だ。内部的な資本であれ、外部からの資本であれ、資本にアクセスできなければ、ビジネスの持続性には期待できない。

プライベート・エクイティ会社の役割——

とはいえ、なぜ買収する側は経営手法をそれほど重視するのか。その問いの答えを知るためには、企業買収によってＰＥＧがどのように利益を得るか考えてみてほしい。先にも述べた通り、彼らの目的は、買収対象会社を育て、三年から七年後に買収価格よりも高く売ることだ。その目的のために、投資したり、借入を起こしたりしながら、資本構成を変更していく。こうして最終的にその会社を売却したとき、ＰＥＧに投資した投資家に、投じた額より大きな儲けが入ってくるようにする。*

「借入を起こすことが可能である（融資させることができる）」というのは、買収を判断する際の重要なポイントである。ほとんどの場合は銀行で「負債比率の高い融資（Highly Leveraged Transaction：ＨＬＴ）」と呼ばれる特殊なローンを組む。ＨＬＴのガイドラインは連邦政府によって規定されており、融資契約で明示されているのだが、これが通常のローンとは大きく異なっており、はるかに厳しいのだ。

たとえば一般的なHLT与信契約では、その特約条項《コベナンツ》の一つとして、三カ月ごとに達成しなければならない最低限のEBITDAを指定する。七年から十年にもわたる契約期間中、常に一定期間内で特定のEBITDA達成を義務づけられるのだ。EBITDAのレベルを維持するには、財務面で厳しい自己管理が必要だが、株式を公開していない企業がそれだけの規律を備えている例はきわめて少ない。想像してみてほしい――ある会社のオーナーが、今後十年間は毎四半期で、取り決めた最低限のEBITDAを達成すると約束する。その約束を裏付けるにあたり、達成のためのオーナー及び経営陣の取り組みを詳細に説明した長期的な事業計画を示す。不達成だったときは与信契約が改訂されるが、それはほぼ間違いなく会社にとって多額のコストになる。自由の余地などないに等しい。一般的に非上場企業の上層部なら、立場を活かしてさまざまな特権を謳歌できるものだが、HLTを利用する場合は、そんな融通を自らに許すことはできない。友人や家族に便宜を図って、特別な給料を出してやるわけにもいかない。コネを使ったツーカーの仲で融資の都合をつけてもらうこともできない。節税目的でEBITDAを減らす小細工も許されない。むしろEBITDAの最大化、つまりはあらゆる機会で企

＊ 借金をして家を買うのと原理は同じである。たとえば一〇〇万ドルの住宅を購入し、その住宅が十年間で価値が二倍になったとする。オーナーが一〇〇万ドル全額を自力で用意した場合は、十年後に二〇〇万ドルで住宅が売れたとき、その投資から得られるリターンは一〇〇%である。しかし仮に十万ドルだけを自力で都合し、住宅ローンで九十万ドルを確保して購入したのだとすれば、リターンは一〇〇〇%になる（売却価格二〇〇万ドル－九十万ドル＝一一〇万ドル）。

業価値の最大化を目指さなくてはならない。

トーミーのホワイトペーパーの指摘によれば、スモールビジネスがアドバイザーなどを起用した場合、「オーナーの特典や節税戦略のことは心配しなくていい」という旨のアドバイスを受けることがある。支出をしっかり特定しておけば、売却のタイミングで損金不算入にできるので、修正された利益額に対して評価がつくから、と。だがトーミーに言わせると、それは間違ったアドバイスだ。理由は多々あるが、第一には、オーナーが会社のお金を持ち出すことで、成長機会の追求に使えたはずのキャッシュを剝奪することになる点である。それはすなわちEBITDAを下げるという意味だ。買収する側も、オーナーのお金の使い方にマイナスの印象を抱き、評価倍率を下げる。しかも損金不算入は業績予測に不透明感を生むので、買主（と、買主が利用する金融業者）による関連リスク評価が低くなり、彼らが投資したいと思う額に影響して、さらに買収価格が下がることになる。

だが、トーミーが主張する最も深刻な危険は、企業文化に及ぼす影響だ。オーナーが事業資金を個人の貯金箱のように使っていたら、説明責任の意識（アカウンタビリティ）を会社に根づかせることなど不可能だ。マネージャーたちもオーナーのお金の使い方を見て、当然のごとく「オーナーには、事業成長や、主要業績指標における目標達成よりも、他に大事なことがあるのだ」と理解する。そうなれば、財務面を厳しく自己管理する規律など育たない。トップが規律を実践していなければ、他のメンバーが守るわけもない。

債務が少なく、銀行から一挙手一投足を見張られているのでないなら、多少ゆるい経営でもかまわない。だが、莫大な金額を借り、ＨＬＴ与信契約書にサインした以上、放漫経営は許されなくなるのだ。契約に沿って年間予算を提出しなければならないし、ズレが生じれば原因を特定しなければならない。キャッシュをきちんと管理し、定めた財務比率を厳密に守っていかなければならない。こうして会社全体が財務成績に対してアカウンタビリティを持つようになる。売上やマーケティングや業務に関して何かを決定する際は、実行に移す前に、必ず財務面から妥当性をレビューするようになるのだ。

トーミーの報告書は、次のように結論づけている。

「端的に言えば、ＰＥＧを利用することによって生じる制約が、借金なしの家族経営企業だったら従う必要のない多数のベストプラクティスの採用を強いるのです。ＰＥＧは高い投資成果に結びつけることで知られていますが、その要因はレバレッジよりも、投資の勘よりも、買収対象会社にベストプラクティスを導入させるからなのです。ここで朗報を教えましょう――お金を借りなくても、ベストプラクティスを借りることは可能です」

アカウンタビリティを企業文化に根づかせる――

とはいえ、すべての企業がＨＬＴの条件に適うベストプラクティスを採用できるわけではないし、似たような結果を確実に得られるわけでもない。それは理論上でもトーミー自身はっきり否定する。何がベストプラクティスであるか理解することと、それを実施することは、全く別の話だ。トーミーが指摘する通り、企業文化にアカウンタビリティが根づいていなければならないが、その育成は簡単ではない。たとえばマーティン・バビネックは一九九五年、自分の会社の支配権を手放したあとになって、ベストプラクティス導入の難しさを理解した。彼がカリフォルニア州サンレアンドロを拠点に立ち上げた会社、トライネットを、ストラテジック・バイヤーの上場企業に売却したときのことだ。

トライネットは専門職の人材請負、いわゆるPEO（professional employer organization）と呼ばれる派遣会社で、人材管理にかかわるさまざまな業務を引き受けていた。顧客企業の代理として、人材に対する雇用主の役割を果たすので、顧客企業は人事部の維持にかける負担から解放され、人材雇用の面倒な雑務もこうむらない。一九九〇年のトライネットは破産の瀬戸際にあったのだが、ぎりぎりのところでエンジェル投資家のグループに救済された。そして一九九四年初期には黒字転換を果たす。売上高は約二五〇〇万ドルとなり、増加・成長しつつあったIT企業をターゲット市場として、確実な足場を築いていた。

だが、バビネックは遅まきながらも実感していた。PEOとして長期的に成功していくためには、もっと大きな会社でなくてはならないのだ。魅力的なレートで健康保険を整える、顧客の複雑なニーズに対応するIT設備を定期的にアップグレードする……こうした要件をこなすには、どうしても規模の経済性が肝となる。トライネットの運営は上々だったが、どちらかといえば規模は小さい。成長機会は豊富にあったものの、機会を活用していくために必要な資本が豊富ではなかった。

そこでバビネックはCFOのダグ・デヴリンと共に、外部の資金調達源を探し始めた。そして最終的に、セレクト・アポイントメンツという、ロンドンを拠点とする人材派遣の大手上場企業と会合した。セレクトはトライネットの過半数株式にプレミアムを乗せて買収する意思を示した。バビネックは自社の経営陣及び投資家と相談した末、そのオファーを受ける決断をする。背中を押した要因は、バビネック自身の調査により、セレクトがありふれた買主ではないとわかっていたことだ。買収後、業務機能の中央集権化によってコスト削減を図るような真似はしない。もともと、現状のまま自律的運営を続けられるような――成長資本と指導は必要としているが――経営体制の整った企業ばかりを選んで買収してきた実績がある。「つまり我々も、売却した後も自分たちで経営を続けていけるということだった」と、バビネックは振り返って語っている。

双方は交渉を重ね、セレクトが株式の五〇・一%と引き換えに三九〇〇万ドルを投資することになった。三〇〇〇万ドルは事業を成長させるためのお金、九十万ドルはバビネックに残っていた起業時の借金を返済するためのお金だ。借金を片付けても多少の余裕があるので、仮にセレクトがバビネックを切り捨てて新CEOを迎えるとしても、当面は家族を支えられる。とはいえ、それは最悪の場合のシナリオだ。三五%の株式を保有するバビネックが主要株主であることには変わりがない。

基本合意書に署名がそろい、正式なデュー・ディリジェンスが始まった。だが、セレクトが監査を任せた会計事務所デロイト&トウシュから、芳しくない報告があがってきた。トライネットの経営陣の経験不足を鑑みると、セレクトが一括で三九〇万ドルを投じるのはリスクが高すぎるというのだ。投資は段階的に、すなわち「トランシェ」に分け、トライネットが特定の売上及びEBITDA目標に達成するかどうか確認しながら支払うべきである――という提案だった。バビネックは、その条件は妥当だと考えた。目標を達成していく自信もあった。そこで正式に契約を交わし、最初のトランシェの一〇〇万ドルが支払われた。

それはあたかも水門が開かれたかのようだった。「思うような事業成長ができずに二年も苦戦してきたが、ようやく、成長のために使える本物のお金が入ってきた」とバビネックは振り返る。

「すぐに人材採用をスピードアップして、その他の計画も実行に移し始めた」

それが一九九五年七月のことだ。十二月には、トライネットはすっかり大きなチームになり、二回目のトランシェが支払われしだい次の行動を起こす手はずも整った。

だが、そこには問題があった。トライネットのビジネスには一種の周期性があったのだ。顧客企業の多くは、いずれはトライネットのサービスでは対応しきれない人事ニーズを持つようになり、税制上の都合から、たいていは年度末にトライネットとの契約を打ち切る。一九九五年十二月上旬の段階で、大口顧客三社の契約打ち切りが通告されていた。年間売上高の約二五%を担う三社だ。それほどの割合を占めていたとは、経営陣にとっても想定外だった。三社が去り、二五%を失うと、トライネットは二回目のトランシェの条件となる売上目標を達成できない。

顧客を失うのは痛恨だが、絶望的というわけではない。営業をかけている新規顧客予備軍がいるのだから、損失はすぐに埋められる。セレクトに売却する前であれば、こうした状況に置かれたバビネックは多少がっかりしながらも、すぐに新たな顧客確保のために動いていたことだろう。しかし、二回目のトランシェがなければ、それもできない。トランシェを得るためには、セレクトCEOでトライネット取締役でもあるトニー・マーティンの承認を得なければならない。バビネックはマーティンに電話し、状況を説明して、こう説得を試みたという。

「成長計画には自信があります。優秀な人材も雇いましたし、諸経費も予算通りに増強しました。確かに顧客三社を失うという、ちょっとしたハプニングはありましたが、セールス・パイプラインを見てください。経営状態は良好だと思います。ですから、売上目標を達成できていなくても、次のトランシェを出してくださって大丈夫ですよ」

電話の向こうから聞こえてきた返事はノーだった。

バビネックにとって、それは頬をひっぱたかれて目を覚ましたような瞬間だった。

「ほぼ二年かけて求めてきた成長資本が手に入って、ようやく会社を成長させられることになって、どんなに胸が躍ったか。計画通りに実行していたし、確固たる経営陣も築きつつあった。システムにも投資していた。長いこと切望していた取り組みを進められるようになったのに、資金繰りの問題にぶちあたるとは……。最悪だったのは、レイオフをしなければならないことだった。雇ったばかりで、すでに研修を始めていた人材を手放さなければならないなんて、無意味としか思えない。失った収入は取り戻す自信があったのだから、なおさらだ。長期的に見れば解雇するほうが損失だ、というのが我々の総意だった」

　だがマーティンは頑として受け入れなかった。

「自分たちで出した目標には到達しなければダメだ、と言うんだよ。それが株式公開の世界でやっていくということだ、と。見込みを立てたら、達成しなければならないのだ。楽しいとは言えない状況だったね。特に人をクビにするのは難しいし、つらいことだ。私がリーダーシップをとりそこなったせいで、献身的で熱心なメンバーの大勢が何の咎もないのに路頭に迷うのかと思うと、とても苦しかった。だが、それが我々につきつけられた新しい現実だったんだよ。株式を公開する会社のもとで働くようになったからには、どうしてもそういうことが入り込んできてしまう」

　この経験で得たものが理解できたのは、だいぶ時間が経ってからだったという。

「今なら、一つの教訓を学んだのだ、とわかる。私だけじゃなく経営陣全体が学習した。我々はきわめて緊密に、お互い何も隠さずに取り組んでいたからね。あれ以来、数字を確実に達成するように、ものすごく慎重になった。とても慎重になったよ」

「予測を立てたら守る」と学んだのは、トライネットにアカウンタビリティ文化を育てる上で、最初の一歩だったにすぎない。しかし大きなステップだった。バビネックはしだいに、その重要性を実感するようになった。そもそも彼の目標は、自分がＣＥＯの座を退いても、セレクトが支配株主でなくなっても、独立性を保てる会社を築くことだった。少なくとも、優れたビジネスであり続ける可能性を持った会社にしたかったのだ。

「セレクトから我々が学んだのは、株式公開の市場で求められる厳しい規律の必要性だ。トニー・マーティンがそれを私に教えてくれた」

当時からかなりの年月が過ぎ、もはや取締役会以外でトライネットに具体的な役割を持たなくなったバビネックは、そんなふうに考えている。

「思い通りにいかないことはあるものだ。それは避けられない。成功から学ぶより、失敗からのほうが多くを学べる。それでも我々は少しずつ、未公開の会社を株式公開の会社のように経営する方法を会得していった。ゲームを一つ上のレベルに乗せたのだ。株式を公開しているなら、高い透明性を維持していなければならない。なれあいで取引はできない。目標を立て、達成しなければならない。予算は使えばいいというものじゃなく、その予算で結果を出していかなければならない。特に莫大な資本の投入があって、急速に成長しているときに、そういうことをわきまえるのは本当に難しいことだ」

トライネットとバビネック個人にとって、得られた見返りは大きかった。たとえばバビネックは一九九九年に、本社のあるカリフォルニアから大陸を挟んだニューヨーク州北部の小さな町リトルフォールズへ家族で引っ越している。彼はもともとリトルフォールズで育った。両親も、バビネックの姉妹の一人と共に、そこに住んでいた。バビネックと、妻のクリスタは、自分たちの子供に小さな町での生活を味わわせたかったのだ。教育環境もこちらのほうがいいと感じられた。バビネック自身はカリフォルニアのサンレアンドロにあるトライネット本社までの苛酷な通勤をしなければならないが、家族の新しい生活はその代償に見合うと判断したのである。取締役会はその計画を支持してくれた。会社にアカウンタビリティ文化が根づいていなければ、バビネックが引越後もCEOの仕事を継続できたかどうかは、きわめて怪しいと言わざるを得ない。

同様のことは二〇〇五年にも起きた。ＰＥ会社のリーディングカンパニーであるゼネラル・アトランティック（General Atlantic：ＧＡ）に過半数株式を譲渡することになったのだが、トライネットが堅調な実績を出していなければ、そのプロセスがスムーズに進んでいたかどうかは疑わしい。前述の通りトライネットはセレクトに買収されていたが、セレクトがオランダ系人材サービス会社ヴェディオールに買収され、アメリカを拠点とするトライネットは彼らの事業計画に適さなくなっていたのだ。トライネットに成長させ続けるための資本を投じるのは、彼らにとって意味のある投資ではなくなった。そこでバビネックは、ヴェディオールの承認のもと、二年かけて新しい親会社を探した。そして最終的に、ＧＡに過半数株式を売却する運びとなったのだ。

バビネックの目から見て、ＧＡは理想的なパートナーだと思われた。実際にＧＡの資本は望んでいた効果をもたらした。トライネットはその資本で他社の買収を進め、ビジネスの成長率を一気に高めた。

一方で、この展開はバビネックにジレンマをもたらした。これほど多くのことが進行しているのだから、本社に腰を据えて指揮を執るリーダーが必要だ。だがバビネックは家族を連れてカリフォルニアに戻る気はなかった。また、ＧＡがおそらくいずれかの時点でトライネットを上場させたがっていることもわかっていた。その狙いには反対ではないが、自分の年齢を鑑みると、上場企業のCEOになることへの憧れは感じない。そこで二〇〇八年、取締役会の採決を経て後継者を起用。バビネックは常勤会長となり、二〇〇九年末までとどまってから、その役割にふさわしいと考えた別の取締役に道を譲って退いた。とはいえ、トライネットが新規株式公開に向かうにあたり、バビネックにできるサポートの道を探るために、引き続き取締役会には籍を置いている。彼は事業について熟知していたし、主要株主でもあったので、残留はGAにとっても重要なことだった。

ビジネスという旅路で満足する終わりを迎えるためには、アカウンタビリティ文化が必須だと言いたいわけではない。しかしバビネックの場合は、彼がそもそもPEOというビジネスに乗り出した判断や、その後に懐の潤った投資家を取り込む必要があったことを鑑みれば、アカウンタビリティは必要不可欠だった。もちろん上場企業と同じ規律を採用しなくても、非上場企業のオーナーが幸せなエグジットを迎える例は多いのだが、そうは言ってもアカウンタビリティ文化があるほうが勝率は高い。誰に、いつ、いくらで自分の会社を売るか、最大限に有利なポジションで決断にかかわれる。

ある種の誇りと達成感を持って過去を振り返りつつ、来る未来にも胸をはって向き合える──その両方が叶う終着点へと旅を持っていくためには、自分が決断に関与できるというのが欠かせない条件なのだ。大事なのは選択肢を持つこと。運転のハンドルを自分で握るということだ。選択肢が多ければ自分の力で結果を選んでいける。そして選択肢とコントロールの幅を広く持ちたいと望むならば、会社のセラビリティ向上をしっかり考える必要があるのだ。

短期的なテーマではないと思ってほしい。エグジットに向けた自分自身の備えのために、どれだけ時間をかけられるか。会社の備えのために、どれだけ時間をかけられるか。その時間こそが、最終的な局面で得られる融通性と選択肢の広さに比例すると言っても過言ではない。次章では、良いエグジットのさらなる条件「充分な時間をかけること」について考察したい。

4 大事なのは時間、そしてタイミング

良いエグジットには時間がかかる
——「月」ではなく「年」単位で考えなくてはならない

アシュトン・ハリソンが、経営する高級照明メーカー「シェーズ・オブ・ライト」の売却を初めて真剣に考えたのは、二〇〇五年のこと。彼女はその年、夫のデイヴと共に、事業価値を査定させるために株式ブローカーを雇った。

「一万五〇〇〇ドルかかりましたけど、お金のムダでした」と、バージニア州リッチモンドに構えた旗艦店のオフィスで、彼女は振り返る。

「目論見書をまとめて投資銀行家のところに持っていくのが、その人の仕事だったんです。なのに早い段階で、役立たずだとはっきりわかってしまいました」

電話が鳴った。ちらりと目をやって、「ちょっと失礼するわね。出なくちゃいけない電話だから」と言う。少し離れたアウトレット店の賃貸に関する連絡だ。一カ月後に彼女と交代するシェーズ・オブ・ライトの新オーナーが、そのテナント責任者となることについて、物件貸主側からの確認に答えている。電話が終わるまで、私はオフィスの中を見回していた。室内はしっちゃかめっちゃかだ。ノートやら、カタログやら、印刷物やら、ランプシェードやらが散乱している。予備の自転車フレームと、テレビモニターもある。まるで竜巻の襲来を受けたかのようだ。カオスよね、とハリソンも認めた。それが彼女の生きる世界なのだ。

「私はＡＤＤ（注意欠陥障害）なの。起業家はたいていＡＤＤなんじゃないかしら。雇われの身なら困ることかもしれないけれど、自分がボスなら役立つこともあるわ。一度に三つでも四つでも注意を向けられますからね」

明るいブロンドの髪、突き刺すような鋭いまなざし、そしてまじめな顔で冗談を繰り出すユーモアセンス。ハリソンいわく、ＡＤＤもしくはＡＤＨＤ（注意欠陥多動性障害）は彼女の成功の大きな支えであり、さまざまな問題の火種でもある。どちらにしても、彼女の起業と事業構築を阻む壁にならなかったことは事実だ――ハリソンは二〇一一年八月に会社を売却したが、そこに至るまでの二十五年間の冒険を『ＡＤＤからＣＥＯへ　カオスからサクセスへの旅（*From A. D. D. to CEO: A CEO's Journey from Chaos to Success*）』という著書にまとめている。

起業家はだいたい似たようなものだが、彼女の場合も、起業した時点でエグジットのことなど考えてもいなかった。二十三歳で結婚したばかりで、これから子供を産んで家庭を築いていく予定だったので、あまり出張がないという条件のもと仕事は続けるつもりだった。それまでの勤め先はリッチモンドで急成長していた家具販売店で、定期的に出張があったのだ。その会社で秘書から副社長までのぼりつめてきた過程で、基本的なビジネス知識を得ると同時に、一つのアイデアもひらめいていた。卸売市場のみで売買される高級な照明器具やランプシェードを、インテリアデザイナーや消費者に直接販売するのはどうだろう？ 追求する価値はあると思ったので、前職で保有していた株式の売却益を元手に、一九八六年にシェーズ・オブ・ライト一号店を立ち上げた。

それから十九年間で取扱品目と販路を拡大し、新たに二店舗を開き、カタログ販売とウェブサイトを立ち上げるうちに、シェーズ・オブ・ライトは年間売上高一二五〇万ドルを達成するまでに成長した。ビジネスには波があったものの、二〇〇二年頃には安定した収益性が確保できていた――それが彼女の注意欠陥障害の「おかげ」だったのか、それとも「障害があるにもかかわらず」だったたか、どちらとも判断しがたいのだが。

「二〇〇〇年代の前半を振り返ると、思い浮かぶのは、スタッフが走り回ってる光景です。業務状態は、まるで舵のない船みたいでした」

それでも何とか黒字であったことから、二〇〇五年、ハリソンは売却を考えるようになった。しかし考えるだけでぼやぼやしているうちに、社内の意識の低さ、顧客クレーム、売上低迷といった要素が重なり、順調だったはずの事業は急速に傾き始めた。

仮に株式ブローカーが有能だったとしても、当時のシェーズ・オブ・ライトに買主を見つけるのは困難だったに違いない。ハリソン自身が認める通り、当初は彼女がしっかりとビジネスの手綱を握っていたのに、その統制が失われていたからだ。あらゆる場面に悪い兆候が見られた。在庫記録はぐちゃぐちゃ。財務諸表の提出は遅れ、数字も間違いだらけ。従業員による商品の窃盗は慢性的な問題となっていた。現金横領まで発生し、ハリソンはトラブルの火消しに追われた。

「一日が終わっても、やらなくちゃいけないことが全然片付かないんです。目標を設定したり、進捗報告をもらったりするために、マネージャーと面談しようと思っても、それすらできない状況でした」

とうとうハリソンは、自分と似た気質のCEO仲間から紹介を受けて、戦略コンサルタントを起用することにした。コンサルタントの名前はスティーブ・キンボール。この人物がハリソンに最初に投げかけた問いの一つが、「いつエグジットしたいと思っていますか?」だった。一緒にその問いを受けた夫のデイヴは、「明日なんてどうだ?」と言った。シェーズ・オブ・ライトは妻のビジネスで、夫は社内アドバイザーの役割を担っていたが、ジェットコースターのような生活はやめたいという希望を抱いていたのだ。だが妻自身は、会社は売れる状態ではないとわかっていたので、まだエグジットは考えられないと返事をした。

「あと三年か五年くらいは経営を続けられそうですか」とキンボールは重ねて尋ねた。「最低でもそれくらいの時間をかけて、ビジネスの真の価値を引き出すんです」

「じゃあそれで行きましょう」とハリソンは言った。

「どこから始めればいいの？」

長い道のり――――

エグジットなんて何年も先、もしかしたら何十年も先のことだろう――そう思っているのだとしたら、準備の時間はたっぷりあると感じてしまうのも、仕方ないのかもしれない。具体的な検討をする段階になってから、「取引成立にかかる時間は？」という考え方をしてしまうのも、当然と言えば当然のことだ。だが、ほぼ例外なく、エグジットのプロセスは思ったよりも長期戦になる。少なくとも、良いエグジットをしたいと思うなら、時間がかかるのは避けられない。重要なのは、自分が思い描くタイプのエグジットに向けて準備ができているかどうかだ。自分が去ったあとの会社の運命を心配しているのだとすれば、それも含めて備えておかなくてはならない。原則として、自分がいなくなっても企業文化、価値理念、仕事の流儀が変わってほしくないという思いが強いなら、それだけ長い時間をかけて、所有権の移行をしっかり指揮していく必要があるのだ。

手っ取り早く、いい金額で売却することだけに関心があるのだとしても、おそらく数年はかかる。だからこそ戦略コンサルタントのキンボールは、本来は引退ではなくビジネス成長を助ける専門家であるにもかかわらず、コンサルティングの皮切りとしてエグジット計画を尋ねることにしている。どれくらいのタイムフレームで考えているのか。いくらくらいのお金を得て身を引きたいと思っているのか。「引退が三年後でも、一年後でも、十年後でも、同じことです。ほとんどの人は、最終的に望む終わり方と、それ以前の成長戦略を結びつけて考えようとしません」と、キンボールは指摘する。

「しかし、それこそが非常に重要な情報なのです」

ハリソンの場合、最初の任務は赤字からの脱却だった。二〇〇七年のシェーズ・オブ・ライトは、売上高一〇五〇万ドルに対し、赤字が五十万ドル。過去に断続的に黒字を達成していただけで、将来的に黒字転換する見込みがほとんどなく、現在も減益が続いている小売業者を、高く買収しようと思う人間がいるわけがない。さらにまずいことに、あらゆる指標が迫り来る不況を警告していた。ハリソンは、自社の業績が異様なほど正確に株式市場の動きに追随することに気づいていた。ダウジョーンズ工業株平均は二〇〇七年十月十一日をピークに一気に下落し、キンボールを起用した二〇〇八年半ばには二〇%以上も落ち込んでいた。市場は明らかに下げ相場だ。かつて株式仲介業を本職としていた夫のデイヴ・ハリソンは、不況が始まっているのではないかと懸念していた。そうなれば会社は生き残れないかもしれない、と言うのだ。夫の懸念をなだめるために、妻はキンボールの手を借りて、三段階の危機管理計画の策定に着手した。

第一段階「コード・イエロー」に含まれているのは、十七種類の経費削減対策だ。株式市場がさらに二〇%下落し、それが最低三週間続いたら、対策をとる。それでも景気が回復の兆しを見せないようなら、第二段階「コード・オレンジ」に進み、二十種類の対策で立ち向かう。

第三段階の「コード・レッド」は、ハリソンいわく、倒産一歩手前の最終ステージだ。その段階まで行くとは思っていなかったのだが、まさかリーマン・ブラザーズが破綻しようとは、当時の誰もが予期しなかった。はたして景気の悪化は進行し、二〇〇八年十一月にコード・イエローを、翌年一月にコード・オレンジを、三月にはコード・レッドを発動することとなった。

大恐慌以来という不況のさなか、会社としても創業以来最大の危機のまっただなかだ。にもかかわらずハリソンは、シェーズ・オブ・ライトを売れる状態にしていくための大きなステップに踏み出した。最悪の事態に備える危機管理対策と同時進行で、会社を成長気運に乗せる取り組みもしようというのだから、実に危なっかしい綱渡りだ。戦略コンサルタントであるキンボールの主な役割は、ハリソンが成長計画を策定し、方向を維持していくサポートをすること。ハリソンは自分の注意持続力にムラがあること、あちこちに首を突っ込みやすい気質であることをはっきり伝えて、焦点がブレないよう支えてほしいとキンボールに頼んだ。

キンボールはまず、ハリソンに一歩下がって会社全体を眺めてみるよう指示した。ハリソンはキンボールの助言を得つつ、財務ダッシュボードを作成。それを使って最も重要な数字を継続的に観察すると共に、「商品展開は適切か」といった問いを探っていくことにした。当時のシェーズ・オブ・ライトは照明とランプシェードに加えて、ラグマットとオーダメードのカーテンを販売していたのだが、後者二つは非常に労働集約性が高い。カーテンの取り扱いをやめればリソースが浮いて、もっと有望なエリアに人材を集中させられる、とキンボールは進言した。ハリソンは疑わしい思いだった。何しろカーテンの売上高は約一〇〇万ドルで、全体の一六％を占めていたのだ。それでもコンサルタントが説明する理由に耳を傾け、数カ月をかけてカーテン事業から撤退することに同意した。「怖くてたまりませんでした」と彼女は語っている。

カタログ販売はさらに大きな問題だった。これが会社の中核となっていたからだ。カタログ専門のコンサルタントをそれまでにも何人か起用していたが、全員が口をそろえて、もっと配布頻度を高めるべきだと主張していた。コストは心配しなくていい、カタログでブランド力を高めればいいのだから――と。成約率を高め、顧客リストが充実すれば、会社としての価値も高まるというのだ。実際に成約率のアップと顧客リストの充実化には成功していたのだが、その一方でカタログのコストがかさみ、売上の三四％を占め、会社の存続すら脅かすようになっていた。キンボールの助言を受けてカタログの数を減らし、関連コストを半分以上も削減して、売上に対して一六％に抑えた。キンボールは「厳しい判断はいくつかありましたが、あれも勇気のいる決断でした」と語っている。

「二〇〇九年のはじめ頃でしたよ。日曜に、私がアシュトンとデイヴの家まで出向きました。新しいカタログが明日にも印刷されることになっていたんです。一つ前のカタログは、アシュトンが期待した売上にはまるで届きませんでした。そのまま次の版を出しても、印刷費と送料もカバーできなかったでしょう。でも、カタログを出すのが遅れて、ヒットしたら生じるはずのキャッシュフローの伸びが確保できなければ、他の経費をまかなえないかもしれません。判断を間違えば事業が傾く危険性もありました。アシュトンは、新カタログを控えて待つというリスクを選びました。結果的には大正解だったんです。注文の勢いを取り戻しながらコストを削減するにはどうしたらいいか、彼女はこれではっきり学んでくれました。でも、あの判断には相当の勇気がいったと思いますよ」

実際のところ、カタログコストの削減は、最終的にシェーズ・オブ・ライトのビジネスモデル転換を成功させた四本柱戦略の一部だった。戦略の柱の一本目は、取扱商品を見直して、オーダメイドカーテンのように収益性改善を妨げている商品を取り除いたこと。二本目の柱は、カタログ中心ではなくウェブ中心のビジネスに切り替えたこと。新商品は先にウェブで紹介し、売れ行きの良いものをカタログに載せるようにすれば、売上は伸びるしカタログ制作のコストも削減できる――とキンボールは提案した。ハリソン自身はすぐにその考え方を呑み込んだが、長らくカタログ用に商品を選び、写真撮影をして、紹介文を執筆することでビジネスを展開してきた会社全体の発想を変えるには、一年という時間がかかった。

四本柱の三本目は、契約販売を増やすこと。特にレストランやリゾートホテルなど、ホスピタリティ産業の会社と契約して商品を売るのだ。その分野での販売量を二倍に増やすことを目標にした。

そして四本目は、ハリソンが「限定品」と呼ぶ商品の増強だ。ハリソン自身がデザインするか、あるいは彼女が気に入ったデザインを選び、それをよそで買うよりはるかに少ないコストで開発・製造させる。もしくはメーカーと交渉して、一定期間だけ独占販売とするか、他より安い価格で買い付ける。

会社はコード・オレンジからコード・レッドへと進んでいたにもかかわらず、ハリソンは二〇〇八年の末までに、この四本柱のすべてを実行した。常に二方向に身を引き裂かれる状態だったことを鑑みれば、信じられないほどの離れ業だ。「本当にそんな（引き裂かれるような）気分でした」と、本人も語っている。

「地獄みたいでした。全く地獄ですよ」

ステージ3——売却取引に臨む——

本書の第一章で指摘した通り、エグジットには四つのステージがある。売却取引に臨むのはステージ1やステージ2ではなく、ステージ3だ。そこに至るまでの戦略フェーズの間に、目指すエグジットが叶うような資質や特性を持った会社に育てておかなければならない。ハリソンの場合は、起業から二十二年が過ぎた二〇〇八年半ばになって初めて、意識的に準備段階に踏み込んだ。売れる状態ではないと気づかされたが、それでもシェーズ・オブ・ライトにはいくつか強みがあった。その強みを基盤とし、増強して、ステージ3へと向かうことにしたのである。

二〇〇九年半ばには業務改善の成果が出始めた。同年の売上は八六〇万ドル。前年二〇〇八年の一一八〇万ドルからは減少していたが、会社としては再び黒字になり、税引前利益を約五十万ドル出すことができた。ビジネスモデルも根本的に変化した。未来の買主から見て魅力的ではないカタログ事業の売上に依存していた会社が、比較的少ないコストで運営できるオンライン販売を中心とする会社に生まれ変わったのだ（その結果として、通信販売部門の利益が二〇〇七年から二〇一一年で五・五倍に増えた）。惨憺たる景気のまっただなかだったことを鑑みれば、なおさら目を見張る成果である。ハリソンにとっては、今後いつ事業売却に臨むにしても、胸を張って話せる実績ができたということでもあった。

そこで二〇一〇年はじめ、彼女はコンサルタントのキンボールに、そろそろ時期が来たと告げた。

するとキンボールは、「売却したあとは何をするか決めていますか？」と尋ねた。

以前の彼女はその質問には答えられなかった。だがこのときは違う。「ええ。五十個はリストになってますよ」。そう言って、売却後にやりたいことを次から次へと語り出した。

ＡＤＨＤならやりたいことを五十も思いつくのは珍しくはない。本の執筆という目標を除けば、リストの内容はどちらかというと漠然としていた――孫ともっと一緒に過ごす、夫と旅行をする、ゴルフとテニスの腕を上げる、といったふうに。むしろ彼女の頭は、買主を探し始めたい、という思いのほうが大きかった。タイミングはふさわしいと感じていたし、ぐずぐずしていい値で売れる機会を逃すのが怖かったからだ。過去二年間の改革を踏まえた今なら、効果の実証されたビジネスモデルを買主候補者に提示できる。それほど長きにわたって実績を出してきたわけではないが、状況を考えれば称賛に値するものだ。二〇一〇年の売上は約二五％増の一〇七〇万ドルに到達する見込みだし、税引前利益率も業界平均を大きく上回る一〇％以上の数字で安定している。負債もない。不景気の間に蓄積した負債は完済していたからだ。一方で契約販売も軌道に乗りつつあり、買主候補者に相当の成長機会を提示できる状態だった。

キンボールは、あと二年ほど事業成長に努めればもっと高く売れる、という見解を示した。もちろん、再び景気が悪くなるリスクもある。また、成長のための長期的な投資を続けるのであれば——収益性のレベルを鑑みればおそらくはそうすべきだが——短期的には利益率が縮小し、市場価値が目減りすると考えられる。いずれにしても、ひとまず「これなら満足して身を引ける」と思う売却希望額をおおまかに出したほうがいい、とキンボールは言った。ハリソンが数字を出すと、さらにキンボールは、投資銀行家にその数字をぶつけてみるよう勧めた。誰かがシェーズ・オブ・ライトの買収に関心を持つかどうか、手ごたえを見てみるのだ。

五年ぶりに仲介を挟んで買主を探すというわけだ。今回のハリソンは、二〇〇五年のときよりもはるかに慎重に動いた。夫と共に五、六人の投資銀行家と面談し、マーケティング計画の提示を求めた。プロセスにかかった時間は四カ月。最終的に二人に絞り、そのうち一人がすでに買主候補者のあてがあると言ったので、その候補者限定で仲介を任せてみることにした。

結局、売却プロセスはさらに八カ月ほどかかった。候補者が数多く現れた末、最終的に全員の度肝を抜く買収提案が寄せられる。ハリソン夫妻が利用している投資銀行から基本合意書を受け取っていたのだが、銀行側の希望内容では今の従業員の職が失われてしまうので、そのときは好印象を抱かなかった。ところが少しした頃、キンボールのところに夫のデイヴ・ハリソンから電話がかかってきた。

「スティーブ、信じられないと思うが、たった今あの銀行家から基本合意書が来たんだ。彼個人で買収したいと言うんだよ」

投資銀行ではなく、その上級副社長のブライアン・ジョンソンが買収意思を示しているという。キンボールが電話口で「えっ、本当なんですか?」と尋ねると、デイヴ・ハリソンは「そうなんだよ、本当なんだ」と返し、基本合意書の内容について説明した。それまでに寄せられたどのオファーよりも好ましい条件であることは、二人とも見解が一致した。

実はジョンソンは、同じ投資銀行に勤めるクリス・メナスコと共に、成長のポテンシャルを持ったスモールビジネスの買収をかねてから検討し、ふさわしい機会を探していた。彼らは目利きだ。買収経験が豊富で、過去に数十件の企業売買にかかわっている。そんな二人がシェーズ・オブ・ライトを、財務的に安定しており、相当に大きなビジネスに育てていけると判断したのである。二人は、自分たちに欠けているものも認識していた。商品知識、メーカーとの関係、そして顧客が好む新商品をデザインする才能だ。それらはアシュトン・ハリソンが提供できる強みである。そのため彼らは、買収後も彼女にコンサルタントとして残ってほしい旨を表明していた。ハリソンは受け入れた――引退後にやりたいことのリスト五十項目のうち、四十九個を延期せざるを得なくなるが、やはりこの道を選んだのだった(本の執筆だけは叶った)。

その売買取引に、ハリソンにとってのリスクがないわけではなかった。売却代金の一部はアーンアウトとして支払われる――売上の一%ずつ、時間をかけて分割払いされる――し、買収者二人にはシェーズ・オブ・ライトのような事業の経営経験がない。もし会社が何らかのトラブルに見舞われたら、ハリソンに入るべきお金が支払われない可能性もあった。そこで両者は、ハリソンにまとまった頭金を支払い、年間売上高の一%を四年間にわたって支払う（アーンアウトとして）ほかに、商品の売れ行きにもとづきデザインのロイヤリティーを支払うという条件を盛り込んだ。さらに売却後の続投には給料を支払う。これなら、たとえ最悪のシナリオが現実のものとなったとしても、それなりの収入が確保できる。ハリソン自身にとっても、残留に対するさまざまなインセンティブができた。

かくして二〇一一年七月末、契約書に署名が入り、シェーズ・オブ・ライトは公式に所有者が変わることとなった。もちろん最後の分割支払いがなされるまでは売却完了ではない。完了するのは二〇一五年内になる予定だ。会社を売れる状態にするための努力を始めてから七年後、初めて売却について本気で考えるようになってから十年後である。しかし二〇一五年を迎えても、ハリソン自身が次の対象に完全に身を移すまでは、エグジットは済んでいないとも言えるだろう。

どうしてこんなに時間をかけるのか、さっさとエグジットを済ませればいいのに——と疑問に思うかもしれない。だが、さっさと済ませようとしたならば、これほど理想に近い形でのエグジットは迎えられなかったに違いない。

「長い時間」がかかる──どれくらい長く？──

時間に関する問題を、ひとまず一般化して言い切ってしまおう。エグジットの準備を早く始めれば始めるほど、幸せなエグジットができる可能性は高くなるのだ。理由ははっきりしている。買主が買収を検討する際に注目する資質──それはすなわち、ビジネスオーナーが自社に望むべき資質である──を育てるには、時間が重要な要素だ。第三章で見た通り、最低でも、次に挙げる項目をこなす時間が必要になる。

- ビジネスモデルを開発し、その妥当性を実証する
- 成長のポテンシャルを示す
- 買主にとってのリスク軽減に努める

アシュトン・ハリソンは、黒字転換を目指し始めてから売却契約書にサインするまで、三年間をかけて、これらの項目を達成した。彼女が抱いたよりも大きな野望があるなら、おそらく彼女がかけたよりも長い時間が必要だ──もしかしたらはるかに長い時間が必要となるかもしれない。「大きな野望」とは、たとえばＰＥ会社に売却する、株式公開する、あるいは従業員や家族が承継して創業者が始めたものを伸ばしていける会社にするなど。いずれの道を選ぶにしても、ほぼ例外なく、次に示す作業をするための時間が必要だ。

- 強固なマネジメントチームの育成
- 後継者候補の育成
- 従業員の生産性を引き出す、パフォーマンスの高い企業文化の構築
- 金の貸し手と投資家の双方が、「この会社は得られた資本をきちんと活用し、望ましいリターンを出す」と確信できるような財務システム、規律、ベストプラクティスの導入

その上で、いくつかの選択肢――特に新規株式公開、または未公開株の株価上昇――が視野に入ってくる規模になるまで、事業を育てていく時間も必要だ（前述したが一部のＩＴ企業は例外）。一般的な目安として、新規株式公開を検討するなら、二五〇〇万ドル以上のＥＢＩＴＤＡを実現しておいたほうがいい。それ以下だと、単純に割に合わないのである。先にも説明した通り、ＰＥ会社が大きな会社に育てるためのプラットフォームとして買収しようとするのは、最低でもＥＢＩＴＤＡが五〇〇万ドルある企業だ。五〇〇万ドルとは、負債比率の高い融資（ＨＬＴ）を確保するために必要な年間キャッシュフローであり、ＨＬＴを得られる企業かどうかが一般的にＰＥ売却・買収の肝となる。ただし、既存業務を増強する目的で、わざと小さめの企業を買収する場合もある。基盤に対して新たな部品を留め付けるようであることから、これを「ボルトオン買収」という。

こうしたＰＥ会社はファイナンシャル・バイヤーに相当するが、それとは異なるストラテジ

ック・バイヤーの関心を引くにあたっても、企業の規模は大きな意味を持つだろう。第三章に登場した企業買収の専門家、ロバート・トーミーは、「スモールビジネスの買収に投じる時間と労力と、大きなビジネスの買収にかかる時間と労力は、さほど変わらないとわかっているんです」と指摘する。

「だったら、大きいビジネスを買うことにエネルギーを投じたほうがいい。PEGを含むほとんどの機関投資家は、そうします」

すでに会社が大きく育ち、エグジットもさまざまな選択肢から選ぶことが可能だとしても、実際に売れる状態に持っていくには数年の年月を要するかもしれない。ビジネスオーナーが当初から賢く準備をしてきたなら話は別だが、そうでなければ、やはり時間がかかる可能性は否定できない。この点についても、三十社以上の企業買収にかかわってきたトーミーが説明している。

「ビジネスオーナーは、ビジネスを売るということの難しさを軽んじる場合が多いんです。若いうちに会社を売ればそのお金で次の展開を楽しめる、と、売れることを前提に楽観的に考えてしまう。でも資本市場は変わりやすいんです。買収してくれる相手を探すにも、一年か二年かかるでしょう。市場のサイクルが一回りするのに五年以上かかるかもしれません。その間に評価額は上がったり下がったりするでしょうし、有利な評価額がつくチャンス期間はあっというまに終わってしまうかもしれない。売却後だって、多くの買主は、旧オーナーに二、三年ほど残留を望みます。そう考えてみれば、エグジットは始めから終わりまで五、六年はかかる出来事なんですよ」

気をつけてほしい、ここでトーミーが言っているのは、エグジット・プロセスの四ステージのうちステージ３にかかる時間のことだ。つまり、実際に売却を行う段階だけで、そんなに時間がかかるとトーミーは指摘しているのである。

トーミーが述べた「有利な評価額がつくチャンス期間」について、ぜひ強調しておきたい。ここまでの章で、チャンス期間にうまく乗れたオーナーの例をいくつか見てきたが、それはあくまでも、彼らが数年前からエグジットの準備をしていたから叶ったことだ。たとえば第一章に登場したレイ・パガーノも、ビデオラームを売れる会社へと育て上げていなかったら、もっと長く待たされるか、あるいはもっと低い金額を呑まなければならなかっただろう。彼の売却取引が締結されたのは二〇〇九年二月十三日。景気が混迷をきわめていた真っ最中だ。ビデオラームのＣＦＯだったジャネット・スポールディングは、ムーグ・インクに売却された後も残留したのだが、彼女に言わせれば売却はすんでのところで不成立になりそうだった。

「一月の業績目標は確実に達成していたんです。主に、以前に入った注文にまだ対応していたおかげでした。でも、二月の売上はほぼゼロ。ムーグになって二年ほど経って、売却決定の流れを理解した今ならわかるんですが、もし一カ月遅かったら売却が成立したかどうか怪しいと思います。きっと白紙になっていたでしょうね。レイが得た売却益は実現しなかったと思います」

ノーム・ブロドスキーも、彼の会社シティストレージで似たような体験をした。二〇〇七年十二月、いわゆるビジネス・ディベロップメント・カンパニー（「上場PE会社」と言ってもいいだろう）に過半数株式を売却したときのことだ。ブロドスキーは二年以上前から売却に向けた取り組みを始めており、以前に一度、買主に対する信頼を失ったという理由で取引を白紙に戻していた。その後も買主を探し続けた理由は、有利な評価額がつくチャンス期間の窓が大きく開いていると気づいたからだ。シティストレージのような文書管理会社が優良株として急に注目され始め、PE会社が続々とアプローチしてくるようになっていた。少し前に、文書管理ビジネス最大手のアイアン・マウンテンが最大のライバルだった同業他社に買収されたのだが、その評価倍率の高さに業界内の関係者全員が衝撃を受けたのだ。ブロドスキーは、市場は今ピークにある、もしくはピーク付近にあると判断した。この機を逃せば、数年、もしくは数十年、似たような売却好機はめぐってこないはずだ。当時六十五歳になっていたブロドスキーは、鉄は熱いうちに打つべきだと考えた。その判断は正解だった。実際に売却が完了したのは、チャンス期間の窓がまさに閉じかけていた時期だったのだ。

振り返ってみれば、この時点で取引が成立したのは、本人が思っていた以上に幸運なことだった。シティストレージは多様なビジネスの文書を扱っていたが、売上の約六五％を担っていたのは病院や医療関係の会社だ。ブロドスキーが医療分野に目を向けた理由は、競合他社がのきなみ弁護士事務所や会計事務所に主眼を置いていたからである。「医療記録の扱いにかけてはプロになったよ」と彼は話している。

「HIPAA（医療保険の運用と責任に関する法律）の個人情報保護ルールに関しては、客よりもよく知っていたくらいだ。だから、見込み客に対して、ルール遵守の方法について教えてあげることができた」

その結果として、シティストレージは文書管理の医療市場をほぼ独占していた。だが、医療記録が紙から電子に移行するスピードまでは予期していなかった。シティストレージの売却から五年ほどの間に、電子化はあらゆる市場セグメントに広がっていったのだが、医療分野以上に急速に進んだ分野はない。たとえば、かつてシティストレージの倉庫にはセルロイド製フィルムに撮影されたX線写真が何万箱も保管されていたが、二〇一二年になる頃には、セルロイド製X線フィルムなどほとんど存在しなくなっていた。医療用画像はすべてデジタルで撮影され、デジタルで保管されるようになったのだ。

「デジタルテクノロジーはいずれ紙と箱のビジネスを破壊するだろう、とつねづね思っていたが、その変化がこんなに早く来て、こんなに一気に進むとは、全く想像していなかった」と、二〇一三年から当時を振り返ってブロドスキーは言う。

「今ならはっきりわかる。もし二〇〇七年で売却してなかったら、私が十七年かけて築いてきた株式価値なんて、テクノロジーの力でぼろぼろにされていただろう。新しい会社を始めるどころか、今頃は古い会社の尻ぬぐいに追われて、昼も夜もないほど働きづめだったかもしれない」

その運命を避けられた理由は一つ。いや、「一つ」というより「たった一つ」だ。早くから売却を視野に入れて会社の改善を図ってきたからこそ、そんな運命に陥らずにすんだのである。

自分自身にはどうにもならない状況が、売却のベストタイミングを決める一要素になってしまう。それは避けられないことだ。だからこそ、第三者への売却を計画し、しかもベストタイミングで売りたいと思うなら、しっかり備えておかなければならない。第一章で登場したバリー・カールソンは、「マネーに対するそのときの市場状況とか、商品に対する市場状況とか、買主と売主の発展状況とか、あらゆる要因が集まって取引は行われる」と表現する。彼は自分が立ち上げたインターネット・サービス・プロバイダーのパラサン・テクノロジーズを、二〇〇七年五月に約一五〇〇万ドルで売却した。

「自分がそのとき売却したいか、したくないか、というのは関係ない。大事なのは、売るべきタイミングかどうか、だ。売りたいと思ったときに売るんじゃなくて、売るのが正しいときに売る。そうでないと、入るはずのカネもそっくり入らなくなるかもしれない」

別の言い方をするならば、自社の売却に向けて必要な準備の時間をとっていないとしたら、入るべきお金を手放すのと同じことなのだ。必要な時間は具体的にどれくらいなのか、その長さは会社によって異なるが、ほとんどの例では年単位の話になってくる。

アーリー・エグジット——

だが、かけるべき時間はどんどん短くなっている、と示唆する証拠も存在する。その見解を誰より強く——そして誰より説得力を持って——支持するのが、起業家からエンジェル投資家に転身したバジル・ピーターズだ。彼は本書の第三章で考察した「セラビリティ」という考え方を提唱し、『アーリー・エグジット（*Early Exits*）』という名著を上梓した。世紀の変わり目を境に、企業の構築・売却のプロセスがどのように変化したか、その実態と経緯について彼の見解をつまびらかにしている。

「インターネットがすべてを加速させた。今ならわずか数日のうちに、何億人という見込み客に商品を売り込んだり、実際に買ってもらったりすることが可能だ。それによって、ビジネスのライフサイクルにおける他の面も、ほぼ例外なく加速している。今なら週末一回だけで会社まるごとを作ってしまうこともできる。〝週末起業〟の時代になったのだ」

確かにそうかもしれない。だがそれは、「会社まるごと」という表現のとらえ方しだいだ。ピーターズは一例として、面白半分で二十四時間で起業し十日間で売却したロンドンの起業家チームの話を紹介している（実際の様子は動画で公開されている。https://www.youtube.com/watch?v=cF53HgcONEE）。しかし、このビジネスには従業員が一人もいなかった。生まれるとほぼ同時に消えた会社の話だ。

ピーターズは、彼がアーリー・エグジットと呼ぶトレンド、すなわち起業後すみやかに売却するという傾向が拡大していると主張する。彼の意見によれば、このトレンドを後押ししている一因は、大手企業の研究開発のあり方が根本的に変化したことだ。多くの企業が、財やサービスを革新していくのは苦手だと自覚しているが、既存の財やサービスを迅速に拡大していくために必要なリソースは保持している。中小企業はそれとは対照的で、革新は得意でも拡大に苦戦する。そのため大企業は独自に研究開発をするよりも、必要なイノベーションを生み出すスタートアップを買収するようになってきたのだ。事実上、大手がスモールビジネスに研究開発を外注するというわけである。

ジェフ・ジョンソンは、そうした機会に乗じてスタートアップの売却に成功した起業家の一人だ。ただし、最初から売却を目指していたわけではない。過去に何社かの大手企業を経験してきたジョンソンは、二〇〇一年四月に仲間と共に立ち上げたアーセマスという会社のことを、生涯続けていくビジネスと考えていた。当時三十五歳だった彼は、社会人になってからというもの、優れたCEOとなるための意識的な準備を重ねてきた。売却するつもりがあろうとなかろうと、優良会社ならば目の肥えた買主が重視する資質を備えているものだということを、よく理解していたのだ。

アーセマスを立ち上げる前のジョンソンは、インターネットのドメインネーム登録ビジネスのパイオニア、ネットワーク・ソリューションズの共同経営者だった。アーセマスのコンセプトは、このネットワーク・ソリューションズの業務を通じて思いついたものだ。インターネットの爆発的な利用拡大により、大手企業の法務部は大きな問題を抱えるようになった。会社の知的財産をリアルな世界でどれだけきちんと保護していても、サイバースペースで同じように保護する手段がなかったのだ。この脆弱性はビジネスチャンスだと考えたジョンソンたちは、ネット上の知的財産侵害行為を特定できるさまざまなシステムを開発。ドメインネームのポートフォリオを登録・管理して、綴りを入れ替えたり、わざと似たような言葉を使ったり、会社

の防御策の抜け穴を見つけて侵害してくる輩を撃退できるようにした。それを月額料金制で提供するビジネスを成立させたのである

独創的なシステムだったが、当初の売り込みは難航した。「あのときの僕たちは、誕生したばかりの会社で、問題に対する画期的なソリューションを提示しつつ、ジョンソン・エンド・ジョンソンとか、ニューヨーク・ライフとか、ＢＭＷとか、そういう大手を顧客に迎えようと頑張っていました」と、ジョンソンは語る。

「この会社には能力があって、約束した成果を出せると、どうやって証明すればいいんでしょう？　今から五年後も生き残っている会社だと、向こうにしてみればどうすればわかるというのでしょう？　顧客になってくれる最初の十社を獲得するのは、本当に大変でした。でも、一年目の終わりで顧客が十社を超えて、さらに十社の獲得を目指して、それからまた十社の顧客を獲得していったんです」

一方でジョンソンは事業拡大の機会を強く意識し、そこに投じるべき資本の不足をもどかしく感じていた。彼らは現代では珍しく自力で起業し、その後に個人からの投資で約十万ドルを調達した。助けにはなったが、ジョンソンが思い描くビッグな跳躍を果たすには充分ではない。「遠からず大当たりして周囲を一気に引き離せるはずだ、って思ってたんです。でも、そのためにはもっと資本が必要でした」

アーセマスがドットコムビジネスであるという点がネックだった。二〇〇三年頃はまだ多くの投資家が、二十世紀末のドットコムバブル崩壊の傷から癒えていなかったのだ。銀行からも、

ベンチャーキャピタリストからも、PEグループからも、エンジェル投資家からも、許容可能な条件で資本を調達することができなかった。ジョンソンはアプローチの転換が必要だと判断した。

「仲間に、『考え方を変えよう』と言いました。『僕たちは何のビジネスをしているか、考え直してみるんだ』と。僕たちのビジネスは実はドメインネーム管理じゃない。知的財産保護のビジネスでもない。僕たちがやっている仕事とは、大型組織のために特殊な記録や情報を管理することだ――そう考えたんです。だから文書管理・情報管理のビジネスでお手本を探そう、と提案したら、みんなは僕のことを、頭が三つある化け物か何かみたいな目で見ましたよ」

だがジョンソンは真剣だった。ほどなくして、文書管理分野のリーディングカンパニーも特定した。アイアン・マウンテンだ。少し調べてみたところ、このアイアン・マウンテンがアーセマスにとって理想的なパートナーであることがはっきりした。

具体的に何を求めているか自分でも定かではなかったのだが、ジョンソンは、問い合わせてみる価値はあると考えた。そこでアイアン・マウンテンの代表番号に電話をかけた。だが埒があかなかったので、株主総会招集通知に目を通し、そこにあった名前からツテをたどって、最終的にケン・ルービンという幹部にたどりついた。「電話して自己紹介をしたんです」と、ジョンソンは振り返る。

「そしたらこう言われました。『ジェフ、私のところにはこういう電話が週に三十本は来るんだ。言いたいことを二分で説明してみたまえ。話を聞きたいかどうかは、その時点で私が決める』と。僕は『それはありがたいです。一分でもお話しできますから』と言って、最大限に簡潔に、僕たちのビジネスと、僕らがアイアン・マウンテンにとって戦略的利益になると思う理由を説明したんです。そしたら、『続きを聞こう』と言ってくれました」

そういうわけで、話し合いが先へ進むこととなった。アイアン・マウンテンのボストン本社で、そしてバージニア州スターリングにあるアーセマスの施設で、さらには電話も交えて、半年以上にわたって話し合いを続けた。その中でわかったことの一つが、アイアン・マウンテンがすでに知的財産の領域に踏み出していること、しかし既存の能力やサービスとの連携をまだ手探りしているということだった。その点ジョンソンたちには多くのアイデアがある。アイアン・マウンテンがアーセマスの資産を買収し、業務に統合するというのが、アイデアを活用する最善の方法であることはすぐに明らかになった。

こうしてジョンソンと仲間たちは、アーセマスのオーナーという立場からアーリー・エグジットすることになった。「アイアン・マウンテン・インテレクチュアルプロパティ・マネジメント」という子会社に生まれ変わったのだ。ジョンソン自身はアイアン・マウンテンの上級副社長となって、この事業部門の統括部長を務めることとなった。売却取引が締結されたのは二〇〇四年五月のはじめ――アーセマスの創業からわずか三年、プロダクト第一号を出してから二年も経っていなかった。

売却するための企業を育てるのか、永続する企業を育てるのか？――

ジョンソンには、起業という旅の早々で売却するべき説得力ある理由があった。だが、他の起業家も彼の例に倣うべきなのだろうか。プロセスがきちんと理解できるならぜひ早期にエグジットすべきだ、とバジル・ピーターズは考えている。

「エグジットは、起業家や投資家として生きる上での最高の部分だと思う。これまでの血のにじむような努力とリスクマネーのすべてが報われる。これほど大きな金額の取引をすることは、多くの人にとってキャリアの中で一度あるかないかだろう。胸が躍るし、間違いなく人生が変わる。それなのに、頻繁には起きない出来事だという理由で、事業売却はきちんと理解されていない」

ピーターズの見解には反論の声もある。一九九〇年代後半のドットコムバブル期にシリコンバレーを席巻していたゴールドラッシュ精神を煽るものだ――という指摘もある。『ビジョナリー・カンパニー2　飛躍の法則』（日経BP社）の著者ジム・コリンズは、二〇〇〇年三月にファスト・カンパニー誌に寄稿した有名なエッセイで、「売り飛ばすために育てる（Built to flip）」という言葉を使って批判している。

「興味深い考え方だ。会社を築き上げる必要はない、ましてや、永続する価値を持った会社なんか作る必要はない、と言っているのだから。現代では、良さそうなストーリーをつなぎあわせて、アイデアのざっくりしたドラフト版を実行すれば――おや不思議！　即座に金持ちになれるというわけだ」

　コリンズに言わせれば、売却を目的とする起業など筋違いだ。しかしピーターズもこの批判に反論している。彼に言わせれば、たとえばディズニーやウォルマートなど、コリンズがジェリー・ポラスとの共著で出版した『ビジョナリー・カンパニー　時代を超える生存の原則』（日経ＢＰ社）〔原題は『永続させるために育てる（*Built to Last*）』〕で取り上げた企業は、もはや「二十一世紀に創業し、生き延び、繁栄していくタイプの企業ではない」のだ。

「現代では、数十年をかけて企業を築くことなどできない。（……）『売却するために育てる』というのは、腹黒い言い草でもなければ、不自然な行動でもない。現代で成功するためには、起業家はアーリー・エグジットを望むだけでなく、それを会社の構造及び企業ＤＮＡの中に織り込んでいかねばならない、と私は強く考えている」

　この主張に諸手を挙げての賛同はできない。オンラインビジネスであろうとオフラインビジネスであろうと、今でも多くの起業家たちが偉大な企業を築こうと力を尽くし、そのために数十年の歳月をかけている。アマゾンのジェフ・ベゾスを見よ。グーグルのラリー・ペイジとセルゲイ・ブリンを、ＦｅｄＥｘのフレッド・スミスを、ホールフーズのジョン・マッキーを見よ。たった五人を思い浮かべるだけでも、ピーターズの意見には疑問を感じずにはいられない。とはいえ、アーリー・エグジットを計画すべきだという点に関しては、本質的には何も間違いではないと私は思っているし、コリンズもその点は否定していない。コリンズの批判の矛先が向けられていたのは、一九九〇年代後半にシリコンバレーに蔓延していた強欲な風潮のことだ。

前述のエッセイでも、『永続する企業を築く』というのは、すべての会社のすべての人間に当てはまるものではないし、そうあるべきでもない」と譲歩をしている。

だが一方で、ピーターズが挙げる例がインターネットベースの企業にほぼ限られている点も、ぜひ指摘しておきたい。株式を公開しない多くの企業が生きている世界とは別の現実を生きる企業である。確かにビジネスの根本的なルールは同じだ。インターネット企業であっても、他の組織と同様、プラスのキャッシュフローは必要である。しかし、サイバースペースでビジネスをするのだから、スタートアップであっても、WWW（World Wide Web）の外の世界では想像もできないスピードで世界の市場にリーチする――つまり成長する――ポテンシャルがある。売却額の計算にはそのポテンシャルが加味されるのだ。

だからといって、ウェブビジネスの起業家が必ずアーリー・エグジットに向かうべきという意味にもならない。ペイパルの創業者で、のちにベンチャーキャピタリストに転身したピーター・ティールは、フェイスブックについてのエピソードを一つ紹介している。フェイスブック誕生以来、最も重大な局面だったと彼が考える出来事だ。ティールは同社初の外部投資家としてその場面に立ち会った。二〇〇六年七月、フェイスブックが創業二年目を迎えた時期で、この頃の売上高は約三〇〇〇万ドル。そこへヤフーが十億ドルの買収提案を入れてきた。すぐにフェイスブック取締役会――ティール、当時二十二歳の創業者マーク・ザッカーバーグ、ベンチャーキャピタリストのジム・ブレイヤーが参加した――が開かれ、そのオファーについて検討することとなった。インク誌編集者アリソン・ファスが報じた記事によれば、二〇一三年の

SXSW〔音楽、映画、そして最新のテクノロジーを披露するイベント〕に登壇したティールは、このときのことを回想しつつ、「ブレイヤーも私も、結局はそのお金を受け取るべきではないか、という考えでした」と語っている。

「ところがザッカーバーグは、会合のスタートと同時に、こう言ったのです。『これは形式的な取締役会だ。さっさと済ますべきものであって、十分以上話し合うつもりはない。もちろん売却はしない』と」

ティールはあっけにとられ、少なくとも話し合いくらいはしようと提案した。十億ドルは大金だ。しかもザッカーバーグは株式の二五％を保有している。

ザッカーバーグは「そんなお金をどうすればいいかわからない」と答えたという。

「別のソーシャルネットワーキング・サイトでも始めるとか？　僕は今のを気に入ってる」

ティールとブレイヤーがそれでも食い下がると、ザッカーバーグもさすがに言葉を重ね、提示価格が安すぎると思っていることを説明した。彼いわく、ヤフーはフェイスブックの将来について何もビジョンがないので、まだ存在していないものの価値を正しく測れないのだ。ティールは完全に納得したわけではなかったが、創業者の判断に従った。ヤフーは以前にも十億ドルの買収提案を蹴られたことが二回ある――イーベイとグーグルに――ので、こういうこともあるのだと納得することにした。ザッカーバーグの売却拒否が正しい判断だったことがあとになってわかり、ティールは、一つの教訓を学んだという。

「これで世界が変わる、と心がわきたち、意欲を感じる未来があるのなら（……）それを信じて頑張るべきなのです。（……）本当に成功するビジネスというのは、現在とは全く違う未来、今はまだ完全に評価されていない未来のアイデアを持っているものなのです」

もちろん、次なるフェイスブック、次なるイーベイ、次なるグーグルになる運命を手にするなど、本当にわずかな確率でしかない。だがティールの考察は、偉大な会社になろうと苦戦するあらゆる会社に当てはまる内容だ。ジム・コリンズの表現を借りるならば、「世界に対して、自社でなければもたらせない貢献」を果たそうと決意している企業ならば、この話は他人事ではない。コリンズはこう問いかけている。

「もしも自分の会社が消滅したら、他の組織が簡単には埋めることのできない欠落が生じるか」

そんなビジネスの構築には長い時間がかかる。むしろコリンズいわく、真の優良企業と見られるようになるためには、二世代以上のオーナーやリーダーにまたがって優れたパフォーマンスを維持し、自社でなければ生み出せない貢献をし続けなければならない。言い換えれば「偉大になる、立派になる」というのは、たった一人の人間に頼って叶うことではないのだ。規模は関係ない。ほぼどんな規模の企業であっても、優れたパフォーマンス（その業界内の基準においても）と、自社でなければもたらせない貢献をすることは可能である。ただし、株式未公開の企業の場合は、二世代以上にわたってそれを維持するのが難しいのだ。難しいどころか実現するほうが珍しいと言ってもいい。個人に依存しない優良企業となるためのシステムや手法を整えたかどうか、それが根づいているかどうか判断するためには、オーナーやリーダーの交代を少なくとも二回は経なければわからないのである。

私が見てきた中で、その試練に合格した株式未公開の企業は、本当にごくわずかだ。だが彼らには共通点がある。家族が承継するか、または、もともと働いていた従業員が承継していることだ。もちろん私はアメリカ国内の非上場企業をすべて見てきたわけではない。七〇〇万社以上存在しているし、ハイパフォーマンス文化を維持している企業を判別するデータがどこかに集約されているわけでもない。だが、入手できる資料を幅広く徹底的に調べた限りでは、「家族か、従業員か」のどちらかに必ず当てはまっていた。創業者が株式を従業員か家族に売る（または譲る）ことを選び、株式がその会社の中にとどまって、次の世代のオーナーへと引き継がれていたのである。

私の考えでは、会社の文化や流儀を生き永らえさせるためには、守り手《ガーディアン》が必要なのだ。ファミリービジネスなら、家族のメンバーがガーディアンになる。従業員が承継するなら、従業員オーナーがガーディアンになる。いずれかの守り手がいなければ、後継者は必ず独自のリーダーシップスタイルやマネジメントスタイルを持ち込むので、持続力ある優良企業が育つ確率はかなり低くなる。もちろん、家族や従業員が承継したからといって、確率がぐんと高くなるわけでもない。実際のところ、数えきれないほどのファミリービジネスが完全に機能不全の状態にある。従業員が承継しても同様で、星の数ほどの企業が、創業者が離れたあとは転落していく。長持ちするハイパフォーマンス文化の構築には何年もかかるのだ。創業者、もしくは中心的なオーナーが早いうちからそうした企業文化の構築に力を入れていなかったとしたら、その文化によって企業が守られる日は永遠に来ないかもしれない。

長持ちする企業にするには――

一人のオーナーやリーダー、一つのマネジメントチーム、一種類の技術や商品群に頼らないハイパフォーマンスの企業文化……それらを具体的にどう創出すればいいのか。私が知る起業家の中で誰より長くこの問いについて考え、誰より深く掘り下げてきたのは、ミズーリ州スプリングフィールドに拠点を置くSRCホールディングスの共同経営者にしてCEO、ジャック・スタックである。彼がその問いと向き合い始めたのは、一九八〇年代の半ば。会社で働く「仲間たち《アソシエイツ》」――スタックは従業員をこう呼ぶ――全員のため、従業員持株制度を立ち上げる判断をしたときのことだ。自分を含めた経営陣が重要な問題を軽視していることに気づいたのがきっかけだった。

当時の社名はスプリングフィールド・リマニュファクチャリング。創業八十年の機器製造業者インターナショナル・ハーヴェスターから分離独立した会社だった。ハーヴェスターは一九七九年の時点でフォーチュン500の二十八位に位置していたが、一九八二年には倒産の危機に瀕していた。スプリングフィールドにある工場では約二三〇人が雇用され、全員が建設機材の交換部品の再製造に従事していた。経費削減とキャッシュ確保の必要性に迫られたハーヴェスターが、世界各地の工場を閉鎖して資産の売却を始めたとき、スタックをはじめとする十三人の工場マネージャーが、スプリングフィールドの工場買収に名乗りを上げたのである。

不況のさなかでの失職を回避するためだった。一九八三年、驚いたことにハーヴェスターがこれを受け入れ、スタックたちは「史上最悪のレバレッジド・バイアウト」と言えそうな買収を急遽とりまとめた。初年度の一時期には、負債資本比率が89：1になったほど。八九〇万ドルの住宅を、わずか十万ドルの自己資金で買うのと同じだ。銀行は通常、エンジンメーカーでその比率が2.5：1を超えるのはきわめてリスキーとみなすのである。

しかしSRCは生き延びた。一九八五年頃には黒字転換を果たして成長を始めていた。負債資本比率は以前より順当な（といっても、まだ不適切な高さだが）5.1：1まで下がった。景気回復が追い風となったのは確かだが、一番苦しかった時期の同社を支えたのは、経営方法に対するスタックの急進的とも言える姿勢だった。彼は財務情報を社内の全員に公開したのだ。数字の意味を教え、利用の仕方を教えた。従業員全員を「エクイティ・パートナー」にした。そして「グレート・ゲーム・オブ・ビジネス」と銘打った試みを導入し、ボーナスプログラムと絡めたゲーム形式で、全従業員が年間を通じて具体的な数値達成を目指して奮闘することにした。

スタックは一九八五年秋に、定例会議に全従業員を集めて、事業の現状と今後の試練について説明した。その一環としてSRCの株価についても触れた。一株十セントで始まったSRCの株は、当時八・四六ドルに上昇していた。それによって従業員持株制度（ESOP）の標準的な保有株が二万三〇〇〇ドル相当になっており、当然ながら全員の関心がここに集まった。ESOPは具体的にどんな仕組みなのか、株価を上げるには何が必要なのか、いつお金を受け取れるのか、その頃にはいくらくらいになりそうなのか……誰もが熱心に質問をする。スタックはそれに答えながら、時間をかけてキャッシュフローの基本を説明した。会社に入るキャッシュの一部が、連接棒やコアエンジンなど、彼らが作る商品への投資に回っている点にも言及した。話し終えたとき、時間給で働く従業員の一人が手を挙げた。

「SRCの生み出すキャッシュのほとんどが、会社のために再投資されていることは理解できました。でも、だとしたら、よくわからないことがあります。従業員が引退したらどうなるんですか。ここで働く人々の多くは同年代です。一斉に引退するかもしれませんよ。ESOPからその人たちに支払われるお金は、どこから来るんですか？　キャッシュは部品のために投じられてしまうんですよね。連接棒は食べられませんよ」

スタックは言葉を失った。あまりにも鋭い質問だったからだ。考えたこともなかったし、どう答えたらいいかもわからなかった。というより、それがどの程度大きな問題なのか、もしくはどの程度大きな問題になりうるのか、それもわからなかったのだ。ESOPを始めた理由は、スタックいわく、「実際に仕事をしている人間にオーナーシップを与えるのが、企業経営の最もシンプルな方法だ」と考えたからだった。

「そうすれば生産性に集中できる」

だが、そうしてオーナーになった「仲間たち」が最終的な引退をするときには、当然の権利としてお金が支払われる。スタックはその瞬間までまともに考えたことがなかったのだが、その未来の支払いは、いわゆる偶発負債だ。当時三十五歳だったスタックは、この解決策を見つけるまでは辞められないと悟った。実は少し前に、当初の共同経営者十三人による投票があったとき、自分は五年後くらいに辞めるつもりであると表明していたのだ。どんな形で身を引くかは定かではなかったが、おいおい見えてくるだろうと思っていた。だがこうなったからには、引退はしばらくお預けとなる。それが彼の性分だからだ（本人は、アイルランド系カトリック教徒として躾られたからだ、と考えている）。自分がCEO時代に下した決断のせいで、自分の保有株式を売却した後に会社が傾いていくのを見守るはめになったとしたら、そんな自分を許して生きていくことはできない。

スタックがのちに身につけた知識や知恵を、当時の彼がもし備えていたならば、どれほど遠大な任務を自分に与えてしまったことか、終えるのにどれほどの時間がかかるか、この時点で察していたに違いない。彼いわく「心おきなく」いつの日か身を引けるよう、適切な業務習慣、規律、システムの確立に周囲と力を合わせて取り組むために、彼個人のエグジットは先延ばしにされ続けた。しかし、そうやって力を尽くすうちに、結果的には前述の従業員の質問に大きくかかわる計画に着手することとなったのである。

実は、解決策は全く別の問題から導かれた。ある顧客の依頼でディーゼルエンジンの再製造を行う際、頻繁に交換している特定の部品があったのだ。油冷却装置である。この装置自体の再製造方法を学べば、会社にとって年間およそ二十一・五万ドルの経費削減になる、とスタックはつきとめた。そこで実験的に、三人の上級幹部と共に、油冷却装置の再製造に特化した会社を別に立ち上げた。社外から一人を起業メンバーとして引き入れ、五人で一〇〇〇ドルずつポケットマネーを出し、SRCから五万ドルを借り入れる形にした。要するに負債比率の高い融資（HLT）を社内で組んだのである。

この実験は大成功だった。一年も経たないうちに、「エンジン・プラス」と名付けた新規事業が、油冷却装置に対するSRCのニーズを完全に満たすようになった。かかるコストは同装置の仕入れ価格の何分の一という程度。二年目が終わる頃には、エンジン・プラス株の価値が、五人が出資した時点と比べて六〇〇〇％以上となっていた。スタックら幹部は道義的な理由から、自分たちが保有する株式の七五％を即座に、つまり株がまだ買い時であるうちに、SRCに売り渡すべきだと判断した。

油冷却装置のコストを削減し、HLTの効果を証明する一方で、エンジン・プラスはSRCに一つの成長の方向性を示した。親会社であるSRCが、このようなスピンオフ型の事業を他にも作っておけば、例の偶発負債問題の解決策にもなるのではないか。スピンオフ事業のいくつかをいずれ売却して、引退するESOPメンバーの株式現金化にあてるキャッシュを調達するのだ。こうしてSRCはSRCホールディングスへと転換していくこととなった。

これ以降の業績を見れば、彼らが編み出した戦略と経営手法の効果がはっきりと浮かび上がっている。一九八三年には売上高一六〇〇万ドル、赤字六万ドルだったSRCは、その後は毎年黒字を達成。本原稿を書いている時点で、なんと三十一年間も途切れることなく黒字が続いている。年間売上高も伸び続け、今では五億二八〇〇万ドルに到達した。税引後利益は二二〇〇万ドルだ。従業員数も一一九人から一二〇二人に増えた。その過程で六十五種類以上の子会社を生み出した。売却した事業もある。閉鎖した事業もある。SRCホールディングスの一部に取り込んだ事業もあるが、そのほとんどは、SRCのシステムに長年なじんできた人材が主導したスピンオフ会社だ。株価も急上昇した。創業時の一万ドルの投資が、二〇一四年一月には三九七〇万ドル相当の価値を持つまでに成長している。

その間、エグジットに対するスタックの考え方も進化を続けていた。最低十年は継続する（継続を希望すると仮定して）会社及び企業文化を次世代の従業員に残せるとしたら……そうなればきっと自分の心は満たされる、と思うようになった。

「構造があれば企業文化は生き残ると信じている。そのためにはしっかりした構造でなければならない。ヤワなものではダメなのだ。なんとなく気分のいい企業文化で、甘くて楽しいだけの社風では、それを生み出し守っていた人物がいなくなった時点で生き残れなくなる。規律がなければならない。勇気がなければならない。貸借対照表と損益計算書を見て、弱点を特定し、安全を確保するために必要なことをやっていく覚悟が必要だ。その任務に終わりはない。継続的に足場固めをしていなければ。従業員にそうした考え方をしっかり教えていれば、彼らもきっと企業文化を守っていく。作り出した規律が生き続けていくのだ」

SRCの企業文化は確かにそのように進化している。根幹にあるのが、例の「グレート・ゲーム・オブ・ビジネス」だ。これはSRC流のオープンブック・マネジメントと言ってもいい。ゲームは毎年九月から一年単位で開催される。従業員全員が力を合わせ、それほど予算のかからない事業計画を一つ考案する。財務計画をしっかりと作成し、月間ごとの作業目標に落とし込む。それを年間のロードマップにして、実際の数値と比較しながら、マネージャーと従業員とで四半期及び年間目標への進捗を監督する。週ごとに確認し、計画から逸脱する部分があれば特定し、対処方法を考える。*

二〇一〇年頃のスタックは、作り上げた企業文化が実際に持続可能であると確信するようになっていた。そうした企業文化で育った次世代のリーダーも生まれつつあった。大学や高校を卒業してすぐに入社したメンバーだ。ずっとグレート・ゲーム・オブ・ビジネスを体験しているので、その姿勢が身にしみついている。彼らは今の企業文化をしっかり守っていく方法を知っている、とスタックには確信が持てた。

「もう無意識になっていると思う。このシステムの理屈を理解しているし、システムの構築にも参加してきた。だから今後も活用していくだろう。そして続けていくだろう」

それでも所有権移行の問題は残っていた。長年のうちに当初の共同経営者十二人がだんだんと引退し、当初の株主契約の条件にもとづいて五〇〇〇万ドル以上が彼らに支払われていった。スタックも途中で株式の一部を手放したが、まだ一五％は保有していた。スタック以外の個人株主が合わせて二二％を保有し、残りの六三％はＥＳＯＰが保有している（ＥＳＯＰ全体を一人の株主とみなす。従業員は会社の直接的な株主ではなく、ＥＳＯＰメンバーとなる）。一部の取締役は、株式を第三者に売ったほうが儲けは大きいと主張したが、慎重な議論の末にそうした反論を退け

＊　ＳＲＣの企業文化については、スタックと私の共著で二冊の本を出しているので、ぜひ参考にしていただきたい。『*The Great Game of Business*』と『*A Stake in the Outcome*』である（いずれも未訳）。

て、最終的にＥＳＯＰに三七％を買い取らせ、ＥＳＯＰ一〇〇％とすることになった。ＳＲＣホールディングスはＳ法人《コーポレーション》〔株主課税法人のこと〕として再編されているので、会社の全利益は、単独株主であるＥＳＯＰに渡される。その利益に対する税金支払いは、従業員個人が保有株を現金化するまで繰り延べされる。結果として、会社のキャッシュフローをすぐさま増やせることになる。

ＥＳＯＰへの株式売却は二〇一一年八月五日に締結された。これを成立させるのに必要な資金として、ＳＲＣは一一〇〇万ドルの負債を抱えることとなったが、これは十年間で返済していく予定だ。

もちろん、これで永続する優良企業を築けたかどうかは、さらに数世代先まで見ていかなければ判断はできない。現時点でわかるのは、永続する優良企業の土台作りにスタックがほぼ三十年を費やす必要があった、という事実だ。今のＳＲＣには、相当に注文のうるさいＰＥ会社のおめがねにも叶う資質がそろっている。効果の実証されたビジネスモデル、絶大な成長ポテンシャル、試練を経験したマネジメントチーム。スタックの後を継ぐＣＥＯ候補も社内に四、五人ほどいるし、従業員の働きぶりはきわめて生産性が高く、社内にはアカウンタビリティの意識がしっかり根づいている。投資家なら必ず期待する財務システムとベストプラクティスにも漏れがない。こうしたことは偶然でそろったわけではなかった。外部投資家の目で自社を観察する方法をスタック自身が意識的に学習し、アソシエイツにも学習させてきたから実現したのだ。

会社が異なれば、当然、会社の存続力をつける方法も異なってくる。スタックの例ほど時間はかからない方法もあるだろう。だが、大幅に近道するルートがあるとは思えない。ジム・コリンズが『ビジョナリー・カンパニー』シリーズで繰り返し明示したように、ビジネスの偉大さは持続するのが珍しいだけでなく、実現すること自体がきわめて困難なのだ。長期にわたって厳しく規律を守っていかなければならない。偉大で、しかも永続するビジネスを築くというのは、誰にでもできることはない。これを読んでいるあなたにもできるとは限らない。だが、もしそれを目指すなら、肝に銘じるべき教訓ははっきりしている。「早めに始めること」だ。

たとえ永続する優良企業の構築に興味がない場合でも、やはり、エグジットの準備は早めに始めるのが賢明な選択だ。どんなエグジットも、必ず、準備にあてた時間の長さに影響を受ける。時間をかければ幸せな結末を迎える保証はないが、余裕を持って臨んでいれば、幸せなエグジットが叶う可能性はかなり高くなるのだ。

5 あとは野となるか、山となるのか

後継者を選ぶにあたっては、失敗しても挽回可能な時間的余裕を持つこと

ロクサンヌ・バード*の話によれば、二〇〇七年秋に一本の電話がかかってきたのは、まさに絶妙なタイミングだった。当時の彼女は六十五歳になったばかり。後継者問題に頭を悩ませていた。電話をかけてきた相手は、彼女が経営する会社のフランチャイズ店オーナーを務める男性だ。彼の父親も四十年にわたって数店舗を運営してきた。ここでは彼をハリーと呼ぼう。バードはハリーを知っていた。七歳だったハリーが父のあとを継いで店長になるまで、ずっと成長を見守ってきたからだ。年二回開催されるフランチャイジー評議員の総会にも、ハリーは四年前から参加している。総会の場で見る彼は鷹揚な紳士然としていて、自身もどちらかというと鷹揚な気質の上流階級婦人であるバードは、好印象を抱いていた。「とてもいい若者でして

ね。口数は多くはないけれど、少なすぎるということもなく、かといってずけずけとものを言うこともないんです」と、バードは評する。

そういう経緯があったので、ハリーから「自分に会社を売却してくれないか」という旨を申し出る電話があったとき、バードのほうもこれを前向きに受け止めたのである。彼女が経営する会社は、祖父が創業し、父が引き継ぎ、父の死後に彼女が継いだものだ。バードには数人の子供がいたし、甥や姪もいたが、「あとを継ぐならこの会社で実際に働いていること」という彼女の条件に該当する親族がいなかった。

「大手のコングロマリットがうちを買収して、従業員が解雇されるなんてことになったらどうしましょう、と不安だったんです。会社を今の姿にしてきてくれたみんなのことがとても心配でした。社風をできる限りこのままで残したいと思っていました。喜んで働いてくれる労働力は、会社の成功を支えてきた大切な一要素ですから」

そういう考えのもと、弁護士に従業員持株制度（ESOP）の話をしてみたこともあったのだ。だが弁護士は、ESOPは複雑でリスクが高い、と言って勧めなかった。

ハリーが、彼にとっては親会社である企業を買収する意思を示したのは、理想的な解決策のように思えた。しかしバードとしても無条件に売り渡す気はない。何より彼女があと十年は働こうと考えていたし、その間はしっかり責任を担っていたかった。自分の準備も整い、正しい

＊ このエピソードに登場する人と会社には仮名を使っている。

者の手に譲らなければならないのだ。

後継者ができたと確信してから、主導権を譲りたい。会社の文化と理念を確実に守ってくれる者の手に譲らなければならないのだ。

それに、後継者としてふさわしいからといって、評価額をぽんと支払ってオーナーになれるとは限らない。ハリーにそれだけの経済力がないことはバードも理解していた。そこでバードは弁護士の知恵を借りながら、ハリーが一五〇万ドルで株式の五%を取得するという計画を立てた。その後に数年をかけて、バードの保有株式を会社が段階的に買い取って消却していく。買い取り額は、そのときどきの評価額とする。未消却の株式の数が減るにつれ、ハリーが保有する株式の割合は自動的に上がっていく。単独オーナーとなるまで十年以上かかるかもしれないが、こうすればハリーは、少なく見積もっても五〇〇〇万ドル相当の企業を一五〇万ドルで買収することになる。

ハリーにとっては間違いなく素晴らしい取引だ。バードの狙いもすべて実現する。特に後継者に関する思惑は叶うことになる。

「二年ほどしたら彼を社長にしましょう、その二、三年後にはCEOになるでしょう、と想定しました。さらに二年くらい経ってから、私が引退するんです。その頃には彼がきちんと取り仕切っていて、出ていく私はちっとも惜しまれない、というわけです」

バードはその計画にいたく満足した。かなり自信があったので、弁護士が正式な契約書に含めるよう勧めたさまざまな条件には懐疑的だった。たとえば、締結から二年以内はバードの判断で撤回可能とする条項は、必要だとは思えなかった。撤回することになったら、ハリーが最初に払った金額で、彼の株式を買い戻せるようにしておくというのだ。当然かつ良識的な予防策だと弁護士が主張するので、バードは受け入れることにした。

二〇〇八年はじめ、バードはこの判断を社内に通知した。ハリーが会社を買収し、最終的にはオーナー兼社長になる、と説明した。「そこにいた全員が喜んでいました」とバードは言う。「かねてからハリーと仕事をしていた副社長たちも喜んでいました。彼こそ最適な人材だ、とみんな思っていたんですね。私もそう思っていました」

ところが、締結後ほぼ即座に、バードが思っていたほどハリーは最適な人材ではないらしいことが明らかになってきた。

「従業員への態度がすごくキツいのです。『私はきみたちと友達ごっこをするつもりはない。仕事をするためにここにいるのだ』というような言い方をしていました。人に無礼な態度をとらないよう、私は何度も彼に話しました。もちろん、本人はわざと無礼にしているわけではないんです。率直に考えを話しているつもりでした。ですから私は『それは構いません。でも、言いっぱなしはダメでしょう』と諫めました。『みんなは言われっぱなしになるんですよ。明日の仕事があるかもわからなくなってしまいます。こっちが言ったことに対して、相手の意見も引き出さなくちゃ。あなたがちゃんと人の話を聞かなくちゃいけませんよ』と、かんでふくめるようにね」

バードにとって、他人の意見に耳を傾ける力は、上に立つ者としての必須要件だった。彼女自身がＣＥＯになって以来、上司が部下を思いやること、部下の意見を聞くこと、そうした上司の姿勢が従業員にきちんと伝わるようにすることを最優先事項の一つにしてきたのだ。だが、ハリーにとって、それは優先事項ではなかった。自分が使える経費のほうに関心があるように見えた。

「奥さんとの夕食代を会社の経費にしようとしたのを初めて知ったときは、驚いて、やめさせました。会社のお金の使い方について、私はすごく厳しく考えているんです。経費で家族を食事に連れて行ったりしません。でもハリーは、周囲の副社長たちに対して、自分がオーナーになったら真っ先にその方針を変えるつもりだ、と話していました」

一方で、従業員との衝突はますます増えていた。バードは「彼は、私が知っていた人とは全く別人になってしまいました」と語る。

「オフィスの外で、誰かれ構わず、『ここには人が多すぎるな』なんて言うんです。『だから赤字なんだ。少し減らさないと』だなんて。当然、みんな不安になりますよ。あまりにひどいので、週に一度は彼を呼んで、『そんなことを言ってはいけません』と諭していたくらいです。するとと本人は『僕はもともとはっきりものを言う人間なんです。ずっとそうしてきたんですから、今更変われません』なんて言い返すんですよ」

それでもバードは長いこと、いずれはハリーも心を入れ替えるのでは、という希望にすがっていた。だが問題は消えなかった。口頭でも文書でも説得を試みたが、一年半経っても、ハリーの言動に目に見える変化は現れない。そこで、別の手を試してみることにした。ハリーをオフィスに呼び、半年以内に態度を改めるよう告げたのだ。それまでに少なくとも五十回は注意を喚起してきた問題が、今から半年後にも消えていないようだったら、契約自体を再考せざるを得ない、と。

ハリーはメッセージを受け取ったようだった。だがバードは、彼女いわく「ハリーはただ身を潜めるだけ」ではないか、と心配だった。行動を見張られているときだけ取り繕って、自分は変わったと思わせるだけではないか。いずれにしても、中立の立場から客観的な目で状況を評価させる必要がある。取締役の一人が、家族経営企業を専門とするコンサルティング会社の名前を挙げたので、そこのベテランコンサルタントを起用し、アドバイスを求めることにした。コンサルタントは、バード、ハリー、その他の副社長たちに徹底的な面接を実施し、関係を救済するチャンスはまだ残っているという結論を出した。

ちょうどクリスマスが近い。コンサルタントはハリーとバードに対し、休みの間に互いへの要求をリストにしてみたらどうか、と提案した。新年になったら、それを踏まえて改善計画を立てて実行していけばいい、というのがコンサルタントの意見だった。

だが、いっこうに改善の段階まで進むことができない。何とかしなくては、と焦りをつのらせたバードは、コンサルタントにこう話したという。

「彼の振る舞いについて、いろんな人から話を聞きました。私が信じるのはみんなのほうです。何か対応しないと、私は人の話を聞いていないと思われてしまうでしょう」

ぎりぎりで保たれていた均衡が崩れたきっかけは、ハリーのフランチャイジー採用手法について、複数のエリアマネージャーから上がってきた報告だった。それによると、ハリーは新しいフランチャイジーに「すでに自分が会社の実権を握っている」と話をして、だから今のフランチャイズ契約に不満があっても心配しなくていい、と請け合っているというのだ。書かれた通りの内容で署名すればいい、自分がきちんと心得ているから、あとでオーナーとしてうまく取り計らってやるから……と。

何をしてもハリーは変わらない、とバードは痛感した。中小企業ならではの慣例がしみついているのだ。規模が小さければ成り立つやり方である。昔はそれでうまくいったのだろう。大会社でそんな手法を押し通せば悲惨な結果になる理由を、ハリーは理解しようとしなかった。何より、彼のやり方の一部は明らかに倫理に反していたにもかかわらず、それが重大なことだとは思っていないようだった。バードが一番恐れたのは、ハリーが事業の主導権を手にしたあと、増益のために大量の人員解雇を行う可能性だ。一五〇〇万ドルの初期投資で六〇〇〇万ドルから七〇〇〇万ドルを手に入れるため、とにかく高く会社を売り払おうとするかもしれない。

バードは、ハリーに去ってもらうと決意した。コンサルタントも反対しなかった。そこで二〇一〇年一月四日に再度三人で集まり、バードから、当初の計画通りにいかないので今後はハリーなしで行くつもりであると通告した。契約にもとづき、当初支払われた額で、会社がハリーの株式を買い戻す。退職金は給料三カ月分としたが、のちに六カ月に増額した。

社内はハリー解雇の知らせを歓迎し、ほっと胸をなでおろした。ただし、ハリーが採用したフランチャイジーの中には困惑し立腹する声もあったので、バードが担当者に足を運ばせ、彼らの不安をなだめさせた。バード自身も、肩にのしかかっていた巨大な重石がとれた気分だった。「もう出社したくないな、と思ってしまうくらいだったんですよ」。だが、ほっとしたのもつかのま、すぐに思い知らされた――彼女はスタート地点に、すなわち後継者もエグジット計画も決まっていない、白紙の状態に戻っただけだったのだ。

人選を間違える――

エグジット計画と後継者育成計画はイコールとなる場合がある。上場企業なら、多かれ少なかれ、その二つは同義語となるのではないだろうか。株式を公開すれば所有と経営は切り離されるからだ。投資家はそれぞれに株の売りどき、買いどきを判断する。会社のリーダーが変われば、その情報は売買判断を何らかの形で動かすだろう。ゆえに、上場企業のCEOがエグジットを迎えるとなれば、主な注目ポイント――多くの場合は唯一の注目ポイント――は、「誰が次のCEOになるか」なのだ。

株式が未公開なら、話は違ってくる。思い描くエグジットのタイプによっては、後継者の必要性すらないかもしれない。だがロクサンヌ・バードの例のように、独立経営と企業文化を維持したまま、自分が去ったあとも会社に繁栄していってほしいと思うなら、後継者育成はきわめて重要なテーマだ。反対に、レイ・パガーノの例のようにストラテジック・バイヤーへの売却を計画しているのなら、後継者を置く必要はないだろう。たいていは買収企業のマネージャーが主導権を握ることになるからだ。

では、将来的にどんな相手に会社を売りたいのか、まだわからずにいる場合はどうしたらいいだろうか。今はただ、そのときのためになるべく広く選択肢を作っておきたい――オーナーが引き続き会社を所有しつつ、軸足は別の対象に移すという選択肢も含めて――のだとしたら、どうすればいいだろうか。

バジル・ピーターズが提唱する「アーリー・エグジット」を目指すのでない限り、承継に関する問題と、後継者候補の育成については、できるだけ早く考え始めるのが賢明だ。もちろん後継者が決まらなければ周囲が困るのだが、その点は今は脇に置いて、エグジットを有利に運ぶという観点から考えてみたい。買主は「買収はしたいが、経営はしたくない」と思っている場合もある。後継者問題が解決していれば――すなわち、自分がいなくても会社がきちんと回るようになっていれば――買収を望まれる可能性も高くなるし、実際に売却に臨む際も有利な立場で交渉できる。

重要なのは、ふさわしい人材を決めること。理由を挙げればきりがないが、過去にどれだけ上首尾に経営していたとしても、後継者の人選を間違えれば取返しのつかない害をもたらす可能性がある。人選に失敗した場合はそれを発見し、ダメージを最小限に抑えなければならない。ロクサンヌ・バードの場合がそうだった。逆に言えば、後継者探しをぎりぎりまで先延ばしにしていると、墓穴を掘ることになるのだ。いざそのときになって社外から良さそうな人材を引き入れ、きちんとしたリスク評価もせず、バタバタと身を引くことになるだろう。ミスに気づいたときには、ダメージはすでに生じている。

トラック運送会社O&Sトラッキングの創業者で、ミズーリ州スプリングフィールドの市長も務めたジム・オニールの例を考えてみたい。彼は一九八一年、二十七歳のときに物流仲介会社の仕事を始めた。そして二年後にはキース・スティーバーという仲間（O&Sの「S」はスティーバーを意味する）と共にトラック運送業を立ち上げた。しかし当時から政治の世界に魅力を感じていたオニールは、一九八七年にスプリングフィールド市議会の議員選に出て、当選。スティーバーはこれを喜ばず、オニールにバイアウトを申し出た。オニールは三十日以内で、そのオファーに対抗する資金を集めた。二人が交わした契約条件のもと、会社はオニール一人のものになり、スティーバーは別のトラック運送会社スティーバー・トラッキングを設立。のちに売却したが、その売却先から二〇〇四年にオニールへと売却されている。オニールいわく、「こうしてSが戻ってきた」というわけだった。

そうした経緯と同時進行で、オニールはO&Sを収益性の高い企業へと育てあげた。同社の企業文化は有名になり、安全性や革新性など、さまざまな方面で評価され全国的な賞を何度も授与された。オープンブック・マネジメントを熱心に実践していたオニールは、二〇〇〇年には従業員持株制度（ESOP）を立ち上げ、二〇〇三年に自分が保有する株式の四〇％をESOPに譲渡した。二〇〇六年の売上高は六八〇〇万ドル、税引前利益が一八〇万ドル。利幅が薄いことでは有名な業界だというのに、実にめざましい業績だった。

表面的には、会社は非常に良い状態だったのだ。しかしオニールは、この先に待ち受けるトラブルの種を感じ取っていた。「あるセミナーで、『あなたのビジネスモデルは、三年後にも存在意義を持っていますか』という問題提起を聞いてから、ずっとその問いが脳裏に引っかかっていた」。経営陣の能力にも懸念があった。さらに気にかかっていたのは、二〇〇六年後半――不況が本格的に始まる一年も前から、景気悪化の兆しを感じ始めていたことだ。オニールいわく、トラック運送業は、他の業界よりも景気の変化を反映しやすいのである。

一方でオニールはトラック運送事業者協会（Truckload Carriers Association：ＴＣＡ）の会長になる準備も進めていた。ＴＣＡは六十八年の歴史がある団体で、加盟者数は全国で一〇〇〇人近い。オニールは四年前から、このＴＣＡの運営メンバーとして、会長となるための根回しをしてきた。会長選挙が行われるのは二〇〇七年三月の全国総会だ。選ばれれば、一年間は時間とエネルギーの大半をその役目に捧げることになる。自分が利用している保険ブローカーに懸念を打ち明けたところ、中立的な立場から状況分析を得ておいたほうがいい、とアドバイスされた。このブローカーが強く信頼しているというコンサルタント（ここではその人物をヴィンスと呼ぼう）を紹介され、ラスベガスで開催されたＴＣＡの総会で実際に顔をあわせた。そこでの話し合いを経て、オニールはヴィンスの起用を決めた。事業を査定させ、推奨事項、計画、提案などを提示させるのだ。

会社の改善だけでなく、自分の人生の方向転換のことも考えていた――と、オニールは当時を振り返って認めている。二十六年間仕事をしてきて、やや燃え尽きた感覚を抱いていたからだ。また、政治、旅行、業界団体の仕事など、Ｏ＆Ｓの経営以外にもやりたい物事があった。事業売却の準備ができているかどうかは自信がなかったし、そもそも売却にふさわしいタイミングが来るのかどうかもわからなかった。だが、本人の表現によれば「会社がちゃんと回ってる」なら、自分が経営以外の用事に時間を注ぎつつ、買収対象としてO&Sの魅力を高めていくこともできるのではないかと考えたのである。

二〇〇七年七月に完成したヴィンスのレポートは、オニールが抱いていた懸念のいくつかを肯定すると同時に、別の懸念対象も提示していた。まず、オニールが恐れていた通り、経営陣がうまく機能していなかった。社内には不正確な噂話がいつも駆けめぐっていた。ビジネスモデルを時代遅れにしないための改善も必要だった。ビジネスの先読み能力も立て直さなければならない。業務からさまざまなデータが吐き出されているというのに、日々または週単位の舵とりに必要なタイムリーな情報を全く入手できていなかった。

全体として、ヴィンスは任された仕事をしっかりやったようだった。「彼のレポートは正確で、有益だった」と、六年後に私の取材に応えたときのオニールは語っている。「そこでやめておくべきだったんだ。彼に感謝して、報酬を払って、あとは会社の中核メンバーを集めて対策に乗り出すべきだった」

だがオニールはそうしなかった。かわりにヴィンスをCEOにしたのだ。

率直に言って、この頃のオニールにはほとんど選択肢がなかった。TCAの会長業務に予想以上に時間をとられており、経営のほうを任せられる人物がぜひとも必要だったのだ。社内で次世代の育成をしてこなかったので、妥当な候補者はヴィンスの他にいない。知り合って二カ月ほどしか経っていないし、一緒に業務にあたってきたわけではないが、ヴィンスは別の会社で経営経験があった。トラック運送会社で短期間ながらCEOを務めた経験もある。それに、O&Sの抱える問題を理解していることは確かだ。

それから三年間、ヴィンスがO&Sを経営し、オニールは新しいキャリアに邁進した。二〇〇八年十二月にスプリングフィールド市長選出馬を宣言し、それからは四月の選挙に向けて全力を注いだ。当選し、市長になってからは、また新たな責務に追われた。私が二〇〇九年十月に彼を訪ねたときには、もはやO&Sの日常業務にはかかわらなくなっていた。「いられるときは、なるべくこっちにいるようにしているけれどね」と、そのときのオニールは言った。「長期的な戦略は見るようにしている。現状を逐一把握しているわけではないが」

だが、彼はそれを気にしてはいなかった。

「自分が望んだことができるようになったんだからね。状況はITを使ってフォローしているよ」

会社の売却については「急ぐ気はない」と語った。「お金は充分稼いでいるし、いい生活をしている。変化を起こすべき理由は見当たらない」

むしろオニールは、二期目の市長選にも出馬しつつ、業界団体の活動も続けていく腹積もりだった。国内最大の業界団体、米国トラック運送協会（American Trucking Associations：ATA）の会長になりたかったのである。そのためにはホワイトハウスに働きかけたり、国内外に出張したりする必要があり、O&Sのほうはますます CEOに任せるようになった。ヴィンスは責任をしっかりまっとうしている、とオニールは私に請け合ってみせた。

このときのオニールが幻想に浸っていたのか、危険なほどに無知であったのか、それともただ過剰に楽観的だったのか、私にはわからなかった。しかし後から振り返ってみれば明らかに、私が二〇〇九年にオニールに会いに行った時点で、O&Sは深刻な状態に陥っていたのだ。売上高だけを見れば、二〇〇六年の六八〇〇万から、二〇〇九年に六二〇〇万ドルに減少した程度だったが、税引前利益のほうは、一八〇万ドルのプラスから三〇万ドルのマイナスに転じていたのである。二〇一〇年の売上はさらに六〇〇万ドル減って五六〇〇万ドル。損失は八十六万五〇〇〇ドル増えていた。しかし最大の問題はキャッシュフローだ。キャッシュフローが増えないせいで、現金収入があるまで支払い猶予を頼まねばならない状態だった。

こうした頭の痛い現実に加えて、さらに大きな問題が発生していた。二〇〇九年に三大顧客が支払方針を変更し、O&Sの年間キャッシュフローが九十万ドルも減ったのである。そのせいで生じた財務危機により、雇っているドライバーに対する賃金支払いも、売掛金回収の遅れに合わせざるを得なくなった。すると離職率は倍に伸びた。その結果として、二〇一〇年第1四半期には、所有するトラックのうち六十台から八十台――全体の約二〇%から二五%だ――が常に遊んでいる状態になった。当然、トラックを走らせることによって生じる収入は発生せず、しかしリース料の支払いは続くので、さらに莫大な現金が流出した。その一方で、二年連続でトラック事故が相次いだ。掛けていた保険契約では、控除免責金額（自己負担額）が三十万ドルという設定だったので、結果的に二〇〇万ドル近い自腹負担が生じた。ドライバーの士気が一番高かったときの運転安全記録にもとづいて、そのような控除免責額を設定していたのである。保険契約を見直しておくべきだったのに、そうしていなかったのだ。

ヴィンスへの報酬も負担だった。彼に対する支払いはすでに一〇〇万ドルを超えていた。O&Sの置かれた状況は厳しくなる一方だ。そこでオニールは二〇一〇年の暮れを前にして、ヴィンスに対し、CEOの職務を自分に戻すと告げた。

「もはや財政的に、私ときみ、二人のトップを置いておける状況じゃないようだ」

O&Sはその後も十七カ月にわたって苦戦を続けた。オニールは、市長とCEO、そして家庭を持つ父親として、何とか責任のバランスをとろうと力を尽くした。二〇一一年は売上四五〇〇万ドルに対し、赤字が二一〇万ドル。またも債権者に返済猶予を頼まなければならなかったが、今回はそれでも充分ではなかった。オニールは二〇一一年四月に市長として再選を果たしたにもかかわらず、二期目の半ば、二〇一二年五月七日に辞任している。その二十三日後、O&Sは連邦破産法第十一章のもと債権者からの保護を申請した。申請の時点で、一〇〇〇万ドルから五〇〇〇万ドルの負債に対して純資産は五万ドル未満だったと推定されている。

必死のあがきで、オニールはプライム・インクという大会社に頼ることにした。同じスプリングフィールドに拠点を置く十二億ドル規模のトラック運送会社だ。「もう建物が火事になって、窓から飛び降りるしか手がないという状態で、唯一窓の下でネットを広げてくれたのが、（プライム創業者で社長の）ロバート・ロウだった」とオニールは表現している。

ロウが提示したのは、O&Sが法人格を保ちつつ、プライムの契約運送業者になるという、特別なプログラムだった。O&Sの諸経費はこれでほとんど片付いたが、同時に、持っていたトレーラーのほとんどを失った。全盛期には六十人ほどいた事務スタッフは十四人になった。オニールはそのことを何度も考えずにはいられなかったという。「あと二十台か三十台くらいトラックがあって、ドライバーが働いてくれてたら、一年で一〇〇万ドルは稼げたのに」。そう言って、しかし、いったん言葉を切る。

「あと二年早く対処していたら、の話だが」

この頃のオニールはもはや自社を所有してはいなかった。保有株式のすべてを、二十七年にわたってコントローラーとして働いていたアニータ・クリスティアンに譲渡していたからだ。オニールが過去に結ばざるを得なかった個人保証契約のどれかを債権者からつつかれて、自己破産に追い込まれる事態を想定してのことだった。オニールの株式が借金のカタとして取られることでO&Sに害が及ぶのを避けるため、クリスティアンに売却したのだ。ただしそのような取引を交わすにあたっては、当然のルールを両者が守る必要があった。クリスティアンは適正な市場価格を払って株式を買い取らなければならない。また、彼女は将来的にオニールに対して株式を売り戻す義務を負わない。「売ってしまってもいいし、持っていてもいい、というわけだ」とオニールは説明した。

「私が買い戻すと申し出ることはできるが、彼女がそれを承諾する義務はない。この件で私にとって一番の優先事項は、会社を生き延びさせること。そして、私を含め、ここにいる全員を生き延びさせることだ」

プライムの傘下に入っても、オニールは社長兼CEOの座にとどまった。ただし彼の雇用は三カ年契約で、二〇一七年に終了を迎える。「そのあと何をすればいいのか、さっぱりわからないんだ」とオニール。起きたことに自責の念を感じているか、と水を向けると、こんな返事が返ってきた。

「感じないのが無理というものだよ。かたときも苦しさから逃れられない」

彼は自分が犯したいくつもの間違いを自覚している。だが最大の間違いは、約七十五年ぶりと言われた大不況のさなかで会社を導く腕も経験もない後継者に会社を丸投げしてしまったことだった。トラック運送会社CEOとしてのヴィンスは、「マーチングバンドに放り込まれたピアノ奏者のようなもの」だったのだ。

「明らかに彼の手に負える場面ではなかった」

だが、オニールは気づいている。咎はヴィンスにあるわけではない。

「あいつを雇ったのは私だ。責任は私が一生抱えて生きていかなくちゃいけない。とてもいい会社だったのに、私がダメにした。それが事実だ。もう二度と取り戻せないし、これからどうしていけばいいのか、何一つ思い浮かびもしない」

大切な問い――

初めての後継者選びに失敗するのは、バードとオニールだけではない。一般的な起業家が自覚している以上に頻発する失敗なのだ。上場しているなら世間にも知れる。実際にそのような例は頻繁に目にされているし、一度去った創業者が戻ってきて舵を取り直す例も少なくない（アップルのスティーブ・ジョブズ、スターバックスのハワード・シュルツ、デル・コンピュータのマイケル・デル、インフォシスのN・R・ナラヤナ・ムルティ、チャールズ・シュワブのチャールズ・シュワブ、アーバン・アウトフィッターズのリチャード・ヘイン、アカマイ・テクノロジーズのトム・レイトン、リンクトインのリード・ホフマンなど）。

だが、復帰が選択肢の一つに入るとは限らない。私の友人――ここでは彼をダニエルと呼ぶ――は、一九九二年に幹部専門の人材斡旋会社を創業し、そのニッチな業界で最も有名かつ尊敬される会社へと育て上げてきた。彼は二〇〇三年から、次のステージへ移ることを考えるようになった。誰だって十年もCEOをやれば充分だろう、と思えたのだ。ラットレース〔ネズミが回し車の中を走るような余裕のない状態が続くこと〕の生活にすっかり消耗していたし、会社にも、自分にはないスキルを持ったCEOが必要だと感じていた。本を書いたり、何かを教えたりという仕事もやってみたかった。そこで取締役で構成する独立委員会を立ち上げ、外部の一流の幹部斡旋会社も起用して、二年に及ぶ集中的な取り組みで後継者を探した。二〇〇五年二月、四大会計事務所〔デロイト、KPMG、PwC、アーンスト&ヤングのこと〕の共同経営者だった人物を引き抜くことに決定。目を見張るほどの経歴を持つ人材だ。ここでは彼をラルフと呼びたい。

一年も経たないうちに、ダニエルは、自分たちが間違いを犯したことに気づいた。ラルフは自分の責務を忠実に守り、クライアントに提供するサービスの幅を広げていたのだが、上下関係を絶対視し、金遣いが荒く、厳しい管理統制をしたがるマネジメントスタイルのせいで、あっというまに社内に溝を生み出したのだ。ラルフは以前には存在しなかった階層構造を敷き、業績よりも忠誠度をベースに昇進を決めた。取締役会には自分の仲間ばかりを集めた。何より重大だったのは、ラルフの指揮のもと、会社にとって中核市場であったミドルマーケット企業から遠ざかり、大手企業ばかり相手にするようになったことだ。ダニエル時代から勤めてきた人々は、ラルフがビジネスをダメにしている、とダニエルに不満をこぼした。そして多くが離職を選んだ。

ダニエルは去っていく人々に共感しつつ、葛藤していた。ラルフをクビにしたら、自分は「後継者に道を譲れない創業者」というレッテルを貼られるのではないか。会社も、ラルフに代わる新たな適材の発見に苦労するだろう。ダニエル自身に復帰願望もなかった。これまで会社の構築に心血を注ぎ、自分自身に多大な犠牲を強いたのだ。それをもう一度始めようという気にはならなかった。

それでも心配は心配だ。特に大企業顧客への依存は危険に思えてならなかった。景気が傾けば、そうした企業がどう反応するか、よく知っていたからだ——コンサルタントの起用を切り捨てるに決まっている。かといってダニエルに何かできるわけでもない。少なくともラルフの戦略は奏功しているように見えたからだ。会社は急成長していた。売上は劇的に伸びていた。だが、管理職が増え、社用ジェットのような贅沢品が増えたせいで、利益は目減りしている。ラルフに言わせれば、こうした経費は将来への投資だった。いずれかの時点で利益曲線が上向きになるし、会社にはキャッシュがざくざく入ってくる──というのがラルフの意見だった。

利益曲線の変化は起きなかった。二〇〇七年十二月には大不況が始まり、その後十八カ月以上も続いた。景気崩壊が進むと、大企業顧客は、ダニエルが恐れていた通りの反応を示した。二〇〇九年の売上高は創業以来最低のレベルとなった。

この頃には、さすがのダニエルも取締役会の立て直しに着手し、ラルフの取り巻きを追い出して、中立的な立場をとれる取締役に入れ替えていた。この新しい取締役会が、会社としてとるべき対処を決めた。売却だ。前々から買収の意向を示していた大手の上場企業が、あらためて買収提案を出してきていた。取締役会の判断で、現金と株式をあわせて五〇〇〇万ドル相当で売却すると決定。売却発表のプレスリリースではラルフの社長続投を知らせたが、その後五カ月と立たずにラルフは会社を離れた。ダニエルの推算では、創業から十三年にわたって続けていた方向性を守ってさえいれば、売却価格は二倍になっていたはずだった。

だがダニエルにとって何よりつらかったのは、自分の引退後も続いてほしかった立派な会社に幕を引いてしまった、という事実だ。自分と取締役会とが犯した最大の失態を悟ったのは、だいぶ時間が経ってからのこと──具体的には、私の取材に応じ、事態が転落を始めたきっかけについて振り返ることで、つくづくと思い知ったのである。彼らの失態は、そもそも後継者候補の面接で、マネジメントのアプローチについて問いただすのを怠ったことだった。そのせいでラルフがもたらす重大な変化を予期できず、会社に与える影響を考慮できなかったのだ。

ダニエルがCEOだった頃の会社は贅肉がなく、マネジメント構造もフラットだった。独自のオープンブック・マネジメントも実施していた。命令ではなく協力によって結ばれ、財務情報も経営者と従業員の間で広く共有されていた。ところがラルフはそれと正反対で、財務情報をとにかく機密にした。共同経営者や従業員が会社の業績を知りたいと思っても、想像をめぐらすよりほかになかった。

ラルフがもたらした変化はさまざまな結果を招いた。第一に、相互のアカウンタビリティの意識が大きく失われ、権力がトップに集中するようになり、えこひいきが蔓延した。そうした企業文化のせいで、経営陣においても従業員においても、率直な話し合いはなされなくなった——率直な話し合いができていれば、ラルフの新しい戦略の穴に光を当てられたかもしれないというのに。第二に、透明性が失われたことで、湯水のような出費や、事業全体に広がったムダ体質を防ぐ壁もなくなってしまった。そして第三に、情報が社内で共有されなくなったことで、かつては財務状況を熟知していたメンバーを中心に不満が広がり、重要な人材が何人も退職した。そこまでの経緯を鑑みれば、こうなるのはむしろ当然のことだった。

実際のところ、会社が傾いた要因のほぼすべては、元をたどれば一つの変化——経営哲学の変質に始まっていたのだ。それなのに取締役会は誰一人として、リスクを明るみに出せたかもしれない問いを投げかけようとしなかった。

「経営陣や従業員と、どの程度まで財務情報を共有し話し合おうと思っていますか。オープンブック・マネジメントをやるつもりはありますか」

面接でそうしたことを尋ねていれば、事態は違っていただろう。ダニエルは当時を振り返って、なぜ肝心な点を聞き忘れることがありえたのか、首をひねらずにはいられなかった。ラルフの履歴書は見た。推薦状も読んだ。面接で自己管理能力も確認した。会社の将来に関するアイデア、これから課せられる戦略目標の達成に必要な資質……あらゆる点を吟味していたのに、彼が会社をどのように経営していくつもりか掘り下げようとしなかったのだ。その見逃しが、何百万ドルというコストを生み、会社の独立性を失わせたのである。

再挑戦のチャンスとバックアッププランの重要性 ――

後継者選びは失敗しやすい。その点を鑑みれば、ロクサンヌ・バードがとった道は――弁護士の助力のもとで――実に正しいアプローチだった。ハリーを過大評価してしまった点を言っているのではない。時間に余裕があったおかげで失敗を修正し回復できたという意味で、彼女の選択は正解だったのだ。

もちろん承継問題が消えたわけではなかったし、彼女自身のエグジットのことも考えなければならない。ハリーの一件を経て、少なくとも、誰に売却するかという選択肢は以前よりも狭くなった。その結果、自分が充分に理解し信頼できる相手でなければ絶対に会社を売ってはいけない、と認識するに至った。「そういうわけで、もう一度ＥＳＯＰについて考え始めたのです」とバードは語っている。

「私の考える限り、それが唯一の選択肢でした」

今回のバードは、ＥＳＯＰを扱う知識と腕が全国的に評価されている専門家を選び、相談してみることにした。すると彼女の懸念が根も葉もない心配であることが明らかになった。ＥＳＯＰに売却しても、彼女が望む範囲で主導権を維持することは可能なのだ。正しい知識を得れば得るほど、やってみたいという思いは強くなった。

細部のすべてを詰めるのに一年かかったが、ついに二〇一一年六月、評価額四〇〇〇万ドルとなる株式一〇〇％をＥＳＯＰに売却。ほぼ同時にＳ法人となったので、ＥＳＯＰを単独オーナーとするＳ法人が基本的にそうであるように、繰延課税の恩恵を得てキャッシュフローが増えることになった。*「（ＥＳＯＰへの売却プロセスに）かなりのお金がかかりました」と、二年後のバードは認めている。

「でも、弁護士や銀行家に小切手を切るたび、自分に言い聞かせていました。『いいこと、ロクサンヌ、部外者に売却しようとしたら、ブローカーに払う手数料はこれよりずっと高くなるんですからね』って」

一方で、ＣＥＯの役割を引き継がせたいと思える人材も見つかった。「私の目と鼻の先にいたんです」。ジョージ・ウィリアムズといって、当時まだ四十代半ばだったが、品質管理者として入社してから十七年にわたって勤め続け、副社長にまでのぼりつめてきた人物だった。実は数年前にウィリアムズの上司から、次期ＣＥＯとして期待できると聞かされていたのだが、バード自身がウィリアムズのことをよく知らず、日常的に業務を共にしていたわけでもなかったので、ハリーに対する関心を優先してしまっていたのだ。だがハリーという選択肢が消え、ウィリアムズのことをきちんと知ろうと思い至る。すると、彼が実に心強い候補者であることがわかった。バードは、「たくさんの人に彼について話を聞きました」と話している。

「フランチャイジーからは、稀に見る逸材だ、と褒めちぎられていました。誰とでもとてもうまくやれるんです。やることはしっかりやりぬきますし、期待されていることはきちんと実現させます。考え方も立派。そしてこの会社の文化をとても大事にしています」

二〇一三年の年明けに、バードは二月一日付でウィリアムズが社長兼最高執行責任者（COO）になる旨を発表した。八年の移行期間をかけて、徐々にウィリアムズがバードの責任範囲を引き継ぐ。最終的に二〇二〇年に会長兼CEOとなる計画だ。

一年半が過ぎても、バードが認識を改めなければならないような事態は起きなかった。むしろ彼女は楽観的観測を強めていた。

「彼には私にない強みがあるんです。私にも長所はありますけど、彼は、私が弱い部分で優れているんですよ。彼が率いるようになってから、会社はずっと順調になったと感じています」

バードの承継問題は解決したと言っても過言ではない――最終判断が出るのはまだ先だが、

＊ S法人が得た利益は、そのまま株主に渡され、個人所得税で課税される。課税主体とならないESOPが株式の一〇〇％を保有している場合、会社は税金を支払う必要がなく、その分の現金が留保されるので、それを成長資本に回すことができる。政府から見た税収が減るわけではない。最終的には従業員が退職するときに、自分のESOP配分に対する個人所得税として支払うことになるため。

きっとこのままうまく着地するだろう。だが、第三章で登場した強制売却の専門家ロバート・トーミーは、承継問題は解決したと思っていたオーナーの悲しいエピソードをいくつか披露している。たとえば、金属プレス工業を経営していた七十歳の創業者が、その会社を借入型従業員持株制度（レバレッジドESOP）に売却した例があった。レバレッジドESOPとは、ESOPによる株式購入を借金でまかない、その借金を会社の収益から返済していくというやり方だ。創業者はEBITDAの十倍という素晴らしい額を受け取った。税制優遇の恩恵も受けながら、売却益を変額年金に投資した。さらに会社から工場と不動産を買い取り、それを彼から会社にリースする形にした。年金とリース料収入で、今後も安定した収入が確保できると考えたのだ。後継者に関しては、ハーバードでMBAを修めた人材を採用し、CEOの座を任せた。その人物が腰をすえて取り組むよう、インセンティブとしてストックオプションを与えた。経営に携わる主要メンバーにも同様の手当てを与えた。

すべてはうまく行っていたのだ。ところが二〇〇二年三月、輸入鋼にかかる関税が変更されたせいで、突如として経費が急増した。即座に最大口顧客が、関税対象とならないメキシコの業者に切り替えた。会社の売上は、ほぼ一夜のうちに、ESOPに株式を売却した時点と比べて三〇％に激減したのである。株式の価値は二度と回復しない——そう悟った新CEOと、その仲間の幹部たちは、次々に見切りをつけて辞めていった。創業者はESOPを取り消そうと考えたが、それを行うと税金面でかなり厳しくなるとわかった。ESOPが負っている莫大な借金を支払わなければならないが、売上から生じる現金は創業者の変額年金とつながっているので、それを崩せば相当の違約金が発生する。では工場と不動産はどうか。創業者は会社の不動産を買い取るにあたって五〇〇万ドルの借金をしてしまったし、会社のほうは売却益を使い果たしている。創業者にとって店子である彼の会社は、すでに二年も賃料を払えておらず、工場そのものも無価値になっていた。その工場が金属プレスというたった一つの用途のために建てられたものだったことが、大きな敗因の一つだった。

創業者はトーミーに状況調査を依頼し、解決方法を探らせようとした。この話を私に語ったトーミーは、「できることはほとんどありませんでしたよ」と言っている。

金属プレス業の創業者は、最善と思われる承継計画が破綻する可能性に備えていなかった。似たようなスモールビジネス・オーナーの例を、トーミーは数多く知っている。彼のアドバイスはこうだ。

「たった一人の後継者に頼ってはいけません。承継計画を実現するためにお金を借りたり、負債の保証人になったりしてはいけません。事業に生じるかもしれないリスクを甘く見てはいけません。長く待ちすぎてもダメです。そして自分が健康であるのを当たり前と思わないこと。常に第二のプランを、そして第三のプランを持っていてください！」

正しく進める――

正しい後継者選びの工程に落とし穴が多いとはいえ、その落とし穴をうまく避け、会社を支えるだけでなく強く育てていける人材を発見したオーナーもいる。ロクサンヌ・バードは、おそらくそうしたオーナーの一人になるだろう。これから紹介するマーティン・ライトシーは、すでにそうしたオーナーの一人だ。彼は、自分が十八年前に創業したバージニア州スタントンの刃物製造会社スペシャルティ・ブレーズを二〇〇三年に退き、CEOの座の承継に成功している。

ライトシーは当初から会社の承継問題について考えていた。妻のリンダが、夫の考えを語っている。

「夫は、いずれかの時点でCEOを退くつもりがありました。スペシャルティ・ブレーズを始めたときから、自分の後釜は誰が座るかという話をしていましたから。最初の二年くらいは、そうでもなかったかもしれません。会社が軌道に乗るかどうかもわかりませんでしたからね。でも、いったん軌道に乗ったあとは、最終的な引退の計画を念頭に置いているというのが、私の目から見てもよくわかりました」

ライトシーには一つ強みがあった。一九七七年に、当時の勤め先アメリカン・セイフティ・レーザー（American Safety Razor：ASR）のレバレッジド・バイアウトに参加した経験があることだ。一九八〇年にその株式の一部を売却して、スタントンに土地を購入し、風光明媚なシェナンドーバレーに家を建てた。そういうわけで彼はリクイディティ・イベントになじみがあった。また、シードキャピタルとして三十五万ドルも積んでくれたエンジェル投資家たちのために、いずれは売却に臨まねばという思いがあった。何しろASR時代の元同僚や個人的な友人たちが起業を支えてくれたのだ。彼らの株式をいつか現金化せねばならないということは、すなわち売却するという意味であり、だとすれば自動的に承継問題も浮上してくる。自分がいなくなっても残る会社を作りたい、というライトシーの希望も当然かかわっていた。

とはいえ創業当初は、スペシャルティ・ブレーズを自立する状態まで育てることに全力を注がなくてはならなかった。具体的には、内部発生するキャッシュフローで生き延びていけるようにするのだ。エンジニアとして学歴と経験を積み、エンジニアらしい発想が根づいていたライトシーが起業のアイデアを思いついたのは、ASRで工業用・医療用刃物の部署を統括していた時期のこと。製造していた商品の一つに、合成繊維を特定の長さに切断する機器など、主に工業機械に使われる刃物があった。基幹商品であるカミソリの刃を作る機械の改造版で、そうした特殊な刃物《スペシャルティ・ブレード》を作っていたのだ。コンピューター数値制御（CNC）の工作機械技術と、カミソリの刃の製造技術を組み合わせれば、既存の装置では製造できない、しかし顧客が欲しがる多種多様な特殊刃物の生産を始められるのではないか——ライトシーはそんなふうに考えた。

一年ほど検討を重ねてから、ライトシーはASRのCEOに案を上げてみることにした。CEOは気に入ってくれたのだが、会社としての計画にはマッチしない。そこでライトシーは、「それならASRとは別の会社として、このプロジェクトを追求してみたい」という目論見を打ち明けた。CEOは却下しなかった——それどころか最終的には出資者になってくれた——のだが、ライトシーがASR従業員としてその研究をしていたのだから、使用する機械の知的所有権をどちらがどこまで管理するか、基本原則を取り決めなければならない。最終的にCEOは、新事業がASRと競合しないという条件で、ほぼすべての使用権をライトシーに与えた。

とはいえ、製造会社を立ち上げるというのはお金のかかる試みだ。ライトシーの目算では、キャッシュフローの損益分岐点に到達するまで運営していくために、一〇〇万ドルほど必要となる。そこで事業計画を作成して五十人ほどの投資家に送付した。実際に投資に同意したのがわずか十一人だったので、ライトシー自身のASR株式を売って得た十五万ドルを含め、五十万ドルの資本金で手を打つことにした。最低でもそれだけあれば計画を進められると考えたのだ。「書類上では、それでうまくいきそうだった」と、十三年後に当時を振り返って、彼は語っている。

「だけど、やったことがないんだから、わかるわけがない。実際には思ってたより一年長くかかったよ」

資金も思っていたより多くかかった。具体的に言えば、さらに五十万ドル必要だったのだ。最寄りの地方銀行からつなぎ融資として十二万五〇〇〇ドルを確保し、さらに当初の株主からセカンド・ラウンドの株式投資を受けて、追加の五十万ドルを調達。かくして一九八五年に創業したスペシャルティ・ブレーズは、一九九〇年に売上高八十三万ドルを達成し、損益分岐点に到達した。翌年には初の黒字決算で、売上およそ一五〇万ドルに対し三十万九〇〇〇ドルの利益を出すことができた。その過程で、ライトシーの信念を反映したハイパフォーマンス文化も築かれていった。

「ASRでは全員が強制的に労働組合に入っていたが、そのやり方よりうまくやる方法はあるはずだ、と思っていた。現場で働く人々と、経営に携わる人々の間に協力関係があれば、きっと頑丈なビジネスになる、と。当初は名前もないやり方だったが、我々は創業当初から、つまり一九八五年から、オープンブック・マネジメントをしていたんだよ」

一九九七年の売上高は六〇〇万ドル、利益はおよそ一六〇万ドル。平均四万三七五〇ドルの初期投資が約三十五万ドルの価値を持つようになっており、一部の投資家が株式の売却を希望していた。「一部の投資家」には、ライトシーの娘二人、ダナとジェニファーも含まれていた。ライトシー夫妻は、一九九四年に、相続対策として夫妻の株式の七〇%を娘たちに譲っていたのだ。その時点で株価の急上昇は確信できていたので、安値で獲得した株式を譲っておけば、娘たちが将来の株価上昇によって得をする、という判断だった。それにライトシーには懸念――杞憂ではなく的確な懸念――もあった。株を譲るのを先延ばしにしすぎて、夫妻が先にこの世を去ったとしたら、きっと莫大な税金が発生する。そうなったら、遺された娘たちは最高の入札額をつけた買収希望者に株式を売らざるを得ず、会社に最悪の結果をもたらす可能性もあるのではないか。

うかつな相手に娘たちの株式を売るわけにはいかない。とはいえ娘たちもお金が必要な状態だったので、一部でも売却すれば肩の荷が降りる。問題は、誰に売るか、という点だった。スペシャルティ・ブレーズで内部発生するキャッシュフローは、すべて事業成長に投じる必要があるので、会社が娘たちの株式を買い取ることはできない。それに代わる選択肢は、新たな投資家を見つけることによって、初期の投資家の保有株式を買い上げることだ。スタントンに住む誰かが、チャンスさえあればスペシャルティ・ブレーズに投資したいと思っているのではないか、とライトシーは考えた。そこで証券専門の弁護士に株式公開について相談したのだが、すぐに明らかになったのは、新規株式公開に伴う費用をまかなうどころか、現在起用している弁護士費用及び会計手数料の支払いすら怪しいという事実だった。年間売上高一〇〇〇万ドル未満の企業にとって、年間五十万ドルの法務・会計手数料は背負いきれない額だったのである。

しかしライトシーは、スタントンの地方銀行が地元だけで銀行株の取引をしていることを知っていた。なぜそのような形での上場ができるのか。弁護士の説明によると、バージニア州の証券取引法に例外があり、同州の企業は証券取引委員会（SEC）に登録や報告書提出をせずとも、州内で株式を公開できるのだという。地銀だけでなく、スペシャルティ・ブレーズも、その例外の対象だった。いくつかの条件を満たせば、バージニア州の住民限定で、株式を売却できる。

ライトシーは数カ月をかけて調査し、取締役会と弁護士にも相談をした。一九九九年はじめについに株式公開が実現すると、三十五人ほどのバージニア州住民がこれに反応。一株あたり二十ドルという株価は、取締役会にとっては妥協した金額だったが、合計三万株が六十万ドルで購入された。株式公開に伴って会社に生じたコストはたった一万五〇〇〇ドル。大半は弁護士費用だ。これを一回目として、スペシャルティ・ブレーズはその後十年間で合計三回にわたり、州内限定の株式売却を行った。

この州内株式公開というメカニズムは、ライトシーがエグジットを決断する際に直面する最大の問題――所有権の移行という問題を片付けてくれた。株主が保有する株式の売買は株主が決めることだからだ。しかしリーダーの交代については、引き続きライトシーが考えなくてはならない。幸い運に恵まれていたらしく、その課題に対する解決策も、最初の州内株式公開の直前に浮上した。

きっかけとなったのは今回もライトシーの娘だった。長女のダナは大学卒業後にサンフランシスコへ引っ越していたのだが、そこで知人を介して、バーモント州ミドルベリー大学を卒業したばかりの男性と知り合った。ピーター・ハリスというその男性は、小さなコンサルティング会社に就職し、戦略アドバイザーとして、多国籍企業の中国市場参入を助けていた。ミドルベリー大学で定評の高い中国語科を履修し、数学と中国語のダブルメジャーを修めた彼は、流暢に言語を操れるので、まさにうってつけの仕事に就いていたというわけだった。

ハリスとダナはほどなくしてつきあい始めた。交際が深まる一方で、ハリスはキャリアの岐路に差し掛かった。すでに何度も中国出張をしているので、次のステップは三年間の中国駐在生活となる。ハリスはその道を追求するのはやめて、退職し、ビジネススクールに入ることにした。入学先にはバージニア大学ダーデン経営大学院を選んだ。「そうすればきみは二年間、ご両親のそばで暮らせるよ」と、ハリスはダナに話したという。

「そのあとは、もうそんなチャンスはなくなってしまうから」

ダナはこれを受け入れ、一九九六年に、二人でサンフランシスコからバージニア州に引っ越した。同年秋にビジネススクールが始まる前に、スタントンにあるライトシーの家で結婚式を挙げた。

ライトシー夫妻にとって、ハリスの第一印象はきわめて良好だった。知れば知るほど、夫妻はこの娘婿を好きになった。彼にはビジネススクール卒業後に多彩な職業選択の可能性が広がっていることもよくわかっていた。だがライトシーとしては、彼をスペシャルティ・ブレーズに迎えられたら、と思わずにはいられなかった。そこで一九九七年の晩春、娘夫婦がスタントンに遊びに来たときに、ハリスを散歩に誘い出す。もしバージニア州の小さな製造工場で働くことに興味を持つなら、そのときはスペシャルティ・ブレーズへの就職について喜んで説明したい……家の近くの森の中を歩きながら、ライトシーは義理の息子にそう提案した。ライトシー自身は「そういう機会がある、と知っていてほしかっただけだ」と話す。

「どうしてもとは言ってない。私は縁故主義には強く反対だが、もしあいつが興味を持つなら可能性を排除はしない、というだけのことだ。だから、『収入で言うなら、投資銀行業務とかコンサルティングのほうが、ずっと儲かる。小さな製造業の給料なんかたかが知れてるからな』という話もした」

ハリスはその瞬間まで、スペシャルティ・ブレーズに入るという選択肢が脳裏によぎったこともなかったという。だが数日間の熟考の末、悪くないかもしれない、という結論が出た。そこで義父に、その可能性についてもう少し話を聞きたい、と申し出る。ライトシーは喜んだ。

ダーデン経営大学院の一年目を終えたハリスは、夏休みを利用してキャリア・コーポレーションという会社で働いた。上司にあたる戦略プランニング責任者との会話の中で、義父が経営する年商六〇〇万ドルの製造業で働くかもしれない、という話をしたところ、「冗談じゃない」という返事が返ってきた。

「うちはお前をアルゼンチン担当責任者に任命しようと思ってるんだぞ！」

しかしハリスには、敷かれたレールで出世するのではなく、自分で何かを経営してみたいという思いがあった。その点でスペシャルティ・ブレーズはいい機会だ。ただし、いくつか守るべき条件があった。目標はCEOになることだといっても、まずは新米として就職するところから始めなければならない。そうしておけば、のちにCEOに任命されても、それがライトシーの義理の息子だからではなく、有能な候補者だからだと全員に納得してもらえる。誤解が生じないように、ライトシーとハリスの共同名義で書類を作り、スペシャルティ・ブレーズが現在も未来も家族経営企業ではないことを明文化した。昇進はあくまで実績にもとづいて決められること、ハリス以外の親族の就職は基本的には認めないことを定めた。

ハリスはのちに、あれは最悪のジョブオファーだった、と冗談まじりに語っている。

「義父が言っていたのは、基本的にはこういうことだったんですからね――『うちに入って、徹底的に品定めされたまえ。周りからコネ入社扱いされて、あらゆる貧乏くじを引くことになる。本物の縁故採用のメリットは何もない。判断されるのは実績だけだ。最終段階に来ても、きみが望む立場を与えられる保証は何もない。利害が絡んでしまうから、私は決定には関与しないよ。その一方で、きみに払う給料は、きみが大学院に行く前より低くなるからな』」

それでも一九九八年六月、ハリスは正式にスペシャルティ・ブレーズに入社し、工業用刃物の営業部員として働き始めた。一番やりにくかったのは直属だった女性上司だろう、とハリスは語っている。

「たとえ私がマーティン・ライトシーの義理の息子でなかったとしても、手を焼いたと思いますよ。大学院を出たばかりのくせに、たくさんの職務を経験して一番実力を発揮できそうな場面を見極めたい、とはっきり野心をもった部下が入ってきたんですから。(いずれCEOになるための)形式的プロセスだったわけじゃありませんが、それにしても、事情が複雑すぎました」

ライトシーもうかうかしていたわけではなかった。いざ後継者を指名するときが来たら、取締役会にはぜひとも正しく選択して決めてもらわなければならない。実は一年ほど前、有力な後継者候補だと思う人材をCFOとして新規雇用していた。また、当時の業務部長も、社内のナンバー2として存在感を持っていた。

その点で出遅れてスタートを切ったハリスは、まずはビジネスの基本を独学で学んだ。担当業務は営業だが、「オペレーターと一緒に機械の操作もやりました」と語っている。

「顧客の商品を理解するために、時間をかけて、顧客の話を聞きました」

設計図の読み方も憶えた。製造技術にも詳しくなった。一年ほど経ち、事業再編に伴って医療用刃物部門のマネージャーとなった。その役割を一年ほど勤めてから、会社全体の業務部長に昇進。「あいつは縁故だから」という周囲の色眼鏡はだんだんと消えていった。彼の能力と仕事に対する倫理観は明白だったし、縁故の恩恵を受けていない点も明らかだったからだ。社内にいる誰よりも、ハリスは確かにライトシーの座を奪う可能性の高い人物だった。

二〇〇二年、ライトシーは、新CEOを迎えるべき時期だと決断した。ハリスの態勢も整っているし、彼なら優れたCEOになるという確信も持てた。しかし最初の約束通り、ライトシーはCEO選定には関与せず、他の取締役に判断をゆだねた。有望だったCFOはCEOになることには興味がないと意思表示していたので、候補者はハリスと、営業部長（かつて業務部長だったCEO候補）の二人だ。取締役会はそれぞれに面接を実施し、多数の質問に対して文書で回答を提出させた。仮にどちらも取締役会から見て承認しがたかった場合は、社外で人材を探すという手もあったのだが、そうはならなかった。彼らはハリスを選んだのである。

それから半年ほどで、ライトシーは自分のCEO任期を切り上げた。二〇〇三年一月はじめに正式に引退し、三カ月の休暇をとって妻と過ごした。「私はたくさんの失敗をしてきたが、一つ正しかったのは、あいつの邪魔をしなかったことだ」と、ライトシーはハリスについて語っている。「あいつの思う通りにやらせたんだよ」。ハリスものちに、CEOの移行は「シームレスだった」と表現している。

どんな会社であっても、創業者が座っていたCEOの椅子を次の世代に渡すというのは、承継プロセスの長期的成否にかかわる重大な分岐点だ。ライトシーとハリスもそう実感している。「ビジネス活動を引き継ぐだけのことじゃないんです」とハリス。

「人を引き継ぐんです。昔から忠誠心を捧げてきた従業員にとっては、次のリーダーに対して安心感を持てなくちゃいけません。いつまでも創業者におんぶにだっこじゃない、と思える存在でなくては。引継ぎの仕方を間違えたら、組織は新しいリーダーを拒絶するでしょう。まるで身体の免疫系がウイルスを追い出そうとするみたいに。だから部外者が入るのは本当に難しいんです。私の場合、入社から五年ほどかけて、社内のみんなに私のことをよく知ってもらいました」

ライトシーが蚊帳の外に出されたわけではない。彼は引き続き取締役会会長として残留し、給料は以前の半分だというのに、週に五日出社する生活を七年半にわたって続けた。その間に会社には実にさまざまな出来事があった。ライトシーはハリスと定期的に顔を合わせて重要な決断について話し合ったり、四半期取締役会議の準備をするといった形で、主な貢献を続けていた。

ハリスが新たな責務になじむまで、一年ほどの時間がかかった。転換点となったのは二〇〇四年、会社にとって新たなビジョンが浮上してきたときのことだ。そのビジョンの実現には大々的な組織再編をする必要があった。それまでのスペシャルティ・ブレーズはあくまで工業用刃物製造会社であり、副次的な取扱商品として医療用刃物を手掛けていたのだが、工業用刃物の市場は拡大せず、むしろ斜陽の兆しを見せ始めていた。反対に上昇の兆しを見せていたのが医療分野だ。そこで会社は満場一致で、ビジネスの主眼を移そうと判断した。最初にとった行動の一つが、医療刃物ビジネスに独自の名前を与えること。「インシジョン・テック」である。

新戦略はすぐに成果が見え始めた。二〇〇三年に九七〇〇万ドルだった売上高は、二〇〇七年には二一〇万ドルへ、倍以上に増えた。二一〇万ドルだった税引前利益は三一〇万ドルだ。翌年には医療分野の針や金属チューブを扱うロード・アイランドの製造会社を買収。ただし、その買収をまとめるには莫大な資本注入が必要だった。長期的な投資をしてくれる企業をPE市場で探した末に、取締役会はスウェーデンのファミリーオフィス*であるアクセル・ジョンソン社を選んだ。アクセル・ジョンソンが私募という形で株式の二二%を購入した。同年、スペシャルティ・ブレーズの社名は「ケイデンス」に改められた。工業用・医療用の特殊刃物に限らず、幅広い商品を扱うことになった点を反映した社名変更である。

こうした展開のすべては、ライトシーにとって、彼が初めて義理の息子を勧誘したときに抱いていた直感の正しさを裏づけるものだった。

「仮にまだ私がCEOだったらどうしていたか、と考えてみると、ピーターでよかったと確信するよ。あいつは、この段階に来た会社を、私よりずっと上手に導いた。私は技術面なら得意だったが、刃物製造の先のビジネスを読んでいくことができたとは思えないからね。あいつは会社を、私だったら叶わなかったステージへと押し上げてくれた」

ケイデンスになってからも、ハリスは積極的な成長戦略の追求を続けた。二〇一一年には売上高四一五〇万ドル、税引前利益四四〇万ドルを達成し、再び外部資本の大規模な注入を必要

＊ ファミリーオフィスとは個人資産運用会社のこと。たいていは数世代にわたって続いている単一の一族のために投資を管理する。

とする段階に来た。今度もアクセル・ジョンソンが名乗りを上げ、保有株式を四〇％に増やした。だが、この年に起きた最も重要な出来事は、二代目であるハリスが自らの後継者候補探しを始めたことだ。すでに一、二年ほど前に、彼はその意図を明らかにしていた。

「実際に乗り出してみるまでは、エグジットという道のりがどれほど難しいものなのか、ちっとも考えられていませんでしたよ」と、ハリスは二〇一〇年に私のインタビューに応えて語っている。

「当時の私はわかっていなかったのですが、自分自身が承継者として成功したなら、創業者が抱えた承継問題も受け継ぐことになるんです。自分のときと同じように承継を成功させなければならない、という義務を負ったんですね。めまいがするほど高いハードルですよ」

後継者探しはＣＥＯとしての責務だったが、それとは別にハリスの胸には、会社が自分の器では追いつかないほど大きくなりつつある、という思いがわき始めていた。かつて会社がライトシーの力量を超えていったのと同じ変化だ。いずれかの時点で、ケイデンスには新ＣＥＯが必要になる。もっと大きな組織の経営経験とノウハウを持ったＣＥＯだ。入社当時のハリスと同じような人材では対応できない。

「今ではとても複雑な組織になりましたから」

だからといって、すぐさま自分に取って代わる「雇われＣＥＯ」を求めたわけではなかった。

「一緒に働きたいと思える人間かどうか、私が判断する大切な基準が二つあります。謙虚であることと、人生の目的意識があることです。一般的に『雇われＣＥＯ』の二大特徴と言えば、自信家で、私欲を追求するタイプですよね」

ハリスにとって理想的な候補者とは、ケイデンスが数年以内に到達する規模やタイプの会社経営の資質があり、なおかつ、最初はCOOからスタートすることを厭わない人物だ。最初からCEOの座を譲るのではなく、タイミングを検討する余地を作っておくのである。依頼した幹部人材斡旋会社は、すでに候補者を特定していた。あらゆる面で望ましい資質を備えた人材に思えたが、一つ引っかかる点があった。その人物、アラン・コナーが、ケイデンスの顧客であるマイクロエアー・サージカル・インストゥルメンツで整形外科用器具を担当する部長兼副社長だったことだ。コナーは、時間をかけてケイデンスを見学し、ハリスとも話し合いを重ねて、会社とハリスの両方に強い感銘を受けた。しかしそうしたしがらみの中でCEOを引き受けるのは気が進まないと辞退。ハリスは再検討の末に、再びコナーにアプローチして、全業務を統括する社長という立場でケイデンスに加わってほしいと提案した。二〇一一年四月、コナーはその役割を引き受けた。

それからちょうど一年後、ライトシーが会長職を辞任し、一人の取締役になった。二代目から三代目への承継プロセスが進行する中で、次の一石を投じる時期だと感じていたからだ。ライトシー自身がCEOを退いたのは十年前、六十歳になろうとしていた時期だった。七十歳を目前に控えた今、そろそろ最後のバトンを渡さなくてはならない。ライトシーが退いた取締役会会長の座に、即座にハリスが選出された。

二〇一二年十月、取締役会はコナーを新CEOに選んだと発表。通常通り半年の移行期間を経て、正式にコナーが新たな役割に就いた。ハリスは会長として続投しつつ、アクセル・ジョンソンの副社長兼取締役という責務に軸足を移した。そして創業者であるライトシーは、いよいよ起業という旅路の最後出口を迎えた。「とても幸せだよ」とライトシーは言う。「友人の中には、贅の限りを尽くしても使いきれない財産を蓄えたやつらもいる。私は、もちろん、そうじゃない。だが世の中の大半と比べれば贅沢をさせてもらってるし、かなり快適な暮らしをしてる。ありがたいことに、私の尊厳や誇りも汚さずに来ることができた」

事実、彼は起業家のごくわずかだけに叶えられるものを達成した。立派な会社を築き、自分がいなくなっても長く続く独立した事業として、見事に軌道に乗せたのである。

6 ――誰に頼るべきか？

最高のアドバイスは経験者から得られる

二〇一〇年八月の蒸し暑い午後。緑が広がるイリノイ州インバーネス郊外、ゴルフコースを臨む白いレンガ造りの大きな平屋住宅に、シカゴ都市圏からやってきた訪問者が一人ずつ吸い込まれていく。最初に来たのは、四つめの事業を売却中のシリアル・アントレプレナー（連続起業家）。規制環境が変わったせいで突如として売却が危うくなり、対応に迫られている。二番目に来たのは、父親から会社を受け継いだ女性。その会社を業界のリーディングカンパニーに育て上げ、次のステップに備え始めたところだ。三番目は、六年前に会社を売却した決断を今も気に病んでいる創業者。売却したせいで、彼が何より大切にしていたもの、すなわち親密で活気ある企業文化を失ってしまった。そして四番目は、家族経営企業の元オーナー。残りのメンバー全員が理想的と考えるエグジットを果たし、今は経済的に何の制約もない隠居生活に入って、三カ所に持っている住居を好きなように行き来しながら、旅行やセイリングやゴルフをして、執筆教室に通って、孫たちと過ごす時間も満喫している。にもかかわらず、彼は何か大切なものが欠けているという気持ちを捨てられず、その「何か」を取り戻す方法もわからずにいる。彼のあとにさらに五人、玄関ポーチを通って家に入って行った。

この家のあるじはデイヴ・ジャクソン。妻と娘と共に住んでいる。ジャクソンは若くして在宅医療サービス会社を起業し、一九九八年に売却した。それからの一年半は彼のキャリアの中でも最悪の時期だったという。孤独に苦しみ、自分だけ取り残されたという思いで、焦燥感を抱えていた。その体験が大きな後押しとなって、彼は二〇〇八年に新たな事業を立ち上げる。それがエボルブUSAだ。やはり不本意なエグジットを経験したブルース・リーチ（第二章に登場している）と共に設立したエボルブは、会社を売却した人、売却を検討している人、売却中の人が加わる会員制組織である。先ほど登場したのは設立当初からのメンバーで、二年間にわたり毎月こうして会合を持っている。

部屋に入ってくる彼らの雰囲気は明るい。まるでチェックインの儀式か何かのように、前回の会合後に起きた公私の出来事を報告しあっている。互いの話を聞き、笑い、やさしく茶々を入れる。だが、シリアル・アントレプレナーのマイケル・レモニアーが話す番になると、そうした冗談まじりの雰囲気は影を潜めた。レモニアーはここのところ数々の試練にぶつかっている。規制機関のせいで、彼の会社メディプロ・スタッフィングの売却が難しくなっているのが一つ。それからプライベートで義父を老人ホームに入れざるを得なかったのも一つ。住み手がいなくなった家を空き家にしたり、義父の飼い犬を安楽死させなければならなかったり、いくつもつらい判断をしなければならなかった。

レモニアーが今回打ち明けた話は、この上にたたみかけるような悲しい体験だった。起業家人生を始める前、全国展開の人材斡旋会社で地域マネージャーをしていた頃に知り合った人物に関することだ。支店長から一人の若い従業員を紹介されたとき、レモニアーはすぐに、こいつは大物になる、と確信したという。「顔もよく、話もうまく、頭脳明晰で、私よりずっと賢かったんです」とレモニアーは語る。

「私の仕事のいくつかを引き継げる人材でした。それはありがたかったし、人としても気に入りました。彼はチーム全体の士気を高めていました。その後に会社を辞めて、関連する三つの事業を立ち上げましたが、どれも非常にうまくいっていました。三社合計の売上を、十一年でゼロから二億二〇〇〇万ドルに伸ばしたくらいです。そして今から二年くらい前に、ＰＥ会社に一億ドルで売却しました。そう聞いています」

レモニアーは「この六月に、彼は首を吊りました」と話を続けた。

「私は妻と一緒に、シカゴのダウンタウンで執り行われた葬儀に参列しましたが、そこにいた全員がショックを受けていたと思います。どうしても解せなかったんです。あんなにも素晴らしい人間を、あんなにも若い年で、世界はなぜ失わなければならないのか。彼の経営パートナーだった人に事情を尋ねたら、こんな答えが返ってきました。『あいつは人生の目的をなくしてしまったんです』と」

問いの変質――

事業売却の経験者に言わせると、上首尾な移行を阻む最大の壁は、自分が向き合う問いの性質が変わることだという。成功する起業家というのは、たいてい目標をしっかり見定めるタイプで、それがビジネスという場面において有利になる。彼らは基本的に定量化可能な目標を設定し達成していく。考える問いは常に、目標達成に向けた進捗に関することだ。実現まであとどれくらいか。足を引っ張る要因は何か。設定した数値にいつ到達するか……。

だが、会社を売却して身を引くと、突然、数字で判断できる目標がほとんど意味をもたない場所へと放り込まれるのだ。胸にのしかかる最大の問いは、自分自身の存在に関することになる。私はいったい何者なのか。なぜ今ここにこうしているのか。これからどこへ向かおうとしているのか。レモニアーは「会社経営の日々はラットレースですよね。ものすごいプレッシャーを伴うのですから」と認めながら、こう話した。

「でも、私たちはエボルブを通して、全く別のプレッシャーに向き合っていると思うんです。人生の意味や目的にかかわってきます。生易しいことではありません。実際に売却するまでは、この交差点にぶつかることもありませんし、その必要にも迫られません。養わなければならない家族などもいることですし。でも人生の目的を自分で選ぶというのは、人生の現実が選ばせる目的を受け入れるより、さらに難しいことじゃないでしょうか」

ジャクソンの家で夕食を囲む頃には、議論はお金の話に移っていた。なかでも白熱したのは、売却金額を可能な限りつりあげることはどれくらい重要なのか――どれくらい重要だったか、あるいは、どれくらい重要視すべきなのか――という論点だ。「その点には本当に悩んだよ」と、メンバーの一人であるエド・カイザーが言う。彼は一九七六年に、父親が経営する会社に入った。録音テープなどの記録媒体を販売するポリラインという会社だ。一九九三年にその単独オーナーとなり、十一年後に売却した経験を持つ。

「買主しだいでは、会社は移転、従業員は全員クビ、なんてことになったかもしれない。幸い私の場合は、こちらの最低希望売却額に同意して、しかも全員の雇用を保証してくれる買主を見つけることができたけれどね」

「悩んでるというのは私も同じだわ。私の場合は、まだ売却してないけれど」と、LMIパッケージング・ソリューションズという会社を経営するジーン・モランが発言した。LMIは、ヨーグルト容器のアルミホイルの内蓋のようなカバーやラベルの製造業だ。

「ずっと勤めてくれてる人たちが、『ここで働けて人生が変わりました』って、わざわざ言いに来てくれるのよ。そんな会社をお金のために売るなんて、すごく汚いことのような気がしてしまうわ」

レモニアーは、「会社を売ってお金をたくさん得るのが悪いとか、卑怯だとか、そんなふうに思いませんん」と言う。

「売却によって何を達成することを自分が選んだのか、それをしっかり意識しているなら、悪いことじゃないですよ。『自分にとって何が優先で、何を目指すのか』と胸に問わなくてはいけませんが。たとえば私が今の会社の売却で一番に目指しているのは、リーダーとなって働いてくれたチームの苦労をねぎらうことです。売却金額はできるだけ高くするつもりですが、それは金銭的に、はっきりと見える形で、彼らに感謝の意を示すためです。可能な限り最大の見返りを提供したいんです」

テーブルをはさんで熱心に話を聞いているデイヴ・ヘイルの顔には、おだやかながらも不賛成そうな表情が浮かんでいる。彼は七十三歳で、このメンバーの中では最年長だ。彼の会社、スケール・トロニックスは、医療用測定器の設計・製造におけるリーディングカンパニーである。キャロライン・レプラーというビジネスパートナーと共に一九七五年に創業した。「それはどうかな」とヘイルは口を挟んだ。

「仕事から降りるなんて考えるだけでもぞっとする。私に言わせりゃ、辞めるのは死ぬのと一緒だ。始めたときから、問題を解決して顧客のお役に立とうと頑張ってきた。そういうことをしていたいんだよ――誰かの問題を解決するっていうのが、本当に好きなんだ。ちょっとおかしいかもしれんが、私にとって『エグジット（ＥＸＩＴ）』というのは、言ってはいけない四文字言葉だね」

レモニアーは、「私の友人の一人も、エグジットという発想自体を嫌っていました」と返した。

「そいつはエグジットの計画を立てていなかったせいで、あやうく家を失うところでした。私も自分の仕事を心から楽しんでます。でも、情熱と投資は常に分けているんです。妻、子供、住んでいるコミュニティ、通っている教会……そういうのは、私が情熱を注ぐ対象です。ビジネスは、投資です」

ヘイルが「それを言うならビジネスは私の情熱だね」と言うと、レモニアーは「わかります。でも、『ビジネスを離れたら自分に何が残るのか』と考えると、とても怖いんです。その点ではあなたも私も同じじゃありませんか」と反論した。

かつて水処理関連会社を経営していたジャック・アルトシュラーが、「自殺してしまったというご友人が、会社を売却して目的意識を失った──というさっきの話が頭から離れませんよ」と発言した。

「人間って生き物は、はっきりした目的がないと、生きづらいのかもしれませんな。私の人生の目的がビジネスだけだったら、そこから離れたときに、人生の目的がゼロになってしまう」

レモニアーが、「問題は、『ビジネス以外に私の存在意義はあるのか』ということだと思うんです」と言った。

「カネを稼ぐためだけにこの星に生まれたわけじゃない、と強く思ってます。でも、お金を稼げば、人生の目的を深く探っていくことも可能になりますよね」

「年齢を考えてごらんなさい」とアルトシュラーが水を向けた。その場の全員が五十歳以上。ヘイルを含め、一部はそれよりもかなり年齢を重ねている。

「確かに生きるためには稼がなきゃならない。だが、ここにいる我々にとって、もはやカネが最優先の理由になると思いますか？」

一人では乗り越えられない――

エグジットへ向かうのはきっと孤独な道になる。おそらくはそれが理由で、多くの企業オーナーがエグジットをできるだけ先延ばしにしようとするのだろう。だが、これまでろくに考えてこなかった決断に突如として直面させられ、準備もなくおろおろと臨むのは、どう考えても危険なことだ。さらにもう一つ、こちらはやや自覚しにくい危険なのだが、いざエグジットの段階に到達したときに、投資銀行家やブローカーなどオーナーとは異なる点に興味を持った専門家に依存することになりかねない。そうした専門家にとっては買収・売却取引の成立こそが終着地点だ。そこまで行ったら、仕事は終わり。また別の依頼人の売却を手伝うだけである。しかしオーナーにとって売却取引とは、何であれ次に来るものの始まりだ。進め方しだいで、そこからの先の未来も大きく変わってくるかもしれない。

エグジットを経験済みのオーナーから学ぶことができるなら、多少は危険を回避できるだろう。特にエグジット・プロセスのステージ1、すなわち選択肢を探り、陥りかねない落とし穴を調べ、自分が望むものをじっくり検討している時期には、先駆者のアドバイスが有益だ。アドバイスはフォーマルな場で得るというより、たいていは個人的な交流や人脈を通じて入ってくる。そうなる理由はいくつか考えられるが、エグジットのアドバイスを提供するシステムがほとんど存在しないのも一因だ。その点でシカゴを拠点とするエボルブは、ビジネスオーナーの互助組織として機能している。売却取引にまつわるサポート提供の試みとしては草分け的な存在だ。

設立のきっかけとなったのは、創設者二人が両方とも、売却後に人生の移行で苦しい体験をしたことだった。デイヴ・ジャクソンもブルース・リーチも、自身が起業した会社から離れた後、人生の充足感と意味を求めてもがく日々を送った。リーチの探求については第二章で紹介した。もう一人の創設者、デイヴ・ジャクソンの探求は、起業家・慈善活動家ボブ・バフォードの『ハーフタイム（Halftime）』という著書から始まったという。バフォードは同著で、「単なる成功から、意義のある実りへ」というテーマについて語っている。「成功」と言うなら、ジャクソンはある程度の成功は収めていたのだ。彼が一九八九年に創業した在宅医療サービス会社ファーストチョイス・ヘルスケアは、九年間で年商約一〇〇〇万ドルへと成長した。従業員数は一五〇人で、その大半が看護師だ。少なくとも書類上では、数百万ドルの価値がある事業だった。

しかし、それは彼にとって心躍るビジネスではなくなっていた。義務感で業務に臨んでいるだけで、喜んで働いてはいなかった。「すべてのことが『ただの仕事』と感じられていました」。さらに悪いことに、メディケア〔アメリカの公的医療制度〕の新しい払い戻し方式では大手に利が生じるようになり、競争の均衡が変わってきた。事業を売るべき時期が来たと判断したジャクソンは、買主を探し、一九九八年七月に売却を成立させた。相手はボルティモアを拠点とするインテグレーテッド・ヘルス・サービス。フォーチュン500に選出される大手企業である。

当時のジャクソンは三十八歳。人生で初めてそこそこの財産ができた彼を待ち受けていたのは、次にすべきことを考えるという試練だった。「単なる成功から、意義のある実りへ」というフレーズは、彼の心に強く響いた。売却後二カ月間は、売却先の企業に毎日出勤し、もろもろの移行作業に手を貸した。「ダウンタウンまで電車通勤をしながら、あの本を何度も何度も読んだことを、今でも憶えています」とジャクソンは語る。

もちろん、意義ある実りを求めるからといって、それを達成できるとは限らない。まずは自分がどんな人間なのか（WHO）、それを多少なりとつかめていなければ、意義ある実りを定義するのも難しい。もともとジャクソンは自分探しの途中だったのだが、売却によってその暗中模索が一気に深刻化するとは、彼自身も予想していなかった。

最初にそれを痛感したのは、妻のクラウディアと共に旅行に出かけたときのこと。目的地はシカゴから車で北へ五時間ほどのところにある、ミシガン湖にせり出したウィスコンシン州の半島、ドア郡だ。

「秋でした。半島に向かって車を走らせていると、ああ誰も私を追いかけてはこないんだな、という思いがしみじみわきあがってきたんです。ポケベルもいらなくなったので持っていない。私と連絡がとれないと困る人もいない。変な気分でした。これまで普通だったことが、もうすっかり当たり前ではなくなったんだ、と初めて実感しました。そうなってようやく、『必要とされる』と感じることが自分にとってどれだけ大切か、身に染みてわかったんです。人に必要とされている、というのを軸にして、私はプライドを保っていたんですね。その軸が突然、私の生きる世界から取り除かれてしまったんです」

この時点でのジャクソンは、この気づきが持つ意味を完全に受け止めきれてはいなかった。本当に腑に落ちたのは、旅行も終わって日常に戻ろうとしたときだ。イリノイ州インバーネスにある自宅の地下に書斎をあつらえてあったのだが、その書斎で実際に何をしていたか、彼はこう語っている。

「六時に起きて、シャワーを浴びて、服を着て、地下に行くんです。書斎の椅子に座って、それから日がな一日、することと言えば、鉛筆を並べ替えるだけ」

メールをチェックする。誰かに電話をかけて会う約束をとりつける。連絡したい人、やりたいこと、追いかけてみたい夢をリストアップする……そんなことをしながらも、頭の中にははっきりした目的は何一つ浮かんでこなかった。

「まるでままごとですよね。『何か』を探していましたが、それがなんだかわかりませんでした。人から評価され重視されていると感じていたくて、その方法を探っていたんだ、と今ならはっきりわかるんですが」

悪夢のような時期だった、とジャクソンは言う。しかも悪夢は一年以上も続いた。来る月も来る月も、具体的に何が悪いのか、何をすべきかも見えないままに、自分はこんなはずではないと思いながらもがき続けた。焦燥感の果てに、ようやく、あるアイデアが浮かんできた。

「もし今もまだビジネスに携わっていて、それで壁にぶつかったとしたら、自分はどうしてるだろう――そんなふうに考えてみたんです」

答えは事業計画を練ることだ。しかし今回は、何の事業のプランを練るのか、そこから考えなくてはならない。メモ帳に大きく縦の線を引いて、片側にやりたいと思うことを、反対側にやりたくないと思うことを書き出してみた。

「やりたくないことのリストが、実は、かなり役立ったんです。たとえば『自分の時間を自分でコントロールできないのは嫌だ』とか、『家族で過ごす休暇を犠牲にしたくない』といったことを書きました。書くと考えがはっきりしてきました。時間は自分で決めたいんだとわかると、すぐに、やろうかと思っていた物事の大半は、それに当てはまらないと気づいて捨てることができました。『アハ!モーメント』は何度か訪れましたが、これが最初の大きなアハ!だったと思います」

ジャクソンは少しずつ、どん底から浮上していった。意義ある実りの模索を続けながら、ビジネスパーソンで結成された慈善活動に加わってみた。キリスト教系人道支援組織ワールド・ビジョンの支援のもとで市街地に大型倉庫を確保して、寄付された家具を修理する活動だ。低所得者層の人々や、彼らを支えるコミュニティセンターや教会に、そうした家具を提供するのである。その一方で、会社を経営している友人や知人から連絡を受け、ファーストチョイス売却の経験について教えてほしいと頼まれることが増え始めた。たいてい朝食や昼食など、食事を共にしながらジャクソンが自分の経験を話すのだ。貴重なものを提供している自覚はなかったのだが、キース・カントレルという地元の投資アドバイザーに出会ったとき、そうした時間とアドバイスの提供に課金すべきだと助言を受けた。ジャクソンは最初は疑わしく思ったのだが、勇気を振り絞り、相談してきた相手に報酬を頼むようになった。すると誰もが喜んで財布を開いた。

今自分は新たなキャリアに乗り出そうとしている――そう気づくと同時に、カントレルとの出会いから、もう一つの花が咲いた。ファーストチョイスの売却から三年後となる二〇〇一年に、カントレルの会社エヴァンストン・アドバイザーズの株式3分の1をジャクソンが取得することとなったのだ。新しいキャリアは彼にぴったりだった。エヴァンストンの依頼人の大半はビジネスオーナーで、エグジットのプロセスについて助言できるプロの需要は高まっていたからだ。ジャクソンはその需要に応え、リード・アドバイザーとなって、エグジットを迎えるビジネスオーナーを数年で何十人もサポートした。

ジャクソンはそこにパターンを見出していた。

「こうしたオーナーのほとんどは、エグジットのことを、アメフトの試合終了直前にたたみかける最後の攻撃みたいなもの、と思っているんです。だけど、そんな攻撃練習はしたことがなかったり、試合に出たのも初めてだったり。彼らは単にわかっていないのではなくて、自分がわかってないことがわかっていないんだ、というのが私にははっきり見えました。そんな状態だと、企業価値を最大化できなかったとか、税金の優遇措置を充分に活用しなかったとか、自分自身と向き合ってこなかったとか、次に向かうべき物事の準備をしていなかったといったことに気づかされて、不本意な思いを味わうはめになりますよ——と、私は彼らに説明しました。そういうのは、どれも時間がかかるのですから」

こうしたビジネスオーナーに必要なのは、単なるアドバイザーではなく、何らかの学習メカニズムではないか。ジャクソンはそう察していたが、具体的な手法は思い浮かばずにいた。そんな頃、シカゴのTEC支部（現在はヴィステージと名称変更した、中小企業のオーナーや経営幹部による勉強会）のメンバーから、事業を売却してTECを卒業した会員の同窓会を結成するという話を聞いた。ジャクソンも参加し、そこでブルース・リーチと出会った。「集まってみたら、みんな売却後ならではの問題をいろいろと抱えていることがわかったんです」とジャクソン。「みんなで、ウィリアム・ブリッジスの著書『トランジション　人生の転機を活かすために』（パンローリング）を読んで勉強しました。ビジネスオーナーに主眼を置いた本ではありませんが、お互いが抱えている状況を理解し、言語化できるようになりました。喪の作業に少し似ているかもしれません。身近な人を失うと、何段階かの悲しみのステージを抜けていくことになりますが、自分がどのステージに来ているか自覚したならば、立ち向かうこともできます。同窓会の面々も同じでした」

何人かがTECに打診し、エグジット済みまたはエグジット予定のオーナーを対象としたグループを立ち上げてほしいと持ち掛けたが、TECはそれを受け入れなかった。そういうわけで、ジャクソンとリーチがエボルブを設立する運びとなったのである。

リーダーを導けるのは誰か——

もちろん、どんな互助グループでも、メンバーに提供できる支援には限界がある。特にエグジット・プロセスに関する支援は難しい。多くのオーナーが一度しか体験せず、二度三度とエグジットするオーナーは比較的少数だからだ。ビジネスにかかわるその他のことはたいてい何度も反復がある。繰り返すことで腕を上げていけるし、失敗が学習メカニズムになる。エグジットの失敗からは学べないという意味ではないが、「次の機会」が存在しない場合、その失敗が改善の手段ではなく、後悔の源になってしまうのだ。だからエグジット・プロセスのどのステージでも、できるだけ適切なサポートがあったほうがいい。実際の取引に向けて進めば、より専門的な支援が必要になってくる。

たとえばエボルブのようなグループは、すべてのステージに貴重な支援を提供するが、特にステージ1の事前調査段階で果たす役割が大きい。ステージ2の戦略フェーズに入ると、もう少し専門性の高い助言が必要となってくる。このときに主眼を置くのは、価値推進要因（キー・バリュー・ドライバー）の開発だ。バリュー・ドライバーがしっかりと確立していれば、最終的に提示できる売却希望金額が変わってくるだけでなく、それまでの過程で直面するさまざまな脅威を乗り越え、安定した成長記録を築いていく力にもなる。

ビジネスオーナーは常にバリュー・ドライバーに注意を払っていなければならない。その点は具体的なエグジット準備をしているかどうかにかかわらず共通なのだが、実際に身を引きたいという考えが固まり、ではいくらで売りたいのかという数字もはっきり見えてきたならば、いろいろと事情が変わってくる。その段階に来たら、想定している売却方法の専門家のアドバイスが必要だ。たとえば外部への売却を予定しているなら、自社のような企業の市場について知識があり、最高の売却取引に向けて具体的なアドバイスのできる人物から、サポートを得なくてはならない。その人物をリード・アドバイザーに迎えて、売却取引に関して、できればその先まで面倒をみてもらえるのが理想的だ。適任者と出会えれば、きっと見事な成果を収められる。だが人選を間違えれば、これまで築き上げてきたもののすべてが台無しになるかもしれない。

エグジット・プロセスをすべて自分一人で取り仕切るオーナーもいる。一般論としては、これは非常にまずいアイデアだ。理由は少なくとも二つ。第一に、エグジット未経験者には至らぬ点が多く、うまくやれる可能性が低いこと。シェーズ・オブ・ライトのアシュトン・ハリソンの場合も、スティーブ・キンボールというコンサルタントを起用していなかったら、おそらく惨憺たるエグジットを迎えていたことだろう。第二に、さらに危険な可能性として、売却プロセス進行中に会社経営をないがしろにしかねないこと。売却取引の進行管理は重大な仕事だ。ほとんどのオーナーにとってはそれまで獲得する必要もなかった知識とスキルが求められる。それを自分でやろうとすると、日常業務は最低限のことをこなす時間もなくなってしまう。すでに自分なしでも会社がしっかり回っているなら別だが、そうでない限り、売却の成否とは別に大きな代償を支払わされることとなるだろう。

ただし、リード・アドバイザーに誰を起用するかという意味では、自分で売却を取り仕切った経験のある元ビジネスオーナーのほうがふさわしい。皮肉なことに、失敗して高い〝授業料〟を払って学習した経験者ほど適任だ。これを書く私の見解に強いバイアスがかかっていることは認めなくてはならないが、ブローカー、投資銀行家、弁護士、会計士、資産管理者、その他M&A専門家など、コンサルティングをして、アドバイスをして、契約をまとめて、純粋にプロとしてのサービスを提供する存在に頼るよりも、売却と売却後の自分について苦い思いをして学んだ経験者のほうに、アドバイザーとしての資質があると断言したい。特にウォールストリートの大手投資銀行には疑わしい思いを抱いている。MBAをとったばかりの新人社員に、腕試しとして、この手の仕事を担当させる場合もあるらしいからだ。

M&Aのプロ全般を批判しているわけではない。多くは優秀だし、エグジット・プロセスの要所要所で彼らのサービスが必要になる。だが、自分自身の事業のエグジットを経験していないM&A専門家には、どうしても見逃す点があるのではないか。特に売却に必ず伴う心理的な問題には気づきにくい。取引そのものに主眼を置きすぎて、その後の展開にほとんど意識を向けない場合も多い。その点で自分自身がビジネスオーナーだった有能なリード・アドバイザーなら、エグジット・プロセスが売却で終わるわけではないと知っている。専門サービスが必要となるタイミングも、誰からそのサービスを受けるべきかも、よく心得ている。

家族・親族に会社を譲ろうとしている場合も、従業員持株制度を通じて従業員に売却する場合も、ふさわしいリード・アドバイザーがいたほうがいい。ただし、そうしたルートを体験したアドバイザーには、なかなかめぐりあえないかもしれない。家族や従業員に譲り渡した企業オーナーは、どうしても似たようなビジネスのことしかわからないので、アドバイザーにはなりにくいからだ。経験者の知見を得るべきではない、という意味ではない。彼らの見解は弁護士や会計士など、他のプロの意見とは往々にして驚くほどに異なっている。

弁護士や会計士だって場合によってはビジネスオーナーではないか、という指摘もあるだろう。確かにサービス業を所有・経営するという点では、おっしゃる通り。だが、専門的アドバイスの内容を自分で体験しているかどうかで、世界に対する見方が違ってくるのだ。会計事務所を離れて起業し、その違いを思い知ったボブ・ウーズリーという人物の話を紹介したい。

公認会計士（CPA）として訓練を積んだウーズリーはプライス・ウォーターハウスでキャリアをスタートし、その後一九八二年にアトランタを拠点とする会計事務所フレイジャー&ディーターに採用されて、本格的に専門職として働くようになった。三年後には経営パートナーに抜擢された。その間にフレイジャー&ディーターはアメリカの会計事務所大手一〇〇社の一つとなり、その急成長ぶりと、卓越したサービスの提供と、優れた経営慣行と、働きやすい職場環境を評価され数々の賞を受賞した。

だが、ウーズリーの心には「起業の虫」が棲んでいた。二〇〇〇年には退職し、ビジネスパートナーと共にiLumenという名の会社を立ち上げる。企業の売掛金回収、分析、財務データのベンチマーキングを自動化するサービスだ。会計事務所が優れたサービスを提供し依頼人との絆も深めるために役立つ技術だと考えて、当初のターゲット市場を会計事務所に設定した。のちに提供範囲を広げ、銀行家が顧客のために利用したり、フランチャイズ本部とフランチャイジーとで活用したりできるようにした。ウーズリーは十年にわたって順調に経営を続け、その後にCEOを引退。二〇一一年には古巣フレイジャー&ディーターに戻って、起業コンサルティング部門を統括すると共に、事務所の成長戦略を監督することとなった。

事務所は以前よりも大きく成長し、ウーズリーも昔とは違っていた。彼自身が提供するアドバイスの内容もしかり。「iLumenを経験する前の私が起業家に言っていたアドバイスは、今思うと、顔から火が出るようなものもある」とウーズリーは語っている。

「今なら、もっといいアドバイスができる」

ウーズリーが示唆するように、起業し、経営し、エグジットするという経験をすると、誰であっても——彼のような専門家でも——そのプロセスに対する見方が変わるものなのだ。経験者にアドバイスを求めてほしいと私が言うのは、そういうわけである。とはいえ、プロセスの途中、とりわけ実際に取引を行うステージ3のさまざまな専門的問題を、一人のアドバイザーに丸投げするわけにはいかない。むしろリード・アドバイザーの仕事とは、それぞれの問題に対処する専門メンバーを集め、チームとして運営することなのだ。チームには最低でも弁護士と会計士、それからおそらく保険の専門家や、資産運用の専門家もしくはファイナンシャルプランナーを含めることとなるだろう。特にステージ4、すなわち売却が成立してお金のやり取りがすんだ後の段階で、資産運用会社やファイナンシャルプランナーの存在が重要となってくる。

リード・アドバイザー自身に起業経験があれば、他のチームメンバーの起業経験は重要ではない。逆にウーズリーの例のように、起業家経験のある人物が会計や法や財務管理の関連会社に身を置きつつリード・アドバイザーになるというのが、何かと有利なことが多い。エボルブを創設したデイヴ・ジャクソンも資産運用会社を経営しているので、そうしたアドバイザーの条件に当てはまる。特に急いで事業売却する必要のない顧客もいるが、資産運用会社は売却を成立させることで儲けを得るわけではないので、相手にとって必要な時間をかけてアドバイスができる。

一方、ビジネスブローカーと投資銀行家はどうだろうか。彼らの第一の役割は、会社を売る市場を作り出し、買主候補者を見つけ、売却プロセスの全体を監督することだ。彼らの助けが必要な場合もある。そうでない場合もある。ブローカーと投資銀行家を区別するのは、基本的には取り扱う取引の規模や手法なのだが、境界線は曖昧だ。投資銀行家と名乗っているブローカーも一部にいる。

一般的にブローカーは、売上高五〇〇万ドル未満、ＥＢＩＴＤＡ五〇万ドル未満の中小企業に対応する。不動産ブローカーが住宅を扱うのと同じ手法で企業の売却を扱い、新聞やオンラインに告知を出して、反応してきた相手への売却を目指す。三流ブローカーの多くは他にもあれこれと手を広げているので――住宅、ボート、商業用不動産、トレーラーハウスなど――依頼を請け負う会社について、たいていはそれほど知識がない。こうした輩がいるからブローカー業に悪評判が立つのだ。少しでもマシなビジネスブローカーであれば、企業の売却だけを専門に扱う。しかもたいていは、自分が内部及び外部から熟知している特定の産業に絞っている。

投資銀行家は、年間売上高五〇〇万ドル以上、ＥＢＩＴＤＡ一〇〇万ドル以上の企業の売却に対応する。銀行家の仕事は主に買主候補者を特定し、上手に話をもちかけ、入札の準備と入札プロセスの管理を行うことだ。投資銀行内で特定の産業に対応する担当者もいるし、幅広くカバーする担当者もいるが、この点はビジネスブローカーも同様だ。売主の観点から言ってどちらが好ましいかは断言できない。どちらを選ぶ理由もあるだろう。投資銀行家が必要なのか、必要だとすればどのタイプがベストなのか、優れたリード・アドバイザーがいれば、目星をつけられるはずだ。

自社を売ろうとするオーナーはリード・アドバイザーの能力に大きく頼ることになる。特に交渉の場では圧倒的に買主が強い。売主にとって売却は初めての体験であることが多いが、買主のほうはたいてい過去に何度も取引をしているからだ。経験あるリード・アドバイザーなら、その不均衡も埋められる。

だが、だとすればそうしたアドバイザーになれるほどの経験や知識は、どうやって身につけるものなのだろうか。

起業家がアドバイザーになるまでの苛酷な〝勉強〟――

バジル・ピーターズは、自身の初めてのエグジット体験がほぼ大惨事に近かったと認めている。その会社、ネクサス・エンジニアリングは一九八二年に、カナダのブリティッシュコロンビア大学大学院の最終学年在学中だったピーターズが仲間と共に立ち上げた会社だ。本人いわく、起業の理由は金銭的な必然性に迫られてのことだった。電子・計算機工学で博士号を取得するにあたり、あちこちに頭を下げて借りられるだけのお金を借りていたからだ。

そもそもの始まりは、ピーターズと、クラスメイトのピーター・ファン・デル・グラフトが、エンジェル投資家二名の援助を受けながら大学の研究室で進めていた研究だった。商用利用の開発が始まったばかりの衛星通信の研究である。ケーブルテレビに未来の波が来ると判断した彼らは、ケーブル・ボックスと言われる機器の中枢部分の製造に取り組んでいた。衛星から信号を受信し、それを同軸ケーブルで送信可能なデータに変換するヘッドエンド装置である。

彼らは賭けに勝った。売上は初年度に約二十五万ドルを達成したあと、年間ほぼ二倍の速度で成長し、一九八九年には約二五〇〇万ドルに到達。製造業がそれほどの成長を維持するには莫大な運転資金が必要だったのだが、常に外部資本の助けが得られた。ベンチャーキャピタルの資本調達を二ラウンド実施し、機関投資家も三社迎えた。

大ブレイクが来たのは一九九〇年だ。メディア会社大手であるタイム・ワーナーが、ニューヨーク都市部で世界初の五〇〇チャンネル対応ケーブルテレビシステムを構築するという構想を発表。ケーブル技術業界の最大手サイエンティフィック・アトランタ社とゼネラル・インストゥルメント社は、実現不可能という見解を示した。ピーターズとヴァン・デル・グラフトは、可能だと考えた。そしてタイム・ワーナーのチーフエンジニアを説得し、自分たちが設計するケーブル・ボックスなら五〇〇チャンネルを扱えると説明した。彼らが見事に契約を勝ち取ると、大手の競合他社は悔しがり、どうせ失敗するとあからさまに断言した。しかしネクサス・エンジニアリングは失敗しなかった。一年半後にはシステムを完成させ、競合他社の技術を一挙に追い抜いてみせたのである。

ピーターズにとってはこの世の春が訪れたようなものだった。ブリティッシュコロンビアの小さなビジネス界で一躍有名人となり、数々の賞を受賞し、雑誌の表紙も一度ならず飾った。ネクサス自体を急成長させただけでなく、ネクサス傘下にスピンオフ事業を六つも生み出した。ピーターズとヴァン・デル・グラフトは、忙しく、そして幸せだった。「連日ひたすら仕事に没頭していた」とピーターズは当時を振り返って語っている。

「ときどき夜中に、すべてがうまく行きすぎているのが不安になることもあった。何か大事なことを見逃してるんじゃないか、と漠然と感じていた。だが、そんな心配はすぐ頭から追い払って仕事に戻っていた」

実は、タイム・ワーナーとの契約がまとまった直後から、トラブルの最初の兆しは見えていたのだ。ネクサスにとって最大口顧客であったロジャース・コミュニケーションズの創業者・CEOのテッド・ロジャースから、ピーターズのところに不意に電話がかかってきた。「心配しないでほしい、という電話だった」とピーターズは思い出す。

「アメリカの貯蓄貸付組合（Savings and Loan Association：S&L）〔住宅ローンと貯蓄を支えるために存在するS&Lが、当時、続々と破綻しつつあった〕に関する報道を見るだろうが、心配しないでいいから――とロジャースは言うんだよ。ロジャース・コミュニケーションズは、我が社の商品を購入するにあたってS&Lの不動産ローンを利用していた。その件は今後も大丈夫だから、と私を安心させるための電話だった」

ピーターズはこの話をどう受け止めるべきかピンと来なかったのだが、その後数日のうちに、アメリカ及びヨーロッパの顧客から同様の連絡があった。そこで取締役会と、売掛金を担保に融資を受けている銀行に相談をした。大口顧客がくちぐちに「大丈夫だ」と言ってくるのは、何か心配すべきことあるという明らかなサインだ。

実際には大丈夫どころか、ネクサス・エンジニアリングはS&L崩壊と、それに伴うジャンク債市場破綻の影響を感じていた。ネクサスの得意客のすべてを含め、ケーブルテレビ業界全体が成長資金の調達源として高利回り債券、つまりはジャンクボンドに頼っており、こうした債券の投資家の中に大手のS&Lが多く含まれていたからだ。議会は一九八九年に、S&Lに対して五年以内にジャンクボンドを売却するよう求める法案を通過させる。すぐに債券売却ラッシュが起き、新たな債券発行が不可能になった。ケーブル会社の主な資金調達元が、ほぼ一夜にして干上がったのだ。

それにもかかわらず、ピーターズの顧客は払えると請け合い続けた。ピーターズはその「安心」を銀行にそのまま伝えていた。半年後、銀行はネクサスの口座をスペシャルローンに移行。特別部門が一年間にわたってネクサスの様子を監視し、その後、融資返済を要求することになった。

「一年後に来るとわかっているのだから、まるでスローモーションで自動車事故を見ているみたいだった」とピーターズ。同時期に景気が不況へと転落し、ネクサスを支えていた投資家が株式をいくらか売却したいと問い合わせてくるようになった。

「不況の中、未公開株式を一部だけ売却するなんてできるものか。何の方法も思いつかず、選択肢は一つしかなかった――子会社を含め七つある会社の一つか、もしかしたら二社以上を、会社ごとどこかに売却しなきゃならない。とはいえ、考えるだけでも気持ちが沈んだ。私たちは全員〝成長中毒〟だったからね。売って手放すなんて考えてもいなかった。今となってはその点のほうが驚きだ。信じられないことだが、私たちにはエグジット戦略がまるでなかった。一度も話し合わなかった。取締役会も検討していなかったし、私自身、パートナーとのランチで話題に出したことすらない。あれは私のキャリアの中で一、二を争う最悪の失敗だった」

案の定、この失態は他のたくさんの過ちへの扉を開いた。幸いにも多少は正しい対応をとれたおかげで、またいくつかの幸運にも恵まれたおかげで、ピーターズは壊滅的な破綻を辛くも逃れられたのである。

売却に失敗するレシピ――

ピーターズは、売却を目指して必死になっていた時期に自分が犯した失敗を、はっきりと十二個特定できる。**失敗その1**は、前述の通り、エグジット戦略を立てていなかったこと。**失敗その2**は、何年も経ってから気づいたのだが、実は売却以外にも選択肢があったのに、そうしなかったことだ。株の再売り出しをすればよかったのである。「新たに別の投資家に、創業者や創業期の投資家から株を買い取ってもらうという方法もあった。今思えば、全盛期のうちに、そのように取り計らっておくべきだった。創業者とエンジェル投資家にとっては悪くない株価で、多少なりと現金化できたわけだから。株主の多角化にもなるから、私が最悪の時期に株主から受けたプレッシャーも、いくらか小さかっただろうし」

失敗その3は、ピーターズが売却プロセスの管理に専念したことだった。共同創業者であるピーター・ファン・デル・グラフトが、日常業務のほうを一手に引き受けていた。「あの頃の私は、それはもう必死に働いていたよ。一日十六時間でも。どうしても買主を見つけなければならなかったからね」とピーターズは言う。

「だが、うまくいかなかった。正直に言えばひどいもんだった。そして会社はかなりまずい状態になっていた。以前は私たち二人で一日十二時間業務にあたっていたのに、私が売上につながらない業務に完全に切り替えてしまったものだから、苦戦していたビジネスはたちまち悪化し始めた。これも、私が学んだ教訓の一つだよ。CEOがエグジットの指揮を執ってはいけない」

もともと衛星通信技術の開発で始まったネクサス・エンジニアリングを売却する相手としては、防衛産業の契約業者が理想的だろうと彼らは考えた。そうした会社が冷戦後に防衛関連ではない領域に進出しようとしているなら、きっとネクサスの吸収に興味を示すに違いない。ピーターズは何とか三社の候補を見つけた。三社が提示した買収計画はいずれもしっかりしていると思われた。これが**失敗その4**だ。

「あのとき知ったんだが、関心を示したからといって本気だとは限らないんだね。いつのまにか歯が抜けるように、特に理由も示さずに去って行ってしまうんだ。腹を立てたとかいうこともなく、ただ電話を折り返してこなくなる。あのときもそうだった。結局一社しか残らなかった」

買主候補が一社になってしまった段階で、ネクサスはキャッシュフローが回らない破産すれすれの状態になっていた。最後の買主候補が消えれば破産は決定だ。幸いなことに、ネクサスを支えるエンジェル投資家の一人に、数回ほど事業売却の経験があった。状況の深刻さに気づいて介入してきたその投資家は、競合であるサイエンティフィック・アトランタ社に情報をリークしてみてはどうか、と提案した。ネクサスが売却先を探しており、遠からずどこかに買収されるであろうことが、それとなく耳に入るようにするのだ。ピーターズはそんな手法は考えも及ばなかった。「どうやってふさわしい人物の耳に入れればいいんです？」と尋ねると、エンジェル投資家は、人を雇って情報を吹き込ませればいい、と説明した。投資家の友人に、サイエンティフィック・アトランタに自社を売却した人物がいて、その人物ならおそらく上層部にツテがあるという。報酬については交渉しなければならないが、現金一万ドルか二万ドル程度で〝仲介〟を引き受けるだろう――と。

ピーターズは、その提案はリスクが高いと考えた。手持ち資金の余裕もないので、取締役会が賛同するとも思えない。あとになって知ったのだが、プロのM&Aアドバイザーを起用してさえいれば、そんな手口をとる必要などなかったのだ。M＆Aの専門家を起用していなかったこと、それが**失敗その5**である。結局、取締役会はリーク作戦を承認した。報酬額に合意の上、紙袋に詰めた現金を〝仲介者〟に渡し、その人物が約束通りサイエンティフィック・アトランタの幹部に電話をかけた。ピーターズが指示したのは、「ネクサスは大手の防衛産業契約業者への売却が今にも決まりそうだ」と伝えること。タイム・ワーナーという大口の契約を勝ち取ったとはいえ、規模が小さく資金にも恵まれないネクサスが、遠からず莫大な資本を得て強力なライバルになるぞ――とほのめかすのだ。計画は上首尾に敢行された。一日経つか経たないかのうちにサイエンティフィック・アトランタの企業買収担当者から連絡があり、まだ入札はできるかと尋ねてきた。そして速やかに、防衛産業契約業者よりもかなり高い金額で買収提案を入れてきたのだった。

一社残っていた防衛産業契約業者のほうは考えを変えたらしく、やがて電話を折り返さなくなった。この時点でサイエンティフィック・アトランタによる買収が視野に入っていなかったとしたら、ネクサスを救う戦いは敗北が決まっていたに違いない。入札者が一社のみという状態が、**失敗その6**だった。「これも、どんなときでも絶対当てはまる教訓だ」とピーターは述べている。

「もしそんな状況になったら、話を先へ進めず、一歩下がって、せめてもう一社は候補者を確保したほうがいい。どんな形の売却をするにせよ、入札は複数入っていなければ」

しかし当時のピーターズは、サイエンティフィック・アトランタが買収に乗り気である様子を見て、すっかり安心してしまった。

「助かった、と思った。交渉が本格化してくると、もう未来は安泰だという気すらし始めていた。本当に馬鹿だったよ。次の手厳しい教訓が待っていたんだから」

手厳しい教訓を教えた**失敗その7**は、主要株主たちの見解を確認しなかったことだ。彼らも同じ方向を見ていると決めつけていたため、一人のベンチャーキャピタリストから取締役会議で何度か奇妙な意見をぶつけられたとき、ピーターズはただ面食らっていた。このベンチャーキャピタリストが裏でロビー活動をしていることを、別の取締役に警告されてから、ピーターズの困惑は不安に変わった。

ロビー活動の狙いはのちに明らかになった。ピーターズを支持していた主要な取締役二人が、このベンチャーキャピタリストから「ネクサスの資本が尽きればあなたは住宅を失う」と聞かされて、取締役を辞したのである。「そんなことは絶対にありえなかったし、彼もそれは知っていたのに」とピーターズは言う。

「引き留めようとしたが、彼が実に巧妙に説得していたので、翻意させられなかった。結果的に、優秀で忠誠心も強かった取締役二人を、何より必要としていた時期に失ってしまった」

投資家のニーズを軽視していたこと。それがピーターズの**失敗その8**だ。そのせいで、ベンチャーキャピタリストの行動が、ピーターズにとって不意打ちとなったのである。

「これも完全に私のミスだ。あのベンチャーキャピタリストの会社は、一株あたり三・二十ドルくらいのときに投資をしていた。当時はわかってなかったんだが、私自身ベンチャーキャピタリストとして数年ほど経験を積んだ今なら、よく理解できるよ。ベンチャーキャピタルとしては、投資の十倍以上のリターンをもたらさない売却に賛成票を投じるわけがない」

だが、一株三十二ドル以上での売却など、その時点ではみじんも可能性のある話ではなかった。

ピーターズも徐々に気づき始めていたのだが、明らかに敵対的な買収の試みも進行していた。

「あのベンチャーキャピタル会社が入念な計画を準備していたことを、あとになって知った。定期的に会議を開いて売却をつぶす方法を話し合っていたほどだ。我々を財政危機に追い込み、それからウォッシュアウトと呼ばれるプロセスで、株価〇・一セントで会社の資本構造を変更し、早期からの株主を一掃しようともくろんでいた。よくあるやり口だ——ベンチャーキャピタルにとっては、それで最大のリターンが得られる場合が多い。だが我が社のエンジェル投資家と創業者にとっては、十年かけて築き上げてきたものをすべて失うことになる」

ベンチャーキャピタル側はあらゆる手を仕掛けてきた。たとえばあるとき、ネクサスのCFOが青い顔でピーターズのオフィスにやってきたことがあった。取締役の一人から過去二年間にCEOが使った経費をすべて開示するよう求められたというのだ。

「本当に真っ青な顔になっていたよ。私は『心配するな。見たいものを見せてやればいい』と言った。コントローラーの一人に私の経費報告はすべて任せていたので、不適切なところは何もないとわかっていたからだ。ベンチャーキャピタル側は不正会計調査の専門家にファイルを調べさせ、膨大な質問を送りつけてきたが、結局は私の信用失墜に使えるネタは何も発見できなかった」

また別のときに、大手の機関投資会社で働く人物から電話を受けたこともあった。その機関投資会社は二年ほど前に、劣後ローンでネクサスに数百万ドルを融資していたのだが、電話をかけてきた人物によると、そのローンの買い取りについて問い合わせがあったのだという。ピーターズは衝撃を受けた。当時の多くの企業がそうだったように、融資の特約条項を完璧に遵守したものではなかったので、それをつかれれば破産に追い込まれかねない。

ベンチャーキャピタル側から見れば、ローンを買い取ることによって売却をつぶす絶好の武器が手に入るのだ。敵の動きを予期していなかったことが、ピーターズの**失敗その9**だった。会社を失う瀬戸際だと悟ったピーターズは、その機関投資会社のあるトロントへすぐさま飛んだ。弁明のチャンスを与えてほしいと頼み込み、何とか聞き入れられて上級幹部に面談して、ベンチャーキャピタルの申し入れは拒否してくれるよう説得を試みた。幹部は礼儀正しく耳を傾けていただけで、ほとんど何も言葉を発さなかった。しかしピーターズは、最後にその場を去るとき、幹部がウインクしたのを見たと感じた。

「帰宅するまでの道すがら、あれは人生を左右する重大な信号だったのか、それとも単に顔の筋肉がけいれんしただけだったのか、とぐるぐる考え続けた」

どちらだったにせよ、機関投資会社は敵対的買収に巻き込まれるのは得ではないと判断したらしく、劣後ローンの買い取りを受け入れず、ベンチャーキャピタルに勝利への近道を与えなかった。決戦は取締役会での投票に持ち越されることとなった。

サイエンティフィック・アトランタとの交渉も亀の歩みのようだった。当時のネクサスは市場第二位の規模を誇るヘッドエンド装置メーカーであり、第一位がサイエンティフィック・アトランタであったため、この合併は規制当局の承認を要する可能性があった。そこで予防措置として自主的に承認申請を出し、最終的には認可が下りたのだが、それまでかなり長く待たされたのだ。その間にサイエンティフィック・アトランタが基本合意書を出し、数カ月かけてデユー・ディリジェンスを実施し、契約内容の詳細について詰めていった。あとはネクサスの取締役会がその内容を承認することになっている。承認しなかった場合、取引はおじゃんだ。

ピーターズは、最終決着に至るまでの九カ月間を、きわめて緊迫した戦いだったと振り返っている。しかも戦いは主に水面下で繰り広げられた。ベンチャーキャピタリストは引き続き接待攻撃で他の取締役を引き込もうと画策していたし、ピーターズも業務のかたわらで対抗する活動を行った。だが常に守勢に回らされている感をぬぐえなかったという。

「敵のほうが優秀だった。向こうの行動を先読みできず、煮え湯を飲まされたあとに必死に挽回するばかり。問題の一部を解決できたと思うたびに、注意していなかった別の面で足元が崩されているのに気づく」

先方の敵意が身体的な攻撃に転じたこともあった。

「あのベンチャーキャピタリストは身長が六フィート七インチ（二メートル超）、体重は三〇〇ポンド（一四〇キロ弱）のラグビー経験者でね。会議の途中で彼が椅子から立ち上がり、わめきながらテーブルを迂回して迫ってきたときのことは、絶対に忘れられないよ。私が身体を後ろにそらせるくらいに間近に迫ってきた。昼食のメニューにニンニクが入ってたこともわかるくらいに。殴られると思って構えの姿勢をとった。幸いなことにパンチは来なかったが」

一九九二年八月、サイエンティフィック・アトランタとの合意がようやくまとまり、投票を待つばかりの状態になった。おりしもピーターズの妻は第二子にあたる娘を妊娠中で、出産予定日が運命を分ける取締役会議の日とぶつかっていた。ピーターズは出産日のほうが少し遅れることを願っていたが、娘自身が待てないと決めたらしい。長くつらい陣痛を経て、妻は会議当日の早朝四時三十分に出産。ピーターズは一晩中妻に付き添い、生まれたばかりの娘に対面した。そして六時半に病院を出てオフィスに向かった。服装はジーンズのまま。ぐったり疲弊して、シャワーを浴びなければならない状態だ。会議まであと二時間ほどあったが、状況を説明して延期を頼もうという気になっていた。

だが取締役会は、娘以上に待たされるのを嫌った。予定通り会議を開催することが投票で決まった。ピーターズにとっては幸先のよくない始まりだ。胃を締め上げられるような思いがいっそう強まった。もし取締役会がサイエンティフィック・アトランタへの売却を否決したら、ネクサスのために捧げてきた十年の苦労が水泡に帰す。会議室のテーブルを囲む面々を見渡しても、投票の行方はさっぱり予想がつかなかった。二人ほどは明らかに真意を隠している様子で、すべての情報を吟味して信託義務を果たすと発言するだけだった。創業当初からのエンジェル投資家のことですら、味方だと安心はできない。例のベンチャーキャピタリストはエンジェル投資家の一人を何度も足手まとい扱いしたくせに、自分の側につくよう熱心に誘いかけていたからだ。

取締役会議は半日ほど続いた。全員で契約草案を慎重に検め、項目一つ一つを議論した。究極的な問いは、「ネクサスはこの売却交渉を先へ進め、サイエンティフィック・アトランタと残りの細部を詰めていくべきか否か」の二択だ。最後にピーターズが挙手を求め、わずか一票差で、ピーターズの勝利が決まった。

前日からシャワーも浴びてない身体を引きずって自宅に戻るピーターズの胸には、どっと安心感が押し寄せていた。もちろんやらなければならないことはまだまだあるが、サイエンティフィック・アトランタとの交渉自体はスムーズに進んできたのだ。友好的な態度が続かないと思う理由が見当たらない。ピーターズは自信を取り戻していた。少なくとも週末は赤ん坊と心おきなく過ごせる。売却に向けた最大かつ最後の障壁が片付いたのだし、ベンチャーキャピタル会社との戦いも終わったのだ――そんな安心こそ、実は、ピーターズの犯した**失敗その10**だった。

臨時株主総会を開かねばならない。ネクサスが起用している弁護士の一人が、そう通告してきた。ピーターズは取締役会での投票で決定だと思い込んでいたのだが、実はそうではなかった。取締役会での決定は、株主に対して売却承認を推奨するだけのものでしかない。実際に売却取引をまとめるためには株主の賛同が必要なのだ。株主の数はおよそ七十人。五十人はネクサス従業員、残りの二十人ほどが外部の投資家である。

株主投票は形式的なものだとピーターズは考えた。むしろ総会開催は祝賀会としてぴったりのタイミングではないか。そこでビールを大量に注文し、クラッカーやチップスも膨大に用意して、会場に使う倉庫にステレオスピーカーまで設置した。

「楽しい午後のひとときになると思っていた。ところが、例のベンチャーキャピタルの共同経営者三人が弁護士を連れて踏み込んできた。もちろん祝杯のお相伴に来たわけじゃない。度肝を抜かれたよ。全く予想外だった。私が何か重大な点をもらしていたのは間違いなかった」

彼が見逃していたのは、売却承認に必要な投票数についての詳細である。これが**失敗その11**だ。少数株主を守るために、重大な決定には「絶対的多数《スーパーマジョリティ》」の賛成を要することが法で義務づけられている。ピーターズが想定していた「単なる大多数」ではダメなのだ。「絶対的多数」の具体的な割合は法人設立定款に明記されていたが、ピーターズはこれを読んでいなかった。そんな条項の存在も知らなかった。しかしベンチャーキャピタル会社は投資前に実施したデュー・ディリジェンスの際に、ネクサスの定款を入手していた。彼らは集まった株主の前で、彼らの反対票で「絶対的多数」を不成立にすることが可能であり、そうなれば売却が白紙に戻る旨を通告した。

最悪の知らせが、しかも青天の霹靂で降ってきたのだ。ピーターズは激しく動揺するあまり、ネクサスの弁護士が必要な割合について反論し始めたことにも、ほとんど気づかなかった。弁護士は株主総会の正式な監督役として、記録をとり、投票を数え、その後の適切な手続きをとるのが役割だ。その弁護士が、ベンチャーキャピタル側が提示した定款が古い版であることを指摘した。以前の年次総会の前に当該条項を更新していたのだ。その年次総会には、議題に興味がないという理由で、ほとんど誰も出席していなかった。しかし変更内容の中に、売却承認に必要な票の割合を定める条項も含まれており、その数字を少なく修正したということだった。

ベンチャーキャピタリストは書類を見たいと要求した。書類を取りに行かせる二時間ほどの間、ピーターズも周囲の人々と一緒に待機していたが、完全に心ここにあらずの状態だった。

「何も目に入っていなかった。もうダメだ、おしまいだ、とそればかり。自分が致命的なミスをしたせいで、人生をかけた仕事が全部ムダになったと思った。十年かけて築いてきた財産が消えてしまった、と」

ようやく書類が届くと、ピーターズの弁護士が正しかったことが明らかになった。変更後の条項では、ベンチャーキャピタリストが考えていたより少ない賛成票で、売却を承認できる。彼らの反対票は売却を覆すに充分な数ではなかった。ピーターズはこの時点であまりにも憔悴していたため、浮かれる気持ちにはなれなかったが、それでもここでまた重要な教訓を学んだ。構造的な漏れがないかどうか、早々に手を打っておかなければならないのだ。

「面倒に思えても、そういうことをしないでいると、エグジット成功の確率ががくんと低くなってしまう」

実はあと一つ、**失敗その12**があったのだが、ピーターズがこれに気づいたのはまさに土壇場。残りの確認事項を詰めるためアトランタまで出向いたときのことだ。サイエンティフィック・アトランタ側からは、これを最後にもう話し合いはしない旨を伝えられていた。すでに時間は投じ尽くされたのだ。そろそろ決断を出さなければならない状態だった。

契約内容に何か一つでも変更があれば株主の承認を得なければならない。ピーターズはそれを理解していたので、交渉が確実に完了するよう、主要な関係者を十人ほど伴って会議に臨んだ。丸二日間をかけて、サイエンティフィック・アトランタ側の買収担当者十五人から二十人ほどと会い、膨大な数の確認項目を一つずつ片付けていった。外は猛暑で、エアコンがきいているはずの室内も気持ちの悪い蒸し暑さがこもっている。「あれも本当に胃の痛くなる会議だった」とピーターズは振り返って語っている。

「汗がだらだら出てきた。だがようやく、最後の確認項目が片付いた。やれやれと立ち上がって、テーブルの向こうの人たちに握手をしに行こうとしたとき、向かいに座っていた人物が『ああ、もう一つありました』と言うんだ。あのタイミングで一番聞きたくない言葉だよ。心臓が止まったかと思ったね。耳に入ってきたのは、『ピーターズさんには一年ほど続投いただきたいと思います』というセリフだった」

ピーターズは、売却する事業の組織図のどこにも自分の名が入らないよう、何らかの意味ある役割として表記されることがないよう、交渉の全般を通じて慎重に注意を払っていた。売却しない五事業のほうに残るつもりだったからだ。少なくとも五社のうち二社には見込みがあると感じていた。売却が成立しだい、全く新しい働き方を始めるつもりで、すでにさまざまな計画を立ててあった。

「罠に落ちた動物の気分だった」とピーターズは言う。

「槍を持つ人間に谷に追い詰められてしまったような。一緒に飛行機に乗ってきた連中の顔を見たら、みんな笑顔でうなずいていた。何しろ、私が『わかりました』と言いさえすれば、大金が入ってくるわけだから。ここは大人になって呑むしかないとわかっていたが、首をタテに振って笑顔を作りながら、本当は歯を食いしばっていたよ」

結果的には、それはささやかな代償だったのだ。売却によってピーターズは、資金繰りに行き詰った一起業家から、投資できる資本を持った裕福な実業家に生まれ変わった。「素晴らしいことだった」と本人は言う。

「人生が変わった。二年ほどいろんな土地を旅して、青い海と白い砂浜でのんびり過ごすこともできた」

そうは言うが、後悔の気持ちがないわけではない。特に、高くついてしまった失敗の数々については悔やまずにいられないという。

「会社を一流にまで成長させたというのに、長く待ちすぎたせいで、一株二ドル程度で売ることになってしまった。もう二年くらい早く、上昇気流に乗ってるうちに動いていたら、五ドルか十ドルは固かったのに」

自分がしくじった物事がすべて理解できるまで、十年がかかった。どうすればよかったのか特定できるまでには、さらに長い年月がかかった。自分を、そして仲間である株主たちを大惨事から救ったのは運でしかなかったのだ、と実感するようになった。

「我々は周囲を出し抜けるほど賢くはなかった。むしろ、我々がすべてを失ってもおかしくない場面が何度もあった。すんでのところで避けてこられたのは、ただツイていただけだ。何とかやっていたが、本当にぎりぎりのところだった。もし私が、もっと早くからちゃんとエグジットについて考えていたら、全員に何倍も多いお金を渡せていたはずだ。何の準備もせずにエグジットをスタートして、試行錯誤で学んでいくはめにはならなかったはずだ。そう思うと、どれほど強調しても足りないくらいだ──どんな会社でも、絶対に、きちんとエグジット戦略を立てていなければならない」

とはいえ、後悔の気持ちはあれど、サイエンティフィック・アトランタへの売却を通じて彼は貴重なものを手に入れた。長い目で見れば受け取ったお金以上に価値のあるもの──それは「学び」である。この事業売却の経験は、いわば、彼がM&Aアドバイザーとなるための新人研修だった。ピーターズはのちに他人の事業売却のリード・アドバイザーを務めるようになるのだが、その頃にはプロセスをよく心得ていたし、スキルも経験も伸びていた。バリー・カールソンが創業し最大株主として所有する会社パラサン・テクノロジーズの売却を担当したときは、ピーターズが顧問として面目躍如たるはたらきをしている。事業売却の進め方として最高の例と言えるものだった。

よい取引に必要なさまざまな物事──

偶然のなりゆきで起業家になったというタイプがいるが、バリー・カールソンもその一人だ。ロックミュージシャンで、学生時代は急進派の活動もしていたカールソンは、十九歳で結婚し、子供をもうけ、その後に回路基板の製造工場で働き始めた。一九七六年、オーナーが工場閉鎖を計画していると知り、一ドルで買い取って、事業の再建に取り組む。そして六年後に当初のオーナーに売却した。自分がどれだけのことをなしたかわかっていたら、数倍の金額で売却したのに——と今のカールソンは確信している。

売却後に勤めた会社が、マインド・リンク！コミュニケーションズという小さなインターネット・サービス・プロバイダー（ISP）である。マインド・リンク！は一九九六年はじめ、アイスター・インターネットという会社のロールアップ買収で合併された。それから一年半、アイスターが小規模のISPを次々と取り込んでいく間、カールソンはさまざまな契約業務に従事しつつ好機をうかがっていた。アイスターのビジネスモデルは徐々に変化し、やがてブリティッシュコロンビア州遠隔地での顧客サービス業務——吸収されたマインド・リンク！の事業だった部門だ——が不要になった。その業務は赤字ではあるがそこそこのキャッシュフローが出ていることを、カールソンは知っていた。さらに重要なのは優秀な技術スタッフを抱えている点だ。これを活用し実体のある会社として成立させることは可能なのではないか。カールソンはアイスター上層部に掛け合い、わずかな金額で同部門を買収したいと求めた。アイスター側は合意した。こうして誕生した企業が、のちのパラサン・テクノロジーズである。

とはいえ、具体的なビジネスを見極めるのに二、三年の年月がかかった。当初はパラリンクス・インターネット・インクという社名で、ラジオ局とのマーケティング・パートナーシップ成立に主眼を置いた。ラジオ局の顧客に、局の独自ブランドとしてインターネット・サービスを提供するにあたり、パラリンクスが技術サポートをするという契約だ。その中の一局はケーブル事業も運営しており、ブロードバンド・インターネット提供のサポートを求めてきた。カールソンと、営業販売担当副社長だったスティーブン・マクドナルドは、これに注目した。北米中に存在する四〇〇〇ほどの独立型ケーブルテレビ事業者に同じサービスを提供できるのではないか。そうした事業者の大半は技術力とリソースが足りず、顧客が求めるブロードバンド・サービスを提供できずにいるからだ。

「アットホーム・ネットワークという会社が同じことを逆にやろうとして失敗するのを、じっくり観察させていただいた」とカールソンは語っている。

「アットホーム・ネットワークは、自分のブランドのもとでサービスを売って、ケーブル事業者をそのキャリアーとして扱おうとした。だがケーブル事業者にしてみれば、自分と顧客の間に他社が介入するのを喜ぶわけがない。だからアットホームのやり方は頓挫して、およそ六億ドルをドブに捨てていた。私たちはそれを見ていたから、正反対にした。うちのアピールはこうだ——『五〇〇〇ドルの料金をお支払いいただければ、御社の施設に必要なものをすべて設置します。そして、御社の名前でサービスを立ち上げるお手伝いをいたします。その後はユーザー一人あたり毎月七ドルを弊社にお支払いください。ユーザーはあくまで御社のもの。弊社へのお支払いは成果報酬です』。この提案は気に入られたよ」

戦略変更に伴い、パラリンクス・インターネットはパラサン・テクノロジーズとなり、さらにリーダーシップ体制も変更となった。カールソンが手を広げ過ぎていたからだ。もう一つ別の有望な事業にも同時進行でかかわっていたのが主な原因だった。オンライン漫画を毎日配信していくというビジネスで、名称は「ユーザー・フレンドリー」、対象読者はギークたち〔ITに強い人々〕だ。これがカールソンの時間に大きく食い込むようになっていたため、営業販売担当副社長だったマクドナルドがパラサンへの影響を心配した。カールソンは「ある日とうとう引導を渡された」と語っている。

「あいつは『あなたが片手間でパラサンを経営するより、私が本格的に経営するほうがうまくやれます』と言うんだよ。確かにそれが正解のようだった」

そこでカールソンはパラサンの経営をマクドナルドにあずけることとした。

マクドナルドの統率のもと、新戦略は大きく花開いた。しかしこの事業は経費がかかる。マクドナルドとカールソンは、資本確保と、パラサン株主のための現金化手段を確保するという意図で、上場企業との合併を試みた。最初に目をつけたインターネット・サービス・プロバイダーとの合併は実現せず、一年以上の期間をあけてから、いわゆる「逆買収（RTO）」を試みることにした。非上場企業が見せかけとして上場企業に買収された形をとるというもので、上場企業は外殻（シェル）は残るが中身を抜かれた格好となり、財やサービスの提供はしなくなる。一方、非上場企業のほうは新規株式公開にかかる経費なしで上場できる。ただし、このプロセスはリスクを伴う。第一に、シェルカンパニーのほうが簿外負債を抱えている危険性がある。第二に、合併して上場の重荷に耐えられるとは限らない。

幸いにもカールソンとマクドナルドのRTOは失敗した。シェルカンパニーになる側だった企業の資金繰りがつかなかったからだ。この頃には二人も、合併はアイデアとして最悪だとわかってきていたので、不成立を嘆くことはなかった。パラサンは規模が小さかったし、提供している商品も、株式市場の関心を強く引けるほど魅力があるわけではない。何より上場によって一般の株主に所有される会社になれば、新たなプレッシャーでつぶれてしまうかもしれない。

また、パラサンは二人が思っていたほどせっぱつまって外部資本を必要としていないらしいことも明らかになってきた。ケーブル戦略を立ち上げていた三年間は赤字が続いたが、その後に黒字転換を果たし、二〇〇二年秋にはキャッシュフローもプラスになっていたからだ。二〇〇四年には利益によって成長を内部的に支えられるようになっていた。一方で株主は三十五人に増えていた、そのうち十一人が従業員だ。いずれかの時点で彼らが株式を現金化する方法を作っておくのが自分の責任である、とカールソンは考えていた。それを叶える最善の道は、会社の売却だ。ブロードバンド・インターネット・ビジネスに参入したい企業を筆頭に、さまざまなストラテジック・バイヤーに対して、パラサンは魅力的な買収対象になるに違いない。

レイ・パガーノやジャック・スタックなど、ここまでの章で見てきた何人かのオーナーと違って、カールソンは会社の行く末をさほど気にかけていなかった点を指摘しておかなければならない。彼は確かに従業員の幸せを望んでいた。だからこそ従業員に株式を与えた。だがカールソン自身はこの時点で「不在オーナー」であり、企業文化と強い結びつきを持つわけでもなかった。所有者が変われば企業文化が変わるのは当然だと受け止めていた。

ただしカールソンは、売却契約が彼自身と株主にとって最大限に儲かるものとなるよう、細心の注意を払っていた。初めて事業売却をした際はその点で下手を打ったので、今回はぜひ有能なチームで売却プロセスに臨まねばならない。すでに取締役会に一人、ふさわしい人材がいた。デイヴィッド・ラッファといって、証券と企業財務を専門とする弁護士として経験を積んでいたが、契約形成と投資という専門領域へ軸足を移しつつあるところだった。何よりラッファ自身が新しいベンチャーグループの立ち上げに携わっていた。事業の名前はBCアドバンテージ・ファンズ。その共同創業者の一人がバジル・ピーターズだった。

ピーターズは、自身がケーブル業界に関連が深かったこともあって、以前からパラサンのことを聞きおよび関心を持っていた。そこでラッファに紹介を頼んだ。実際にパラサンに足を運び、目にした光景が気に入った。「そのときはまだ黒字ではなかったが、私にとってはなじみのある領域だった」とピーターズは語っている。

「なかなかよくやっていると思った。典型的なスタートアップだ。足を踏み入れたとたん、起業直後のわくわくした空気が伝わってくる。みんな活気があって、走り回っている。この時期ならではの雰囲気があった」

パラサンの成長戦略も、ピーターズの目から見て健全だと感じられた。

「正しいことをしっかりやって、顧客もきっちりつかんでいる。市場も広いし、四半期ごとに成長もしている。だからきっと成功すると感じた。あとは、どの程度まで成功するか、という問題だ」

だ。カールソンがラッファとピーターズに求めたのは、会社売却に向けた少しばかりのサポートだ。ところが二人は参加するなら投資家兼顧問としてかかわるという条件をつけた。ピーターズの提案はこうだ——正式なM&A顧問契約を交わして、買主を見つけ出す任務を請け負う。売却を適切に管理していくので、ある程度の自由裁量を与えてほしい。さらに顧問契約の一環として、ピーターズがカールソンに代わって取締役会会長になる。

この提案はすんなりとは通らず、カールソンを説得しなければならなかった。ピーターズも「M&A顧問契約の条件は複雑ではないが、簡単に交渉できるものではない」と認めている。

「何しろ会社にとっては大きな決断だ。かなり時間をかけて、バリー（カールソン）とスティーブン（マクドナルド）と話し合った。フェアだと思える着地点に到達したんだが、バリーはそこでいったん棚上げして、二日ほど問題を寝かせてから、私と一対一でコーヒーでも飲もうと言ってきた。そしてこう言ったんだよ。

『バジル、この顧問契約では、私に相当の儲けが入らない限り、あんたにも報酬が入らない。それで本当にいいと思っているのか』

私が『もちろんだとも。まさにそう意図している。一蓮托生になるじゃないか。望むところだよ』と答えると、『そうか、それならいいんだ。では進めよう』ということになった」

結局、M&A顧問契約の締結から実際にカールソンの会社を売却するまで、三年という月日がかかった。その間のピーターズは、ネクサス・エンジニアリングの売却で犯した失敗を繰り返さないよう慎重に注意を払っていた。実際のところ、この二件の売却を並べて比較したならば、ほとんど対極だったとわかるに違いない。

たとえばピーターズとラッファがとった最初の行動は、戦略プランニングのための社外合宿の実施だった。エグジット戦略を固め、さまざまなステークホルダーの連係を確認するのが狙いだ。実際、ステークホルダーの足並みがそろっていない点はすぐに明らかになった。カールソンを含む早期投資家など、一部の関係者が可及的速やかな売却を望む一方で、マクドナルドをはじめとするマネージャーたちは二、三年後のほうが会社の価値が増すと想定しており、リクイディティ・イベントは待つべきだと考えていた。

ピーターズとラッファも今すぐ売却はできないという点は同意だったが、関係者のニーズをそろえるために、希望者は保有株式の一部またはすべてを売却可能とすべきと考えた。そこでBCアドバンテージ・ファンズと連携しながら再売り出しを取り計らい、新たな個人投資家を迎えて約五十万ドルの資本を調達。その資本で、保有株式を売却したい既存投資家の要望に応えた。このような資本調達が可能だった理由を、ピーターズは三点に分けて指摘している。

① 株価がリーズナブルだった
② エグジット戦略が明確になっていた
③ エグジットに向けて取り組んでいる優れたチームが存在していた

「この三点がそろっていれば、求めるのは長期的で流動性の低い私募の投資ではなく、ブリッジファイナンスに近い。実際、株式の買主を探すのは困難ではなかった。十人ほど集めることができた」

一年後、パラサンはもう一度、再売り出しを行った。ピーターズも投資に参加したが、今回は自分個人のエンジェルファンドとしてパラサンの株式を購入した。

もちろん、配慮すべき対象は早期投資家のニーズだけではない。取締役会に参加している主要マネージャー陣にも注意を払わなければならない。カールソンはその点が念頭にあったので、早くからラッファと話し合い、マクドナルドをはじめとする上級マネージャー陣のための自社株購入制度を組み立てた。それまでは幹部も全従業員と同じわずかな株式しか与えられていなかったからだ。新しいストックオプションは五年後または売却と同時に行使できるというもので、これによってマネージャーたちの保有株式が増えることになる。

ピーターズの想定よりもだいぶ時間はかかったが、最終的には一つのエグジット戦略がまとまって、多種多様な背景を持つステークホルダーの認識が一致した。二〇〇六年後半から二〇〇七年はじめ、すなわち二年後くらいに、最低金額一〇〇〇万ドルで会社を売却する――それが彼らが一丸となって目指すエグジット戦略だ。ただしピーターズの考えでは、経営陣の若さと経験不足が、実現に向けての最大のネックだった。

「しっかりやっていたが、まだまだ学習が足りない。彼らの迅速なスキル獲得を手伝うのが、私たち『物言う取締役会』の役割だった」

誰より積極的に物を言ったのが、会長となったピーターズ自身だ。

「一時期、たぶんほぼ一年間だったと思うが、文字通り週一回のペースで彼らと顔をあわせていた。目標達成に欠かせない業務を彼らがきちんとこなせるように」

ピーターズはこうしたセッションを「メンタリング」と呼んでいたが、一部にはこれを煙たがる向きもあった。カールソンの耳にもたびたび不満の声が入っていた。「バジルは断固とした容赦ない態度で全員に接していたからね」とカールソンは振り返って語っている。「社内の人間にあれこれと指示をするんだ。何もかもぬかりなくやれ、売上予測も達成しろ、ビジネスを隅から隅まで熟知していろ、と我々に強いてくるんだよ。そんなこと、簡単にできるわけがない。売上だって、数カ月ツキが回ってきても、また数カ月はツイてない日が続いたりする。バジルはそういう事情を汲もうともしなかった。『毎月、数字を達成しなきゃいけない。この事業に最高の金額をつけるためには、それしかない』とさ。その原則を全員に押し付けた。一時期は大勢があいつに腹を立ててたね。だけど悔しいことに効果があった。結果的に全員がうまくやれた。あれをくぐり抜けたやつらは、今は感謝してると言うだろうね。すごく感謝している、と」

パラサンの運営状態を理想的に保つのは、最終的な売却を成功させるために重要なことだった。だが、実際に売りに出す以前の段階でも、ピーターズの指示した規律統制が重要だったのだ。会社を売るなら会計事務所を雇って監査をさせなければならない。M&A専門弁護士も雇わなければならない。買主候補者に見せる主な企業情報を掲載した資料、いわゆる「ディールブック」もまとめなければならない。専門家にパラサンの企業構造を検査させ、詳細なタックスレビューも受けなければならない。ピーターズは、具体的な買主候補者を見つける前に完了しておくべき作業を五十項目以上もリストアップしていた。大半が時間と専門技術を必要とするものだった。

幸いピーターズのもとにはデイヴィッド・ラッファがいた。元弁護士のラッファはピーターズよりも長くパラサンとかかわっていたし、法知識があるので、売却プロセスの組成、文書化、交渉を取り扱う人物としては理想的だ。二〇〇六年の晩春にはリストの全項目が完遂。翌年の売上高は前年の八〇〇万ドルを大きく上回る一二〇〇万ドル、前年に一五〇〇万ドルだったEBITDAも二二〇〇万ドルを見込める状態となった。ピーターズとラッファは、買主を探し始める時期が来たと判断した。

それから三、四カ月ほどかけて、二人は買主候補一〇〇社を選び出した。ストラテジック・バイヤーとファイナンシャル・バイヤーの両方を視野に入れ、パラサンの企業概要とビジネス概況を説明する二ページの文書を送付した。さらに二、三カ月かけてローラー式に連絡をして、関心を示した買主候補を絞り込んだ。パラサンのディールブックを読むための守秘義務契約を結ぶに至ったのは七、八社ほど。そのうち三社が話し合いを進めたい旨を表明した。ピーターズいわく、「それなりに活発な入札」を実現するには充分な数だ。この三社が買収価格と条件についてオファーを提示することとなった。

どの買収希望者の意向を受け入れるべきか、パラサンの取締役会は熱心に議論をした。カールソンが一つを推すと、ピーターズとラッファが別の一つに傾く。「バリーが選んだのは最初に入ってきた入札だった。それは確かに筋が通った選択ではあった」とピーターズは指摘している。

「金額も悪くなかったし、申し分のない買主だ。だがデイヴィッドと私は、別のところならもっと高い金額がつくと考えていた。手の中にいる鳥〔確実な利益〕を選ぶべきか、まだ茂みの中にいると信じる鳥を選ぶべきか、ずいぶん長く話し合った」

最終的にはカールソンのほうが顧問二人の判断に従うことになった。本人もその答えに納得した。「地元の会社二社に絞られた」とカールソン。

「デイヴィッドとバジルが二社をうまく煽っていたから、同時に入札が入って、入札合戦になった。といっても、正式なオークションとしての競争じゃない。片方からオファーが来たら、デイヴィッドとバジルがそれを見て、もう片方ならどれだけ出せるか推測し、二人のどっちがどっちに電話して何を言うか決めるんだよ。ああいうふうに金額を上げさせていくのは、観察していて勉強になった。ある時点で、私たちとしては納得できるオファーが入ったんだが、二人はそれを見て『運転資金を確保しよう』と来た。そして先方にこう言った。

『ご提示の数字はいいと思います。しかし、当然のこととして、運転資金を維持しておかなければ。二十五万ドル以上の運転資金はこちらで維持させてもらいます』

先方は了承し、一六〇万ドル追加になった。私だったらその点は棚上げしておくだろう。売却すれば口座も一緒に移るんだと思っていたから」

入札に勝ったのは、カナダのＩＳＰ、ユニサーブ・コミュニケーションズという株式公開会社だ。金額と条件の合意がまとまると、すぐにユニサーブがデュー・ディリジェンスを実施した。全般的には円滑に進んだが、ところどころに不都合も生じないわけでもなかった。ユニサーブ自体に財務上の問題があり、これが契約を頓挫させかねない要素となって、締結も二度延期された。しかし三度目の延期がなされようとした際、ラッファとピーターズがノーをつきつけた。カールソンは「特にデイヴィッドが、延期には強硬に反対した」と話している。「デイヴィッドは『ここで押さなきゃ、白紙に戻ってしまうかもしれない』と主張したよ。『先方の必要な時間は充分とった。もう延ばせない』とね。ただの意地悪かと思ったが、結果的にはそれが正解だった。本人があとから言ってたところによると、『三回延期して決裂した契約を何度も見てきた。三度も延期すると、みんな投げやりになって、もう成立しないと判断してしまう』のだそうだよ」

パラサンは期日を二〇〇七年五月二十四日の木曜日に設定した。カールソン、マクドナルド、そしてピーターズの三人とも、その日で締結しなければ売却は無理だという見解は一致していた。そもそもユニサーブ自身の財務上の問題により、買収資金を調達できない可能性もあった。さらに、対カナダドルの米ドルの為替レートが急落し、それがパラサンに痛手を負わせていた。パラサンの売上の八割はアメリカドルだったが、経費はほぼ全面的にカナダ通貨で支払われていたからだ。

期日の深夜十一時五十五分。パラサンの株主にとっては幸いなことに、契約は締結された。正式な買収価格は一二五〇万ドルだが、運転資金などの調整により、最終的な金額は一四八〇万ドルになった。当初に提示された買収価格と比べても、そして二〇〇五年九月に取り決めたエグジット戦略でパラサン株主が合意した目標金額一〇〇〇万ドルと比べても、その五割増にはわずかに届かないだけという価格だった。

カールソンとピーターズとラッファは、それぞれもらうべき金額を得て身を引いた。マクドナルドとマネジメントチームはパラサンに残り、ほどなくして、ユニサーブの事業運営もあずかることになった。最善の努力を尽くしたが、ユニサーブの財務状況は悪化が進んだ。そして二〇〇八年十月、買収から一年半も経たないうちに、ユニサーブはパラサンをアメリカの会社に売り渡している。相手はインテグレーテッド・ブロードバンド・サービシズ（Integrated Broadband Services：ＩＢＢＳ）、売却金額は約二〇〇〇万ドル。ＩＢＢＳはパラサンの持つ顧客リストだけが狙いだったので、マクドナルドたちの雇用は切られたのだが、それは深刻な痛手ではなかった。彼らはすでに売却益を得ていたからだ。ピーターズとラッファの取り計らいのおかげだった。「二人がエグジットを完璧に設計し実行してくれた」とマクドナルドは語っている。

カールソンは、会社売却に対して求めていたものすべてを手に入れた。そんな結末が得られた理由は四つに整理できる。

① 自分がどんな人間か（ＷＨＯ）、何を望むか（ＷＨＡＴ）、なぜそう望むのか（ＷＨＹ）を見極めていた
② 会社を売却可能（セラブル）な状態にしていた
③ 準備に充分な時間をかけられた。ＣＥＯの座も会長の座も、適切な人材に引き渡せた
④ 起業を経験したベテランアドバイザーが率いる優秀なエグジットチームに支えられた

そして第一章で触れたように、カールソン自身の移行フェーズもスムーズに進行した(この点については第九章でも詳しく書いていきたい)。それが叶った理由は、「投資家と従業員を不幸にしなかった」とはっきり実感できていたからだ。その実感も、幸せなエグジットを叶える大切な条件なのである。次の章でこの点に焦点を当てる。

7 ――人との絆

ビジネスを一人で築ける人間はいない
では、エグジットするとき、自分以外の人のことをどう考えるか?

二〇一〇年四月、霧がかかった曇天の中、イリノイ州グレンエリンにある撮影スタジオにジャック・アルトシュラーが姿を現した。彼が一九七二年に初めて立ち上げた会社、工業用水処理事業のマラム・コーポレーションのエグジットについて、インタビューを収録することになっていたからだ。彼がマラムを競合他社に売却したのは十二年も前のこと。その後はリーダーシップ研修と講演という新たなキャリアに軸足を移している。しかし、スタジオの明るい照明の前で売却体験について語る姿からは、過去の出来事が脳裏ではっきり再現されている様子が見てとれた。彼は今、ストライプの開襟シャツに、Vネックの黒いセーターといういでたちで、数カ月も続いたデュー・ディリジェンスが苛酷だった理由を語っている。

アルトシュラーいわく、そうなった要因の一つは、彼自身にビジネスから離れたいという強い希望があったことだった。長年楽しく熱心に取り組んできたが、やがて熱意が色あせるときが来た。アルトシュラーは明確に、身を引くことを望んでいた。

「仕事が苦痛になっていました。ビジネスをしていればごく当たり前にぶつかる問題に、もう立ち向かいたいと思えなくなっていました」

だが、それ以上につらかったのは、売却に向けたプロセスをひた隠しにしなければならなかったことだ。起用していた会計士と弁護士から、十五人いる従業員には知られないほうがいいと強く忠告されていたためだった。

「彼らにしてみれば、そうすべき理由はごまんとあったんでしょう。ですからアドバイスに従いました。しかし、本当に難しかった。私は常にオフィスのドアをオープンにしておく信条だったのに、急にドアを閉め切って、従業員の知らない相手とこそこそ電話をするのですからね。いぶかしがられました。『大丈夫ですか』と聞かれたことは一度や二度じゃありませんでしたよ。『業務に何か起きているんですか？　最近はドアを閉めっぱなしなんですね』と。気づまりな思いも何度かありました」

気づまりというより、隠し立てをすること自体が、アルトシュラー自身が築いた文化にまっこうから背くものだったのだ。彼はつねづね忠誠と信頼、仲間意識と奉仕の大切さを強調してきた。実際のところ、重要な役職にいた従業員の一人が背信行為をはたらいたことが、アルトシュラーに事業売却を決意させた要因でもあった。「私は簡単に、あっというまに信頼してしまう類の人間でして」とアルトシュラーは語る。「信頼を裏切る行為があると、深刻に受け止めてしまいます。ですから、目をかけていた部下の一人が仁義にもとるやり方で去って行ったとき、それがひどく堪えましてね。苦痛を伴う教訓でしたよ。その一件以来、会社経営というものが、昔ほど心躍るものではなくなってしまったのです」

とはいえ、売却までの数カ月間、従業員全員に大きな影響を与える決断をアルトシュラー自身が隠し通さなければならない。それこそ裏切り行為のように思えて、彼の心は千々に乱れた。撮影スタジオ内の背の高いスツールに座ったまま、アルトシュラーの心は、十二年という月日が流れてもなお胸を刺す記憶へと戻っている。彼が「今でもありありと迫ってくる」と語る出来事のことだ。

「弁護士と会計士の連絡は、すべて会社ではなく私の自宅に送るよう、固く取り決めてあったのです。請求書も何のことだか特定できないように、『業務報酬として』など、無難な書き方をさせていました。ところが会計事務所が間違えて、『X社への事業売却に伴う業務報酬として』と、買主の実名を入れて表記してしまいましてね。しかも私自身、目を通していたのに見逃して、そのまま他の請求書と一緒に支払担当のオフィスマネージャーに渡してしまったのです。今でもよく憶えていますよ、私が自分のデスクにいたら、その女性が紙を持って入ってきて、『マラムを売却されるんですか』と言ってきた光景を。彼女の顔はショックでゆがんでいて……」

アルトシュラーはそこで言葉を切る。長いこと水面下に押し隠していた感情が、彼の中で波打っている。それでもほんの一瞬だけで、彼は落ち着きを取り戻した。

「心臓がはねあがったのを、今この瞬間のように感じられますよ。目にも浮かびますし、その空気を、すべてを、今でも肌で感じられます。何とかその場を取り繕って、何も言わずにおこうとしたのですが、彼女は明々白々な証拠をつかんでしまったのですから、逃げるわけにもいきません。打ち明けざるを得ませんでした。彼女はいったん自分のデスクに戻り、十分後にまた私のところに来ました。涙を浮かべて、裏切りではないか、と言うんですよ。『私はずっと忠誠を捧げてきたのに、その会社を売るなんて、しかもそれを話しもしないなんて。こんなひどい裏切りはないと思う』と。何も言い返せませんでした。大変にみっともないことでした」

残りの従業員の反応もおおむね同じだった。

「契約書にサインしてすぐに、全社会議を招集しました。あのオフィスマネージャーの女性を除き、誰も事態を知りません。私が説明したとき、室内にどれほどの衝撃が走ったことか。みんな言葉を失っていました。今でも彼らの顔が目に浮かびます。彼らがどれほど傷ついたか、考えずにいられません。とても気の滅入る会議でした」

アルトシュラーは従業員に、買収企業が別の水処理企業であることを説明した。その買主を選んだ理由の一つが、企業文化がマラムと似ている点であることも。希望者は全員、新オーナーのもとで働けることも。数人から質問があがった。何人かは不信感をあらわにした。その後、車で二十分のところにある買収企業のもとへ全員で赴いた。「見学をしたわけです。しかしあれは本当に異様な体験でした」とアルトシュラーは語っている。

「ショックという雲が私たちにどんよりかぶさっているようでした。そのときも、そのあとも、『これは裏切りだ』という反応を浴びましたよ。つらかったですね――私についてきてくれていた人たちに、私がそんな思いを抱かせたわけですから。彼らの痛みを思うと、申し訳なさでいっぱいでした」

いたたまれない思いはありながらも、アルトシュラーは、マラム売却の判断を考え直すことはしなかった。むしろ早く済ませたいと思うばかりだった。

「私はもうこの会社を率いる器ではないと確信していました。ですから売却を決めたこと自体に罪悪感はありませんでしたが、従業員に対しては、すまない気持ちでした。もしやり直せるとしたら、もっと早くから通知したことでしょう。二年くらい前から説明してもよかったのかもしれません。『全員にとって最善の結果になるよう、一緒に取り組みましょう』と言えたでしょうね。ところが、当時の私にはそんなことは考えも及びませんでした。何もわからず、自分が聞いた忠告に、ただ従ってしまったというわけです」

他人の人生を左右する――

オーナーがエグジットをすれば、必ず他の人間にも影響が及ぶ。投資家はもちろん家族、顧客、サプライヤーも例外ではない。だがたいていの場合、最大の影響をこうむるのはその会社で働く人々だ。彼らにとっては生活がかかっている。新オーナーが持ち込む変更に、最も振り回される立場でもある。残される人々が売却に対してどんな反応を示すか、そして彼らが新オーナーのもとでどのような待遇を受けるか……売却を済ませて去っていくオーナーの胸に去来する思いは、こうした要素しだいで、天と地ほどにも変わってくることが多いのだ。

私は長年の取材生活で、成功した起業家に数千人も出会ってきた。わずかな例外を除き、彼らは一様に従業員のことを深く気にかけ、従業員に対する公正な対応を目指し、働きやすい環境作りに努めている。人としてそうすべきというのはもちろんだが、それがビジネスとして賢いやり方でもあるからだ。何度も証明されている通り、働く人は会社から大事にされていると感じると、生産性も高まり、顧客に対しても真摯に向き合うようになる。しかし皮肉なことに、そんな職場環境の創出に成功したオーナーほど、そこから離れるプロセスは困難になりやすい。

ジャック・アルトシュラーもそうだった。そして彼のエピソードは、エボルブUSAを設立したデイヴ・ジャクソンのエピソードとも重なってくる。第六章で紹介した通り、ジャクソンは売却をスムーズに進めることができなかった。在宅医療サービス会社ファーストチョイスを売却するにあたり、彼はそのプロセスを従業員に隠し通したのだ。契約が締結されて送金・入金も済んでから従業員会議を開いた。「みんなはそこで初めて聞いたというわけだ。あれは失敗だった」とジャクソンは語る。そもそもファーストチョイスは協力的で生産性の高い企業文化を持った会社だった。それが会社の成功を支えたのだとジャクソン自身も確信していた。

「緊密で、しっかりした協力関係ができあがっていた。社内には家族のような雰囲気があった。それをいきなり売却するなんて――というわけだ。私が不誠実な行為をはたらいた、とみんなは受け止めていた。裏切ったんだ、と。そして私は、そういう反応が来るという覚悟をしていなかった。彼らにとってもいい取引だと思っていたからだ。福利厚生もずっと良くなるし、誰も解雇されないし、給料も下がらない。失敗だったのは、彼らが売却という話を自分の中で消化する時間を与えなかったこと。買収企業の人事担当者がすぐに、さっさとしろと言わんばかりの態度で、提出書類を配り始めた。あれは本当に苛酷な一日だった」

たとえ従業員が売却判断を裏切りとみなさなかったとしても、エグジットがほろ苦い体験となる可能性が消えるわけではない。パフォーマンスの高い企業文化の創出に成功している場合はなおさら厳しい。ジーン・ジョドインの場合がそうだった。彼は一九八九年、三人のパートナーと共に、イリノイ州エルジンでファシリテックという会社を立ち上げた。レストラン厨房の排気管清掃会社スポットレス・タッチと、レストランの屋根に設置する油脂阻集器の製造会社グリース・ガードという二社が合併して、ファシリテックとなったのである。設立時点で最優先にしたのは、仕事を楽しみ、勤労意欲にあふれ、すべての顧客に優れた商品を提供する企業文化の形成だった。

「電話応対のカスタマーサービス係から、現場に出る技術責任者に至るまで、そうした社風が会社全体に浸透していました。顧客一人一人との接点こそ、我が社の差別化要因だと考えていました」

ファシリテックは急成長を遂げた。十年間で年間売上が一〇〇〇万ドルに到達し、買収希望者からアプローチを受けるようになった。その中の一社が、エコラボという上場企業だ。一九九九年、エコラボが非公式に買収の意思を示したとき、ファシリテックはそれを拒絶した。しかし時間が経つうちに、ファシリテック共同創業者同士の関係にヒビが入り始める。「仕事に来るのが楽しくなくなってしまいました」とジョドイン。そのため、エコラボがあらためて買収提案をしてきた際、彼らはそれを受け入れることにした。調印に臨むジョドインの心中は複雑だったという。

「嬉しかったですよ。株式を売却して、人生で手にしたこともないほどのお金を手にするんですからね。でも、一緒に働いてきた人たちを残していくことに対して、嬉しさと同じくらい大きな悲しみも感じていました。私たちのもとで二〇〇人ほどが働いていました。個人的には、あの日、私は彼らを裏切ってしまったのだと思っています。会社を成長させ続けると長年約束してきたのに、それを守らず、新オーナーに押しつけて逃げていくかのようでした。しかも心の奥底ではわかっていたんです――新オーナーは、私と同じ態度で従業員を扱うことはないだろう、と。私がしたように彼らに目を配り、彼らの家族にも心を配ることはないだろう、と。あの日、それを痛感して、本当に胸が破れる思いでした」

安心して身を引けるか――

会社売却で胸が破れる思いを味わいたいビジネスオーナーなどいない――私はそう確信している。売却するなんて裏切りだ、と従業員に思われても平気だというオーナーなどいないだろう。身を引くときに重要なのはお金だけではない。安心して会社を離れられるかどうか、その点も重大なことなのだ。「彼らのおかげで、自分は無事に旅の終わりを迎えられるのだ」と感じる相手にフェアに向き合えたと思えるならば、そんな安心も叶うだろう。だとすれば、「フェアに向き合う」ために、具体的に何をすればいいのか。答えは人によってまちまちとなる。まちまちであるのは悪いことではないが、エグジットを成功させたいと思うなら、その問いについて早くから考えておくのが賢明だ。

ダラスでプラネット・タンという日焼けサロン運営会社を創業した起業家、トニー・ハートルは、二〇〇八年にエグジットの時期が来たと判断した。彼はその時点で、自分が離れれば従業員に影響が及ぶことは自覚していたという。創業したのは十三年前、彼が二十六歳だったときだ。投資家一人から得られた四万ドル、自分の確定拠出年金（401(k)）の一万ドル、合計五万ドルの資本を使って、当時ハートルの勤め先であった破産寸前の日焼けサロンから三店舗を買い取った。買収後に残った金額はごくわずかで、新しい社名の看板を出すのがやっと。しかしそれだけあれば充分だ。彼は人を集めて、サロンの中を隅から隅まで磨き上げた。最新の機材をそろえた「病院のように清潔な」店にしよう、と考えたのである。

キャッシュフローが伸びてくる中で、ハートルは一つ重大な決意を固めた。一般的な慣例に沿って可能な限り迅速に店舗を増やしていくのではなく、旗艦店の拡大によって事業成長を追求しよう。小さなサロンを多数構えるより、少数の広大なサロンがあったほうがいい。そのほうがより良い顧客体験を創出できるし、人件費の増分を補って余りある売上の伸びを確保できるはずだ。ハートルの判断は正しかった。二〇〇七年になる頃には、プラネット・タンのサロンはダラス・フォートワース都市圏で十六拠点に増え、従業員は一七〇人ほどに成長していた。サロンの平均売上高は約一〇〇万ドル。業界平均では一拠点二十万ドルなのだから、目を見張る成果だ。さらに注目すべき点は、客単価が業界最高であったこと。多数のサロンがEBITDAを五〇％以上も伸ばすことに成功していた。

ハートルは、プラネット・タン成功のカギをよく心得ていた。スタッフのクオリティとしっかりした企業文化だ。「高い目的意識があり、それが素晴らしい会社を築いていた」と彼は話している。

「僕たちは業界で最高のビジネスパーソンでいよう、とつねづね話していた。『世界的に有名になったIT企業を見てみろよ。僕たちは小売の世界であれをやろう。早く出勤して、遅くまで仕事をして、自分より顧客のニーズを最優先にしよう』……というのが僕の信条だった。それが何より重要だったんだ。それに賛同して守れそうな人だけを採用して、入社後は行動で示してもらっていた」

買収の問い合わせは早くから来ていた。PEグループからの打診もあったし、競合他社からアプローチされたこともあった。ハートルはすべてはねのけていたが、理由の一つは、プラネット・タンはまだその段階に来ていないと感じていたからだった。サロンのほとんどは比較的新しい。大きなキャッシュフローを生み出すまで成長させるには、もう少し時間が必要だ。それと同じく重要な点として、ハートル自身の準備ができていなかった。

「僕はまだ若くて、会社経営以外のことは考えられなかった。自分がやりたいことをしていたし、お金も稼げていた。この仕事に全身全霊で打ち込んでいた」

しかし、そんなふうにビジネスに情熱を注ぎつつも、プラネット・タンに骨をうずめようという考えはなかったという。四十歳まで働いて、その後は全く別なことをやっていくという人生目標を、学生時代に設定していたからだ。ぜひともそれを叶えるつもりだったので、だとすれば当然ながら最終的には会社を売却することになる。だからといって、その目標がビジネスの妨げになってはならない、という強い決意もあった。自分が永遠に所有していくつもりで経営する――常に会社にとって長期的にベストな判断をしていくことの重要性を確信していたからだ。四十一歳の誕生日前に売却しようという思いを頭の片隅に置いたまま働き続け、月日が流れて、二〇〇六年十一月に彼は三十九歳になった。

ハートルは青年起業家機構（Young Entrepreneurs' Organization：YEO、現在は「起業家機構」Entrepreneurs' Organization：EOと名称を変更）のメンバーとして、所属する支部の会合に定期的に出席していた。会合では四半期に一度、外部の識者に講演を依頼する。二〇〇七年はじめの会合で登壇したのが、企業売却のブローカー、デイヴィッド・ハマーだった。YEOメンバーの一人が、経営する給与計算請負会社を売却したときに、このハマーが売却プロセスを支えたのだという。ハマーは「ブック」の重要性を強調した。「ディールブック」や「CIM（Confidential Information Memorandum）」とも呼ばれる機密情報書類のことだ。社史、財務状況、成長のポテンシャル、その他買主が関心を持つ物事を解説した売り込み資料である。ハマーに言わせると、実際に売却するかどうかは別としても、このブックの作成自体が企業の現実を確認する手段になる。オーナーは往々にして会社の価値を高く見積もりやすいからだ。この点は特にハートルの胸に響いた。講演後すぐにハマーを雇って、上層幹部陣と共にプラネット・タンのブック作成に取り組むことにした。ハートルにとっては売却に向けた具体的な一歩というより、現実確認の意味合いのほうが大きかったのだが、実際に気づいていなかったさまざまな現実を理解することとなった。

ハートルは「ブックの作成がどれほど難しいか、どれほどの情報をまとめなければならないか、ちっともわかっていなかった」と話している。

「本当に大きな学習体験だった。監査を入れるかどうか決めかねていたのだが──何しろ三万ドルも費用がかかるので──デイヴィッドが重要だと言うから、監査を入れることにした。結果から言えば、あれは僕が生涯で使った中でも最高の三万ドルだったと思う。おかげで会計処理に何点か変更を入れることになったんだが、会社にとって素晴らしい効果があった。だが何より驚いたのは、銀行からの信用が段違いに上がったこと。財務状況をしっかり文書化すると、それだけで別格になる。ブックを作って、僕は自分の会社を本当に誇らしく思うようになった。

僕らが実に良好な経営をしていることが、あらゆる指標に照らして明確になったからだ。そして、ブック作成のちょうどさなかに、最大の競合会社から買収アプローチを受けた」

その競合会社というのが、ダラスを拠点として日焼けサロンを全国展開していたパームビーチ・タンだ。パームビーチ・タンCEOのブルックス・リードとは以前から友人だったのだが、リードは過去に何度か、もしハートルが売却を決めるなら買収に関心があると言っていた。ハートルは完成したブックを一部、パームビーチ・タン本社に送付した。するとその返答として、買収希望者を広く募らないでほしい、という要請があった。売却ブローカーのハマーの忠告に沿って、ハートルはパームビーチ・タンに対し、他にも買収に関心を持つ数社と面談をする気があること、しかしパームビーチ・タンが正式な買収提案を準備している間はオークション・プロセスを始めないことを告げた。

パームビーチ・タン以外で、プラネット・タンの過半数の株式取得に強い興味を示していたのが、あるPE会社だった。ハートルはPE会社の代表と面会したが、その取引は自分にとって何の魅力もないと早々に判断した。ハートルは事業成長のための外部資本を必要としているわけではなかったし、もちろん経営パートナーが欲しいとも思っていなかったからだ。彼が求めていたのは、従業員の雇用の保障。特に七年以上一緒にやってきた中心メンバーの雇用は絶対に守られなければならない。また、企業文化とブランドの維持も望んでいた。

驚いたことに、パームビーチ・タンはすべての条件に合意した。

「サロンには引き続きプラネット・タンの名前を掲げたい、ということまで言ってくれた。僕らのサロンがこれほどの収益を出す理由を学びたい、と言うんだよ。『御社の手法、アイデア、ビジネスのやり方のベストな部分をぜひ活かしていきましょう。弊社の中にそれらを組み合わせていきましょう』と。夢のようなことだと思った」

話し合いが進むにつれ、ハートルは、売却が従業員に与える影響を強く意識するようになった。特に自分に最も近い人々に与える影響が心配だ。そこで何人かを売却プロセスに参加させることにした。彼らのサポートが必要だったし、彼らには知る権利があると思ったし、いずれにせよバレてしまうことだと思ったからだ。ハートルは、自分は絶対にみんなを捨てるような真似はしない、と約束した。雇用は守るつもりだし、仮に失職したとしても、ハートル個人が彼らを雇用し、同じ給料を払い、同じ福利厚生を与えて、次の就職先が決まるまで面倒を見ると請け合った。

「最悪の場合は、私がまた別の会社を買収しようと思っていた。そうすれば少なくとも彼らは収入の心配をせずにすむのだから」

この時点でプラネット・タンの株式はすべてハートルが保有していた。ずいぶん前に早期投資家から買い取っていたのだ。管理職のためにファントムストック（自社株連動型報酬）の設立を検討していたハートルは、その点を念頭に置いて、ファストフード・チェーンのチックフィレイやレストランのアウトバック・ステーキハウスが採用した報酬体系について勉強していた。書類上では翌年にもファントムストックを導入する計画だった。だが売却が間近に迫った今となっては、わざわざファントムストック実施に費用と手間をかける意味はない。そこで、部下がふさわしい報酬を確実に得る方法を、新たに考え始めた。

同時進行で、一六〇人強の従業員に売却について説明するという、多大な勇気を要する任務も待っていた。「怖くてたまらなかった」とハートルは語っている。

「売却経験のあるYEOメンバーに頼んで、一連の流れを手ほどきしてもらった。リハーサルをしても、まだびくついていた。幾晩も眠れなかったよ。みんながどんな反応をするか、心配でたまらなくて。もしかしてみんな辞めてしまうだろうか。そうなって、しかもその後に売却が不成立になったら、どうすればいいだろう。頭の中にいろんなシナリオが渦巻いていた。でも実際には、そんな悪い結果にはならなかった――たぶん、チームとの間に信頼関係を築けていたからじゃないかな。僕と密につながって働いてきたから、信じてくれていたんだと思う。僕がジキルとハイドみたいに豹変するわけじゃないとわかっていたんだろう。そうはいっても、やはりあの告白をするのは、人生で何よりおそろしいことだった」

売却契約は二〇〇八年十一月十八日に締結。ハートルの四十一歳の誕生日から十三日後だ。株式の所有者ではないマネージャーたちに売却益の恩恵が行くよう、ハートルが確実に取り計らった。「全員にボーナスを渡した」のだ。

「みんなびっくりしていたよ。喜んでくれたが、それ以上に僕のほうが嬉しかった。地区マネージャーと店長の全員にボーナスを出した。最初の会社に僕を採用してくれて、その後はプラネット・タンのCFO代理も務めてくれた人物には、一番高額のボーナスを出した。夕食に招いて、そこで小切手を手渡したんだ――六桁の小切手をね」

ハートルにとって事業売却とは、長く、過酷で、しかし充実した旅の集大成だった。二歳になる前に父親に捨てられたハートルは、極度の貧困の中で育った。母は仕事を掛け持ちして、ハートルを含む子供二人を育てたが、どうにもやりくりがつかない時期もあり、家族はしょっちゅう腹を空かせていた。だからハートルにとって、収入が安定するどころか、もはや金銭的な制約に苦しまない財をなせたというのは、人生の勝利に他ならなかったのだ。本人は「感無量だった」と語っている。

「誇らしかった。それに尽きるよ。誇らしかった理由は、幸運に頼って成功したわけではない、という実感があったからだ。二十年間も猛烈に働いて、よそ見もせず、汚い真似は一度もしなかった。自分が掲げた約束を守り通した。想像してたより何倍も大きな成果を出せた」

だが、しばらくして寂しさも襲ってきた。もはや自分のものではなくなったもの──会社、そして共に働いてきた仲間たちを思うと、やはり寂しく思わずにはいられなかった。

「最高の友をなくしたみたいにね。プラネット・タンは僕にとってのすべてだったから。プラネット・タンがあったおかげで、僕は人間として成長できた。この仕事がなければ出会えなかった人たちと出会えた。ありがたい特権や機会にも恵まれた。これほど最高のパートナーは生涯望めないだろう。生涯、ずっとだ」

そう吐露しつつも、ハートルの胸中はおだやかだ。自分と共に旅路を歩んでくれた人々にフェアに向き合えた、と思えているからである。

富を分け合う――

当然ながら、あるオーナーにとっては安心してエグジットを迎えられた要因が、別のオーナーにとっては忸怩たる思いにつながることもある。従業員にどれだけの恩があると考えるか、その判断はオーナーによって大きく異なる。オーナーがサイモン・レグリーでない限り〔十九世紀の小説『アンクル・トムの小屋』に登場する、無慈悲な奴隷商人の名前〕、進む道が分かれてからも元部下の幸せを願うのは間違いないだろうが、かといって売却益を分配せねばならぬという義務があるわけではない。分配は主にオーナー自身の性格や理念のあらわれだ。従業員の心に響くだけでなく、オーナー自身の納得につながる。ハートルはまさにその一例である。

とはいえ、富の分配を通じて渡される「善意」の価値も軽視できない。その点で私が思い出すのは、一九九四年のミズーリ州スプリングフィールドで、ボブ・ヴェーア・ジュニアと、その息子のジムが、彼らの会社アーロンズ・オートモーティブ・プロダクツをロールアップ企業〔中小の同業他社を買い集めるロールアップ買収でビジネスの増強を図る企業のこと〕に売却した場面に居合わせたことだ。企業は地域内で「一番」になることで得をする場合が多いが、スプリングフィールドにおけるアーロンズ・オートモーティブの業績は、一番どころか最底辺だった。そのため、ヴェーアから売却益の分配として感謝の言葉と共に一〇〇〇ドル強の小切手を受け取った従業員たちは、当然ながら面食らった。この気前の良さはニュースとなり、地元新聞の一面を飾った。ヴェーア親子はあらゆる方面から賛辞を浴びることとなった。

しかし、従業員が個人あるいは従業員持株制度（ESOP）を通じて株式を保有しているのだとしたら、話は全く変わってくる。オーナーが保有する株式の現金化のためにESOPを結成する場合もあるが、いったんその問題は脇に置いておこう。そうではなく、あくまで会社構築のプロセスとして従業員とオーナーとで会社の所有権を共有してきたのだとしたら、そこには少なくとも二種類の狙いが考えられる。

一つは、株式価値最大化という狙いに向けて、団結を生み出すこと。成長している新興企業で持分分配という仕組みが広く浸透しているのも、それが理由だ。ベンチャーキャピタリストやPE投資家も推奨することが多い。従業員に金銭的なインセンティブを与えることによって、リクイディティ・イベントを迎えるときに全員が儲かる結果となるよう、理論的には全員が協力し合うようになる。そうした団結を生み出せたとすれば、売却は全員が一丸となって歩んできた旅の華々しいゴールだ──全員が「祝いたい」と思える結果になる。

一方、オーナーが第三者への売却を考えていないという場合もある。彼らも株式価値最大化のための一致団結は望んでいるが、だからといって、一気に売却して一気にみなで金持ちになろうと思っているわけではない。ただ単に、従業員全員がオーナーという自覚のもとで行動し、成果に対して自分にも利害があると心得ていれば、それはきっとビジネス向上に寄与する──という狙いで、株式を持たせるのである。「従業員持株制度」と言うより、もっと幅広く「従業員オーナー制度」と言うほうが表現として正確だし、そのほうがフェアだという意見もあるだろう。そもそも創業者と投資家だけがビジネスの価値を生み出すわけではない。従業員も等しく役割を担うのだ。その観点から言えば、従業員に株式を与えてオーナーにするというのは、彼らにパイ焼きに参加させ、そのパイの一切れを確実に受け取れるようにすること、と言ってもいいのかもしれない。

しかし、従業員によって所有される企業の場合、その取締役——たいていは取締役個人が最大株主だ——が従業員に対してフェアに向き合うというのは、実は厄介なことなのだ。取締役が株式の一〇〇%を所有する単独オーナーである場合と比べると、最善のエグジットを判断するのは難しい。従業員に対する責任と、株主に対する責任は一致するとは限らず、取締役としては後者の信任義務を考慮しなければならないからだ。

それでもやはり、従業員をオーナーにするという仕組みは捨てがたい。売却すれば自分だけでなくみんなが得をするとわかっているのは、オーナーにとっては嬉しいことだからである。エド・ジンマーの例を見てみたい。

従業員がオーナーを構成する場合——

エド・ジンマーはアイダホ州ボイシにあるＥＣＣＯグループという会社のＣＥＯを務めていた。ＥＣＣＯはトラック、建設機械、バス、その他の商用車につける後退警報機やアンバー警告ライトのメーカーとして、世界を牽引する一社である。私の著書『*Small Giants*』でも紹介しているが、同社ではＥＳＯＰが株式の五七%を取得していた。残りを保有するのはジンマーと元CEOのジム・トンプソン、そして数名の幹部と、三%を取得した外部投資家が一人だ。

二〇〇六年、秋の恒例行事であるリーダーシップ研修合宿の準備をしていたとき、大手競合他社のブリタックスPMGが売却に向けて動いているという噂が耳に入ってきた。研修の場でジンマーは、ブリタックスの事業部門のうち、ECCOが競合している部門を買収する案を議題に乗せた。実現すればECCOにとって創業以来最大規模の買収となる。株式を発行して資本を確保しなければならないが、それも初めての試みだし、ESOPを含むすべての株主の株式価値が希釈化することになる。ひとまず検討・調査する価値はあるという点で、研修参加者の意見は一致した。

同年十二月下旬にはブリタックス買収案は却下が決まっていた。しかし買収可否を検討するための調査から別の問題点がいくつか浮かび上がっており、ジンマーはこれを解決せねばならないと感じた。問題の一つは、ECCOのような会社を買おうとする場合、買主はジンマーが思うよりはるかに高いEBITDA倍率を払っているとわかったことだ。ECCO株の市場価格を試算してみたところ、一株三〇〇ドルにもなった。法の定めに従って年に最低一度、独立した外部機関によって株価の鑑定を受けるのだが、それによってECCO株はおよそ一〇〇ドルと評価されている。つまり公開すれば三倍の値がつくという意味だ。この発見にジンマーは頭を悩ませた。第四章でも見た通り、すべてのESOPには偶発債務という課題がある。ESOPを利用する既得権者が退職を決めたとき、企業は株式を鑑定株価で買い取ることになっている。その支払いは数年かけて行っていくこともできるが──ECCOは七年としていた──

仮に大勢がほぼ同時期に退職を決めた場合、流出する額は相当なものとなりかねない。

実際のところ、当時のＥＣＣＯのアメリカ事業で働いていた従業員二五〇人のうち、かなりの割合が勤続年数二十年を超えており、定年が間近に迫っていた。彼らの大半にとってはＥＳＯＰでの保有株式が最大の資産だ。住宅や個人の４０１（ｋ）以上の価値がある。仮に全員が三年から五年以内に引退するとして、七年をかけてキャッシュアウトしていくのだから、彼らが全額を受け取り終わるのが十年から十二年後。それまでの期間に、彼らが受け取るべきお金に、何らかのリスクが生じる可能性もある。景気が急降下するかもしれない。会社が傾くかもしれない。新しいテクノロジーが誕生し、競争の展望を一変させてしまうかもしれない。全く予測不可能な出来事が発生することもありうる。

もしＥＣＣＯ株の市場価格が本当にジンマーの試算通りの高さなのだとしたら、ＥＣＣＯ売却で得られる利益は、ＥＳＯＰメンバーに現時点で充分な現金を支払える額になるはずだ。売却せずに会社が今の成長率のまま伸びていくと想定し、十年から十二年で支払うと約束するよりも、一括で支払えたほうがリスクがない。その観点から考えてみると、株主に対して信任義務を負ったジンマーが買主を探さないのは責任の不履行と言えるのではないか。いずれにしても難しい選択だった。現時点で売却し、株主とＥＳＯＰメンバーが、彼らの功績によって生み出された価値を即座に受け取れるようにするか。あるいは、待つというリスクをとり、会社の成長に努めながら、所有権と支配権をＥＳＯＰの手にあずけ続けていくか。

さらに別の検討要素も生じた。ＥＳＯＰは確かにアメリカで働く従業員にとっては重要だが、

ＥＣＣＯはイギリス及びオーストラリアでも事業を展開しており、それらの国で働く従業員は全体のおよそ四割を占める。ＥＳＯＰのメンバーにはなれないが、ジンマーとしては彼らの利益も重んじてやらねばならない。一方、将来的に必要となる資本額について考える必要があった。競合他社を二社ほど買収すればビジネスの増強を図れるだろうが、そのためには借入で確保できる以上の資本が要る。つまり今すぐ会社全体を売却しないとしても、将来の買収を叶えるためには、事業部門のいくつかを売却することになると考えられるのだ。

ジンマー個人の利益も忘れるわけにはいかない。会社と従業員全体のために尽力しているとはいえ、彼自身も大株主の一人だ。妻と子供二人の存在もある。家族の純資産のほぼすべてがジンマーの保有するＥＣＣＯ株式にかかっている。もし何らかの厄災が会社を襲ったとしたら、従業員と同様、ジンマーの家族も手ひどい打撃を受けるのだ。

どの道を選ぶべきか、リーダーチームとの長く慎重な議論を経て、ジンマーは市場に答えを出させようと決断した。適正な価格、すなわち現在の鑑定株価の最低三倍の値段を出そうという買主が見つかるなら、売却という選択肢を進めればいい。そうでなかったら独立企業のままでいる道を選ぶのだ。実際のところ市場を試すには絶好の立場だ、とジンマーは確信していた。どんな売却契約を選ぶか、そもそも売却はするのか、完全に柔軟な姿勢で臨むことになるからだ。買収申し入れがジンマーの試算による市場価格を大幅に下回るようなら、ただ背を向ければいい。それで会社は困らない。ゆえに、取引する相手について好きなだけ選り好みできる。ジンマーはそう思っていた。

最初のステップは、幹事会社となる投資銀行を見つけること。ツテを頼りに、自動車市場に強いM&A会社六社の推薦を受けた。リーダーチームと共に六社と面談を実施したが、それほど時間はかからず、シカゴに拠点を置く国際投資銀行リンカーン・インターナショナルを選ぶと決まった。「あとの五社は、条件と料金構造の話ばかりしながら、何とか私たちの気を引こうとしていました」とジンマーは言う。

「(リンカーン・インターナショナルは)質問することに時間を使い、私たちのニーズの理解に努めてくれたのです」

ＥＣＣＯ側は早急に交渉を進めたいと考えた。市場がいつまで――銀行家の表現を借りれば――「バブル」であるか、つまりいつまで市場評価額が高いかわからないから、というのが理由の一つ。そして業界で噂の的になるのは極力避けたいという理由もあった。それにＥＣＣＯは買主候補者に向けて説得力ある主張ができる立場だ。これまでの収益性と成長ぶりを示す堅実な記録があり、優れた制度、優れた経営陣、アカウンタビリティの根づいた企業文化を備えており、長らくオープンブック・マネジメントを実施している。さらに重要な点として、必要な資本さえ確保できれば、近い将来に規模を倍増する機会も容易に特定可能だ。

二〇〇七年二月にはディールブックの作成に着手。リンカーン・インターナショナルのアナリスト一人が専任で携わった。日焼けサロン経営者のハートルと同様、ジンマーも、かかる時間と労力に感銘と驚嘆の両方を感じたという。

「単なる会計処理と数字だけの作業ではありませんでした。もっといろんな意味を持っていたのです。ここにはどんな物語があるのか。ここにはどんな価値があるのか。そういうことを見ていく作業だったんですね。見事な仕事ぶりでしたよ。本当に素晴らしいブックが完成したと思っています」

五月には、リンカーン・インターナショナルから二〇〇社の買主候補者に向けて、いわゆる「ティーザー」〔会社名を伏せたまま、売却を希望する企業を紹介する文書。「ノンネーム・シート」とも言う〕が送られた。買収への関心をそそったうえで、ブックを見たければ守秘義務契約書にサインして返送するよう求めたのである。三十社くらい送ってくれれば御の字ですね――とジンマーは聞かされていたのだが、蓋を開けてみると、八十二社から守秘義務契約書が返送されてきた。ディールブック検討後、予備入札に進んだのが二十八社。うち十社の提示額が、ＥＣＣＯ側が受け入れ可能と考えた最低額を上回っていた。その中の九社と話し合いを進めることが決まった。

ジンマーはリンカーン・インターナショナルとは別に、中立の立場で取締役にアドバイスをするコンサルタントも一人起用していた。リンカーンが取り仕切る売却プロセスを第三者として審査し、プロセスがＥＳＯＰメンバーにとって最善の結果となるよう導いてもらうためだ。ジンマーは「私自身は、『本当に売却することになりそうだな』と思っていました」と語っている。

「価値も証明できました。私が試算した市場価格を上回っていましたし、先方も強い関心を示しています。あとは、全員にとって最善のシナリオを見極めることです。売却価格にプレミアムが乗って、全員の雇用も継続する、それが最善のシナリオであろうと私は思っていました。

ところが例のコンサルタントが、違うと言うのです。『従業員の雇用継続とは関係なく、ESOPメンバーと株主が得られる金額を最大化することが、取締役であるあなたが株主に対して負っている義務なのです』と。私は『冗談だろう』と返したのですが、コンサルタントは『冗談ではありません。そういうものです』と言いました。私が『つまり、きみが言ってることは、たとえ彼らが失職しても、多少高いお金で株が売れさえすれば、そのほうが良い取引だということなのか』と問い詰めると、コンサルタントの答えは『株主のために最高の金額を勝ち取らなくてはなりません』でした」

ジンマーがECCOの前途を思って抱いていた高揚感は、一気に、従業員の運命に対する不安に転じた。もしかしたら自分は、図らずも従業員の職を奪うかもしれない行動を始めてしまったのではないだろうか。何しろすでに多様な買主候補者の関心をかきたててしまったのだ。

「私たちが望んでいたのは、異業種の企業に買収されることでした。ECCOをプラットフォームとみなし、手は出さずに成長させてくれる……そんな買主を望みました。同業他社に買収され、私たちのビジネスを失って、相手の運営に吸い込まれていくだけというのは嫌だったんです。結果的には、最高額のオファーを入れてきたのは、成長を求めるファイナンシャル・バイヤーだったのですが」

しかしファイナンシャル・バイヤーならどれも同じというわけではない。PEグループであれば、買収資本の調達は株式と負債の組み合わせで行われることになる。

「買収後、買収資本の利子を年間三、四〇〇万ドルも支払いながら、業務縮小や経費削減を進め、ＥＢＩＴＤＡを上げることだけに注力して、数年後にはまたＥＣＣＯを売り払う。（ＰＥ会社に売却したら）そうなるのではないかと心配でした」

同業他社の数社が実際にそうした経緯を経るのを、ジンマーは目の当たりにしてきた。売却から三年ほどすれば、また別のオーナーに売り渡されていくのだ。ＣＥＯもＣＦＯも変わるし、負債も積みあがるばかり。利子の支払いにあてる現金を創出するために、毎四半期の末に商品価格を二〇％下げて在庫を売り切らなくてはならない。顧客はすぐさまこれに気づき、割引されるまで買い控えるようになる。一方で、そうした大出血セールの合間に、ＥＣＣＯのようなライバル会社に良質な顧客をさらわれる。ジンマーは、ＥＣＣＯ自身がそうした不利な立場にはまり込むことを恐れた。

「不安でした。何しろ取締役の信任義務としては、株主に最高額の利益が入る買収提案であれば、受け入れなければならないのですから」

ディールブックを送付したのは二〇〇七年五月。予備入札が入ったのは六月。七月には三週間かけてマネージメント・ミーティング〔売主が買主候補者に対して企業情報を説明する会合〕をしていった。会合は毎回一日がかりだ。最初にジンマーがＥＣＣＯの企業文化について、価値理念について、構造と戦略について説明し、それから経営陣の一人一人──同席できないオーストラリア事業担当常務を除く──が市場、商品、開発技術、海外における機会など、さまざまなテーマを分担して解説する。競争分析についても議論した。プレゼンテーションをすべて終えるのに六時間もかかった。買主候補者にＥＣＣＯについて明確かつ包括的に伝えるのはもちろんのこと、上層経営陣のそれぞれから直接説明することを重視した試みだった。経営陣がしっかりしていると印象づけられればECCOの価値に、ひいては買主が払いたがる価格にも良い影響がある――とリンカーン・インターナショナルが示唆していたからだ。ジンマーの話によれば、おかげで最終的にプレゼンの腕はかなり上がった。

買主候補者がECCOを理解する機会を与えるため、というのが表向きの狙いではあったが、こうした会議はECCO側が買主候補者を値踏みする機会でもあった。ジンマーは特に一社に注目していた。五月の時点で、リンカーン・インターナショナルの担当責任者であったトム・ウィリアムスから連絡があり、バーウィンドという投資会社がディールブックの閲覧を希望していると知らされたのだ。フィラデルフィアに拠点を置き、家族経営で五世代にわたり続いている会社だという。そもそもは採炭会社として誕生したが、元CEOチャールズ・グレアム・バーウィンド・ジュニアが多角化に取り組み、製造業とサービス業にまたがるコングロマリットへと転身した。ジンマーは「トムから、『当社との取引実績はないのですが、何年も前から着目してきたんです』と紹介されていましてね」と語っている。

「バーウィンドは投資に対してとても目が肥えていると感じました。実績はきわめて堅実。検討した買収がふさわしくないと判断すれば背を向けているのです。トムは『バークシャー・ハサウェイの小型版です。彼らをゴールまで引っ張っていけたら、きっと理想的なパートナーになります』と話していました。PE会社の目先の利益主義の餌食になることを私がどれほど恐れているか、トムはよく知っていたのです」

奇しくも、一番最初のマネージメント・ミーティングの相手がバーウィンドだった。面談を切り上げる頃にはＥＣＣＯ側はすっかり感銘を受けていたという。

「他のどこよりも彼らを気に入ったような気がします。彼らのやり方はとても納得のいくものだったからです。私たちからのプレゼンがすんだあと、バーウィンドのほうから一時間ほど、彼らがパートナーとして適している理由について、買収した場合に実現できることについて、説明がありました。私たち全員が好ましい印象を受けました。バーウィンドは年間数十億ドルになるビジネスを二十六人で動かしていました。彼らは買収した企業の運営には携わりません。ノウハウがないから手を出さないのです。その点も気に入りましたが、バーウィンドの賃借対照表に負債が全くない点もいいと思いました。内部資本で回しているんです。転売目的で企業を買収する企業なら、そんなふうにはなりません。所有し続けていこうという意図がなければやらないことです」

買主候補者のうち何社かは、借入を起こしてＥＣＣＯを買収し数年後には転売するつもりであることをはっきりと示していた。それをセールスポイントだと考えていたのだ。彼らの目論見としては、ＥＣＣＯ経営陣がＥＣＣＯを有機的に成長させ、それから新パートナーの支援のもと、他社を買収して成長する。ＥＣＣＯがこれまでのような業績を続けていくと仮定すれば、借入は期日通りに返済でき、その後は株式価値が急上昇するはずだ。そうなったら三年後から五年後をめどにＥＣＣＯを売却するので、上層部を含め株主全員を金持ちにできる──というわけだ。

ジンマーにしてみれば、そんなチャンスはまるで魅力的ではなかった。新オーナーが望めば売却後もCEOに残留する意思はあったが、大儲けには何も興味を感じない。特に、そうしたシナリオでは共に働く仲間の多くが犠牲になりやすいので、なおさら儲けに飛びつく気にはなれなかった。「売り飛ばすために育てる」というプランを採用していなかったのは、多種多様な買主候補者の中でバーウィンドだけだ。バーウィンドの望みは、ECCOをプラットフォームとして活かし、永遠に保持していける持続力あるビジネスに育てていくこと。買収すれば、電子装置製造、商用車、自動車という、バーウィンドの工業部門にとっては未開拓の領域が開かれる。しかも、得をするのはバーウィンド側だけではない。これまでにバーウィンドが買収した企業は、ひとたび特定の市場セグメントで足場を固めると、その後は長きにわたって根を下ろしていた。バーウィンドの実績からその点に気づいたジンマーには、こちらのほうがきわめて魅力的なシナリオだと感じられた。

九社の買主候補者は、ECCO経営陣からの最終説明のあと二週間ほど期間をとり、基本合意書を提示すると共に、正式入札を行うことになった。その後に一社が選ばれ、デュー・ディリジェンスが実施されるのだ。九社のうち三社はこの時点で基本合意書を提出しない旨を明らかにした。すると予想外の展開があった、バーウィンドがリンカーン・インターナショナルに対し、入札前にデュー・ディリジェンスを実施したいと告げてきたのだ。リンカーンはこの異例の要望をジンマーに伝え、ジンマーは先が読めないながらも了承した。デュー・ディリジェンスは一般的に数週間かかるが、誰もが驚いたことに、バーウィンドは二日間で完了させた。

バーウィンド担当者と、大手会計事務所の担当者がほぼ半数ずつ、合計十人ほどが二機の社用ジェットでやってきたのだ。地元の会計士数名も入れて、朝八時からスタートし、翌日の午後六時には引き上げていった。

どうやらバーウィンドはECCOの様子を気に入ったらしい。八月に正式に買収申し入れをしてきた時点で、その額は予備入札より高くなっていた。別の一社のほうがわずかに高かったものの、バーウィンドは通常の六十日よりはるかに短い十五日で契約のクロージングができると主張した。さらに重要だったのは、「もし買収資金を調達できたなら」という条件をつけなかったのがバーウィンドだけだったこと。バーウィンドのオファーは明らかに株主にとって最善の道だった。中立の立場をとるコンサルタントも同意した。

現実問題として、他の五社の買収資金調達能力はかなり心もとないものだったのだ。入札とほぼ時を同じくして、アメリカの住宅バブル崩壊とサブプライム住宅ローン業界の破綻を受け、世界の金融市場に流動性危機が生じた。形態を問わずどんな企業であっても、借入による資金調達が一気に困難となったのである。

経済の展望がどれほど変化したか、ジンマーは即座には実感できていなかった。バーウィンドのおかげで、他社からの買収提案に応じずにすむことになり、すっかり胸をなでおろしていたのだ。しかしすべての書類にサインが入って送金も完了するまでは、取引が頓挫する可能性は常につきまとっているし、そうなれば競り負けた買主候補者に再チャンスが生じる。ECCOの弁護士とバーウィンドの弁護士が最終合意書の作成に入ってからも、リンカーン・インターナショナルは他の候補者に情報を送り続けていたのだが、最初に一社、また一社、次から次へと残りの五社が入札を取り下げていった。もはや買収に必要な現金を調達できなくなったから、という理由だ。外部からの資金調達を必要としていなかったバーウィンドだけが残った。

「景気がこれほど急激に変化したのだから、彼らもいずれかの時点で買収を取りやめてもおかしくはなかったのに、そうはしませんでした」とジンマーは語る。

こうした展開のさなかで、癌を患っていたジンマーの姉の容体が悪化した。姉は、ジンマーのもとで活躍するマネージャーの一人クリス・トンプソンの母だ。また、主要株主となっている元CEOジム・トンプソンの元妻でもある。幸いCFOのジョージ・フォーブスという人物が非常に有能だったので、ジンマーが家族の危機に意識を向けている間も、このフォーブスが売却プロセスを進めた。締結の期日は二〇〇七年九月十日。同日の早朝五時に、ジンマーの姉は息を引き取った。ジンマーがバーウィンドCEOのマイケル・マクレランドに電話をすると、どうぞ必要な時間をとってほしい、という返答があった。

「『すべきことをなさってください。我々はどこへも行きませんから』。そう言ってくれました」

そういうわけで、予定より数日ほど遅れて契約は締結された。一株あたり三四〇ドルで、鑑定株価の三倍を超える数字だった。

金銭的な観点から見て、従業員株主にとって格別に好待遇の取引だった。しかも全員の雇用も継続する。これがどれだけ幸運なことであったか、ジンマーを含め、当時は誰も正しく認識してはいなかった。その後の数年間にアメリカ経済に起きた経緯を知っている今の視点から見れば、仮にＥＣＣＯがこの時点でバーウィンドに売却できていなかった場合、これほどの機会が再来するまで長く長く待たねばならなかっただろうと断言できる。その予測すら、「待っている間にＥＣＣＯ自体が破綻しなかったとしたら」という、何の保証もない条件つきでのことなのだ。

売却後の展開――

本章で登場したハートルのような他のオーナーとは違って、ジンマーは「会社を売却した」と従業員に打ち明けるのを特に気に病んではいなかった点を指摘しておきたい。売却プロセスが進行していることは周知の事実だったからだ。半年前、買主候補者にティーザーを送ったのと同じ日に、全社会議を開いて全員に状況を話してあった。ＥＣＣＯはオープンブック・マネジメントを実施しており、従業員も財務知識があったので、市場を試す好機だと経営陣が判断した理由を詳細に説明することができた。最近の鑑定株価が一〇〇ドル前後だったことも従業員は知っていたし、その評価額と市場価値との違いもほぼ全員が理解していた。市場価値は三〇〇ドルになると考えられること、もしそれを下回るようなら売却自体を撤回すること――ジンマーがそうしたことを説明すると、自分の保有株式をきちんと把握しているＥＳＯＰメンバーたちは、売却が自分自身にどのような意味を持つかも計算できた。株式の権利がまだ付与されていない従業員も、売却の際にはすみやかに付与される、ともジンマーは付け加えた。

　従業員の反応は全体的に肯定的だったという。

「たくさん質問が出ました。ライバル会社に買収されて、事業を閉鎖されたり、どこかへ移転させられたりするんじゃないか、というのが主な懸念点でした。ですから私は『これだけの金額を払う買主なのだから、台無しにするような真似はしない、と信じるしかない。会社をもっと良くしようと思ってくれるはずだ。めちゃくちゃにするつもりなら、こんな大金をつぎ込むとは考えられない』と話しました。従業員はその理屈に納得し、強く賛同してくれました」

　売却プロセスの進行中、ジンマーはステップ一つ一つについて月例会議で最新情報を知らせていた。会議のない時期にはリーダー陣が社内の噂に注意を払った。先走った噂が出るようなら必ず対応し、たいていは火元の人物を呼んで不安の内容を詳しく尋ねた。さらにジンマーは各部署の代表者による従業員評議会を結成し、隔週で会合を開いて、評議員や他の従業員からあげられた疑問点に答えていた。

　こうして常に情報を伝え続けたおかげで、最終的に取引が成立したときも、ほとんど騒ぎは起きなかった。ただし、もし入札が一株三〇〇ドルを下回っていたら円滑には進まなかっただろう、とジンマーも認めている。

「たとえば一株二九〇ドルだったとしたら、ＥＳＯＰメンバーの中に、『俺に入るべきカネを払え』と言い出す人もいたかもしれません。そうなったら、自分自身のためにすべきことと、ＥＳＯＰ及び他の従業員に対する義務の間で、葛藤していたことでしょう。でも、明らかに成功と言える金額だったおかげで、異論は出ませんでした」

異論どころか、アメリカの全従業員二五〇人のうち一〇〇人を超えるESOPメンバーは、十万ドルを超える支払いを受けることとなった。

少なくとも当初は、売却によって職務が大幅に変化したのはジンマー一人だった。楽しめる部分もあったし、そうでないこともあった。他社を買収していく資本ができたのは嬉しかったし、実際に最初の五カ月で二件の取引に乗り出し、どちらも二〇〇八年二月に締結した。そして五月にも再び買収を試みた。成功すればいわゆる「赤と青の市場」――北米の警察車両という領域に踏み込める。このときは競り負けたのだが、同分野で別の企業の買収を目指し、二〇〇八年十二月三十一日に締結した。

一方で全く楽しめなかったのは、バーウィンドに財務報告を提出していく作業だ。これまでもECCOとして常に詳細に予測や記録を出してきたが、バーウィンドが望む詳細さのレベルは比較にならなかった。二〇〇七年九月の売却クロージング直後から、二〇〇八年の予算策定を求められた。「本当に苦戦させられましたよ」とジンマーはぼやいている。

景気が「大不況」へと転がりつつあったのも、苦しさを増す要因だった。ECCOの顧客のうち、相手先ブランド製造会社（OEM）は、それぞれ最低五〇％は注文を削減してきた。二番目に大きい取引先だったキャタピラーに至っては七〇％だ。四月にはさすがのジンマーもやむにやまれず、創業三十六年の歴史で初めての大規模なレイオフに踏み切った。会社を去った従業員は全体の約一五％。解雇を恨み、オーナーが変わったのが諸悪の根源だと責める意見もあった。

「かつてのECCO——〈小さな巨人〉《Small Giant》だった頃のECCOなら、たとえレイオフを決断したとしても、全く違う対応をとったはずじゃないか。退職後の身の振り方についてカウンセリングを提供するとか、せめて思いやりを示すとか。バーウィンド傘下になったECCOは、ほんのちょっとの予告もしなかった。あらゆる業務の従業員が大勢、月曜の朝に会議室に呼び出されて、退職に伴う書類を手渡されるなんて」

ジンマーはそうした意見に対し、売却後にECCOの企業文化がいくらか変化した点は認めつつ、バーウィンドが現れなければもっと大勢を解雇せざるを得なかったと主張した。昔のECCOでも自分の対応が変わっていたとは思えない。レイオフを予告なしで短期間に実施した理由は、職場の不安感を極力抑えたかったからだ。数カ月も続けば不安が広がり、ビジネスを深刻に弱らせかねない。一気にやって乗り越えるほうがいいのだ——と説明した。

解雇に次いで気が重かったのは、バーウィンドへの定期的な報告義務だ。バーウィンドが有する企業の中で、MBAもなく、会計分野を学んだ経歴もないCEOはジンマーのみ。バーウィンドの要求するレベルで細かく数字を追っていく作業には不慣れだった。

「売却前は、予算と一%ずれていても、目くじらを立てられることなんかありませんでした。ところがバーウィンドの世界では、何時間でも、ときには何日でもかけて分析して、そのズレを説明しなければならないのです」

別の誰かをECCOのCEOにしたほうがやりやすいのではないか。何度もそう掛け合ったのだが、バーウィンド側はそのつどジンマーの退職を引き留めた。

実は、自社を売却した経験がある友人からも、同じ忠告をされていた。買収・売却契約に必ず含まれる表明保証条項が保留中で、ECCO売却代金の一部（約四〇〇万ドル）はまだ第三者に預託されていたからだ。少なくともその代金が払われるまで、ジンマーはECCOにとどまっていたほうがいいという忠告だった。[*] 支払いは二〇〇九年三月の予定だったが、未解決事項のペンディング状態が長引いていた。合意に達したのは八月。ESOPメンバーを含め、ECCO株主に、ようやく残りの金額が支払われた。

売却代金がすべて支払われたという事実が、ジンマー個人にどれほど重要な意味を持っているか、本人はしばらくピンと来ていなかった。流動資産が得られ、家族が生活を変えずに配当金でずっと暮らしていけるようになったら、そのときは速やかに引退しよう──と前々から思い描いていたのだ。しばらく頭の片隅に埋もれさせてはいたものの、具体的な数字も決めてあった。

「目の前の作業に追われていましたが、第三者預託に入っていた売却代金が支払われ、ふと顔をあげてみたら、『なんだ、到達したじゃないか！』と思ったのです」

＊ 売主の「表明保証（レップ・アンド・ワランティ）」を定める条項は、しばしば「残存条項」と呼ばれる。企業価値に影響するが具体的な影響内容は売却後しばらく不明、という要因が買収される側から買収する側に引き継がれるのかどうか、明記しておく項目である。評価額に対する潜在的リスクを特定し、その責任の所在を明らかにする。申告の有効期間を定め、消滅時効を定める目的もある。

しばらくしてジンマーのもとにバーウィンドの上司から連絡があった。二〇一〇年の年間計画策定のため、上司が来週に出向いてくるという通達だ。しかも上司はその電話で、ジンマーにとっては不本意な話題にも言及した。

「上司は私に、まだまだあちこちの業務を担当させる腹積もりだったんです。特にイギリスとオーストラリアの業務にあたらせるつもりでした」

電話を切ったジンマーは、座ったまま将来について思いをめぐらせた。上司の意図が不当だったわけではない。すでに年間の出張日数は六十五日を超えていたが、会社がジンマーをさらに各地へと回らせたいのは理解できる。問題は、ジンマー自身がその意欲をすっかりなくしていたことだった。彼は一時間後に電話を折り返し、退職の決意を固めたと告げた。その口調に何かを感じ取ったのか、上司は今回は慰留しなかった。

かくして二〇〇九年十月十五日、ジンマーは二十年以上にわたって務めたECCO社CEOの座を退いた。誇りと安心感がないまぜになった気持ちだった――と本人は語っている。

「私たちがこれまでに達成したことを誇らしく感じました。会社は過去よりもずっと堅調になり、優れたオーナーの手の元にあるのですから」

そして安心感のほうは、共に働いてきた仲間にフェアな対応ができたという実感と、ビジネスの責任がもう自分のものではなくなったという実感から生じていたのだった。

家族や友を投資家に迎えた場合──

従業員にどこまで借りがあると感じるか、それは選択の問題かもしれないが、投資家に対する「借り」は一般的にそうではない。会社の構築に他人のお金を使うなら、投資に対してそれなりのリターンをもたらすと──たいていは明示的に、場合によっては暗示的に──約束することになるからだ。そのお金が融資として入ったのだとすれば、相互に同意した利子を添えて返済していく義務がある。だが株式投資は全く異なる話だ。失敗したら紙くず同然だし、成功しても価値を持たない場合すらある（第三章のビル・ナイマンがそうだった）。株式投資のほうが融資よりもリスクは大きく、それゆえに株式投資家は、企業オーナーが自分を裏切らないという大きな信用をかけることになる。信用されれば責任が生じる。特に友人や家族の投資に大きく頼った起業家にとって、これはずっしりとのしかかる重圧だ。

私が知りあってきた起業家の中でも、最も重い責任に耐えた起業家と言えば、ゲイリー・ハーシュバーグの他にはほとんど思い浮かばない。ハーシュバーグは一九八三年に、今では有機ヨーグルトで有名になったストウニーフィールド・ファームという会社を、サミュエル・ケイマンと共に創業した。二〇〇〇年代初頭にこのストウニーフィールドの過半数株式をダノンに売却した時点で、同社の株主は二九七人。そのうち約一〇〇人は働きながら自社株を取得してきた従業員だ。残りは個人投資家で、友人、知人、親戚など、ほぼ十年にわたって赤字が続いた創業初期を支えた人々である。それ以外の投資家はダノンへの売却が決まる以前に現金化を求めてきており、ハーシュバーグは別の投資家を見つけて彼らの株式を買い取ってもらう形で対応をしてきた。

この株主の多さは、ストウニーフィールドが存続性のあるビジネスとなるまでの嘘のような経緯と、直接的につながっている。むしろ創業自体が偶然のような出来事だった。もともとサミュエル・ケイマンがニューハンプシャー州で、農村教育センター（ルーラル・エデュケーション・センター）という501(c)3法人、すなわちNPOを運営していた。ハーシュバーグは別の環境保護NPO「ケープ・コッド」の専務取締役だったが、ケイマンの団体の取締役会にも加わっていた。取締役会議ではセンターの資金調達方法を話し合いながら、ケイマン手作りの（とても美味な）ヨーグルトを食べるのが習慣になっていた。あるとき参加者の一人が「サミュエルのヨーグルトを売ったらどうだろう?」と言い出したのだ。そこで一九八三年四月、ケイマンはホームメード・ヨーグルトの販売を始めた。六月にはハーシュバーグの参加が決まったのだが、先に片付けておかなければならない用事があり、九月からようやくヨーグルトビジネスに加わることになった。新しいオフィスで彼を待っていたのは、デスクに積まれた未開封の封筒の山。初仕事はそれを一つ一つ開封して、支払小切手と請求書に分けること――と思っていたのだが、開けてみると小切手は一枚もなかった。入っていたのは、合計で七万五〇〇〇ドルに及ぶ請求書のみ。

ハーシュバーグは「仕事を始めて四時間後には破産がほぼ決まっていたというわけだよ」と表現している。

「起業家として誇りがあるなら、誰だってそこで引き下がるわけにはいかない。そこで私はまず母に電話をして、三万ドル貸してほしいと頼みこんだ。それから友人、家族と、とにかくかたっぱしから連絡をしていった」

知人に頼んで、お金を都合してもらう。ハーシュバーグのこの努力は、その後十八年にわたって続いたのである。

当初は、エグジットによって支援者に報いることなど、考えも及ばなかったという。

「センターの資金を集めるだけで必死だったからね。あの頃はエグジットが何なのかも知らなかったと思う。賃借対照表のことだってろくにわかっていなかった」

そうした概念に初めて触れたのは翌年一九八四年のこと。教えたのは、富裕層を相手にする一人の投資アドバイザーだった。ハーシュバーグは初めて私募による資本調達に挑戦し、数人の投資家から個人的に二十万ドルを調達しようと試みていたのだが、この投資家グループのアドバイザーが当然ながら依頼人へのリターンの内容を知りたがった。

「まともに答えられなかった。私があまりにも当を得なかったからか、アドバイザーは最終的に答えを引き出そうとするのをあきらめた。で、それが私の常套手段になったんだよ。一九八六年の株式投資で五十万ドル確保して、一九八九年から一九九〇年のラウンドでは二三〇万ドルを確保できた。現金化したいという希望があれば頑張って方法を見つけていたが、株式売却について書面にしたことは、あの年月の間に一度もなかった」

投資家への責任について自覚がなかったわけではない。だが、一人の投資家に何らかの確約をしないことによって、投資家全員にとっての最善を追求する自由を確保していた。「それがものすごく重要なポイントだった」と彼は言う。

「私が説明責任を負っていたのは全員に対してであって、誰か一人に対してではなかった。だから、誰か一人の支配下に置かれることもなかった。契約書で人生を売り渡すようなことには一度もならなかったし、だからこそ何でもできたというわけだよ」

そうは言っても賢さだけでは生き延びられない。幸運の重要性も馬鹿にはならないのだ。具体的なエグジット計画を求める投資家を避けられたのは、必ずしも意図して叶ったことではなかった、とハーシュバーグ自身も認めている。

「一九八七年から一九九〇年は毎週二万五〇〇〇ドルずつの損失が出ていた。それを株式に入れ替えていくしかなかった。機関投資家を避けていたわけじゃないが、投資したがる人がいなかった。何しろ彼らの目から見て、我々がやっているのは、まだ分野としてほとんど成立していなかったヨーグルトビジネスだからね。しかも有機のヨーグルトと来た。機関投資家にとっては完全に厄介なお荷物だよ」

しかし、ハーシュバーグはなぜ株式での資本調達が可能だったのか。赤字経営で生き残りも怪しかった九年間に、なぜ本人の推算によれば一〇〇〇万ドルも集めることができたのか。不思議に思うのも無理はないが、第一の要因として、そこには並々ならぬ努力があった。最終的な株主の数は二九七人だったが、ハーシュバーグの記憶では一〇〇〇人を超える投資家に声をかけたのだという。家族が彼の成功を信じてお金を出したという要素も大きかった。

「さっき言ったように、最初の投資家は私の母だった。わざとそうしたんだ。友人や家族、特に母親——しかも厄介なことに、私の場合は義理の母までどっぷり関与させてしまった——を巻き込んだなら、どうしてもその問題に注意を払わずにいられない。彼らがちゃんとリターンを得るように、強い義務感を抱かずにはいられない。投資してくれた他の人たちは、実母と義母が加わっていることを知っていた。だから私が絶対に株主を大事にするはずだと確信を持てたんだよ」

投資家にとっては、オーナーの母二人にリスクがあるという事実が安心材料となったかもしれないが、彼の妻にとっては正反対に作用していた。ハーシュバーグの妻、メグ・カドゥ・ハーシュバーグは、『良いことのため、それとも仕事のため（*For Better or For Work*）』という優れた著書で、厳しいほどの率直さで自分の体験を語っている。創業初期の数年間、ストウニーフィールドの財務状況がどれほど逼迫しているか、彼女はよく理解していた。「胃が締め上げられるようでした」と彼女は書いている。

「怖い顔をした債権者、山のような借金、すぐ目の前にある破産の可能性……逃げ道がありませんでした」

何とか生活し、給料も支払っていくために、ハーシュバーグは妻メグの母であるドリスの財力にかなりの範囲で頼っていた。ドリスは最終的に、創業者二人に次ぐ三番目の大株主になった。投じた額は一〇〇万ドル以上。流動性が低い投資で、返ってこない可能性もある。メグは母が負うリスクへの不安をつのらせた。夫が援助を頼みにいくと、妻は援助しないよう母に懇願していたほどだ。しかしドリスはいつでもお金を出し、「私だっていい大人ですよ。自分のしてることはわかってます。きっと大丈夫よ」と言うのだった。それがますますメグの不安をかきたてた。

「二人ともどうかしてる、と私は思っていました。私にとって誰より大事な二人の頭がおかしいなんて。私の家族（メグの兄弟も投資していた）はお金のことが何もわかってなくて、ゲイリーと私が彼らを食い物にしてるんだ、と思い詰めていました」

それでもストウニーフィールドが一九九二年にようやく損益分岐点に到達すると、見通しはかなり明るくなった。この頃は年間一〇〇〇万ドルの売上高を出せるようになっていた。一方で初期の投資家の一部は保有株式の売却を希望するようになっていた。ほとんどは、自分の自分の子供がまだ小さかった頃に五〇〇〇ドル程度の投資をした人々だ。子供も大学に進学するし、保有している株もかなり価値を持つようになったので、現金にしたいというわけだった。ハーシュバーグは原則として、現金化の希望には応じることにしていた。「あれは、初期の私がしてきたことの中でも、一番賢いことだったかもしれない」と彼は話す。

「毎年十一月に株主に手紙を送り、『もし来年に株式の売却をご希望なら、お知らせください』と伝えた。それが最善のやり方だと今も考えている。第一に、素晴らしいPRになる。株主利益を念頭に置いていると知らせて、現金化したければ買い取りますと言っているわけだから。そして第二に、傷んだリンゴを取り除ける。私がいつも言ってることなんだが、すぐさま現金化を迫ってくるような投資家は願い下げだからね。そういう人にご退場いただいて、彼らの投資を別の人の投資と入れ替えるか、減らすかすれば、重圧から解放される」

ハーシュバーグは投資家への約束を守るため、ストウニーフィールドの株式を売りたい需要と買いたい需要をマッチングする〝仲人〟をすることにした。シリコンバレーのハンブレクト&クイスト、ボストンのアダムス、ハークネス&ヒルなど、投資銀行が開催する金融カンファレンスに足を運び、株式の買い手を探した。同時に、ストウニーフィールドの存在が投資コミュニティの視界に常に入っているよう心がけた。

「それも一つのメリットだったんだ。ああいうカンファレンスにあちこち参加したのは、私にとって貴重な学習だったたし、株主にとって最善の結果につなげるためだったが、それとは別にストウニーフィールドに興味を持つ人の輪を広げていく必要があると思っていた」

買主を見つけると、売主と引き合わせ、条件については両者で交渉させた。ハーシュバーグ自身がそれ以上関与する必要はなかった。そうした取引は数多く行われていたので、ほぼ例外なく市場に金額を決めさせることができた。

年月が経つうちに、このプロセスのダイナミクスも変化した。

「我が社がだんだん大きくなり、数字も大きくなってきた。五〇〇〇ドルの投資家ではなく、五十万ドル以上出そうという投資家が中心になってきた。当然、交渉の相手はやり手ばかりになったし、たくさんの弁護士にいろんなことを要求されるようになった。だがストウニーフィールドは業績がよかったし、投資対象として理想的だったから、最終的にはこちらの考えを通すことができたよ。そんなやり方を他の人にも勧めようとは思わないけれどね——すごく疲れることだったから。でも、機関投資家の世話にはなりたくないとか、自分には違和感のあることを強いられるのは嫌だと思っているなら、自分の思う通りにエグジット方法を決められる状況を整えておいたほうがいい。他人の条件で決められるのではなく」

新しく加わった株主の中には、プロの資産運用会社も含まれていた。その中の一社は国際的な投資家から莫大な資金を集めていた。

「ごちゃごちゃした一般的な文言をたくさん載せた条件規定書《タームシート》を渡されたが、私が譲歩する義務はないからね。その投資マネージャーはひどく苛立っていたよ。彼には取締役の席も与えなかったんだが、取締役会には出席できるようにした。除け者扱いされていると思わせないための正しい判断だったが、彼が事業売却を強行に主張して、あまりにしつこいもんだから、とうとう他の取締役数名から、今後も出席させ続けるつもりかと疑問の声が出た。それでも私は別にかまわなかった。私に何かをせねばならぬという義務はないのだから」

そう言い切れた理由は、ケイマン、ハーシュバーグ、そして義母ドリス以外は、みんなきわめて少数の株式しか取得していなかったからだ。苛立つ投資マネージャーが持つ議決権も七％程度。ハーシュバーグが約二〇％だ。彼とケイマンは早い段階で過半数株主ではなくなり、一連の苦境のせいで持株比率はかなり低下していたのだが、その後にストックオプションを受け取って立場を回復していた。彼ら二人と義母ドリスが議決権を持っていた。

ただし、何らかの義務に縛られていないとはいっても、さすがのハーシュバーグも投資家のためにエグジットの手段を見つけねばという思いはあった。それもなるべく早いほうがいい。現金化を求める人数は増えていたからだ。一九九〇年代半ば頃には、毎年一〇〇万ドル相当ほどの株式が、それまでの所有者から新たな所有者へと移動していた。それも一件まとめてではなく、毎年十件から十五件ほど所有権取引が発生するのだ。ハーシュバーグの時間の七割は、買主を見つけて取引をまとめることに費やされており、そうした作業をしなくてもよくなる可能性が魅力的に思えるようになっていた。上場していないとはいえ、最終的なリクイディティ・イベントを望み、その際の大きな成果を期待する三〇〇人近い人々の存在を心に抱えているのは、ハーシュバーグにとって常にストレスだったからだ。しかもその多くは、彼個人が恩義を感じる人々だ。母、義母、その他の親族だけではない。七十歳の誕生日を間近に控えてリタイアを考えている共同創業者のケイマンもいる。それから、必須の原材料であるミルクの代金すら払えなくなった初期のストウニーフィールドから、代金のかわりとして五〇〇〇ドル分の株式を受け取り、事業を立て直す支えになってくれた牧場経営者も。重大な局面で支払いのかわりに株式を受け取ってくれた乳製品製造機器販売業者も。同様にストウニーフィールドを助けたPR会社のオーナーも。

そういうわけで、一九九八年、ハーシュバーグは本格的に売却という選択肢を探り始める。そしてエグジットに臨むオーナーの誰もが直面する問題と真っ向からぶつかっていくことになった。幸せなエグジットを叶える次の条件、「買主を理解する」という課題である。

8

売主をして注意せしめよ

買主が買いたがる理由を確実に理解すること

「ビジネスにおける行動はすべて、終盤戦のための準備だ。その自覚があってもなくても」と、ストウニーフィールド・ファーム共同創業者で会長のゲイリー・ハーシュバーグは言う。「でも、それをわかってない場合が多い。生き残りに必死になってしまうからだ」

ハーシュバーグ自身、わかっていないオーナーの一人だった。一九九八年、二九七人の株主のための株式売却の方法を探り始めた彼が自分の手で道を決められたのは、運の助けがあったからだ。破産の瀬戸際にあった一九八〇年代にプロの投資家から資金を確保できなかったからこそ、株主と会社と自分自身にとって最善の選択肢を決める自由をしっかりつかんでいられたのである。

ハーシュバーグはずいぶん前から、友人であるベン・コーエンとジェリー・グリーンフィールドの足跡を追うことになるだろう、と考えていた。コーエンとグリーンフィールドは、バーモント州を拠点にホームメイド・アイスクリームのベン&ジェリーズ・ホームメイドを創業し、わずか六年で新規株式公開（IPO）を果たしていたからだ。自分にも時期が来たと判断したハーシュバーグは、IPOに向けた準備に乗り出した。まずプロセスを監督する株主委員会を結成する。それから幹事会社としてプロセスを主導する投資銀行会社を選ぶ。数社と面談し、その中の一社アダム、ハークネス&ヒルを選ぶと決めて、まさに起用に進もうとしたとき、コーエンから電話があった。彼らのベン&ジェリーズが、カリフォルニア州オークランドにある上場企業ドレイヤーズ・グランド・アイスクリームから、敵対的買収の標的になったというのだ。コーエンは個人投資家をまとめあわせ、そのグループにホワイトナイトの役割を果たしてもらうことで、ドレイヤーズから自社を守ろうと必死に力を尽くしていた。ハーシュバーグは喜んで援助に参加したのだが、友人の窮状を聞いたことで、株式公開への意欲が一気に醒めてしまった。

「ドレイヤーズから買収の意思を示された時点で、ベン&ジェリーズにはもう、売却するのかどうかという選択肢がなかった。あるのは、どう売却するか、という問題だけだ。自分の手の中にカードがそろっていない状態で交渉をしていた」*

その気づきは啓示のように彼を打った。

「私はなぜだか、上場すなわち会社の売却、ということが呑み込めてなかったんだ。投資銀行が主催するカンファレンスに足しげく参加していたが、行くともてなされ、もてはやされて、我々は最高だと思わせられるばかり。『株式を公開するというのは、会社を売ってしまうということなんですよ』とは、誰からも一度も言われなかった。気づいていないオーナーが多いんじゃないかと思うが、私の場合はベンたちの戦いを間近で見守って、そのことを悟った」

ハーシュバーグはギアを入れ替えることにした。あくまで特定の条件のもとでストウニーフィールドの獲得に関心を持つ企業はいないか、という切り口で投資銀行家に話をするようになったのだ。条件の一つは、ハーシュバーグが支配権を持ち続けること。これはきわめて非現実的な希望だった。ハーシュバーグが保有していた株式は約二〇%。従業員が五%。それ以外の全株式を売却するつもりだった。つまり彼は、買主が株式の七五%を取得しつつ、自分に引き続き全権を委ねることを期待していたのだ。「それは無理だ」と言ったのが、投資銀行ラザール・フレールの取締役ジム・ゴールドだった。しかしゴールドは、「無理だ」に続けて、こう発言した。

「だが、ぜひその挑戦を助けてみたい」

「それならあなたに任せたい」とハーシュバーグは答えた。

ハーシュバーグは、自分が求める買主像を明確に想定していた。

「シナジー効果をもたらして、ストウニーフィールドの効果と効率を高めてくれる、そんな買主を探していた。市場が有機と天然という方向に動いているのはわかっていた。この分野はこれからもっと競争が激しく、もっと複雑になると見抜いていた。だから親会社になる企業には、流通や営業面での強みと製造の専門技術をぜひ与えてもらいたい。それでいて、私に完全に統括を任せてほしい。そして株主のために最高の評価倍率も勝ち取りたい。幸い、株主から売却しろとプレッシャーを受けていたわけではなかったから、ベンたちの場合とは違って時間はたっぷりあった。当時の株主の中でもプロの投資家からはせっつかれていたが、彼らが持っている株式の割合はごくわずかだ。影響力はない。ただうるさいだけだ。取締役会からは全面的に支持が得られていたしね。むしろ、ベン&ジェリーズの顚末を見ていた株主は、私には絶対にそんな売却をしないでほしいと望んでいた」

ゴールドから引き合わされた最初の売却先候補の中に、ダノンがいた。パリに拠点を置くダノンは乳製品業界の世界的リーディングカンパニーだ。ハーシュバーグは、ニューヨークにあるラザール社のオフィスで、ダノンのM&A責任者と数回にわたって面談した。しかし提示された金額があまりに安かったため、返事はせず、他を探し続けた。

「一九九八年から二〇〇一年にかけて、二十社くらいの大手企業と話をした。腐敗性食品を扱う大企業で、話し合いの場をもたなかった企業は一社もないんじゃないかな。（それでも成立しないのだから）私が求めるものは実現不可能だと言ったジム・ゴールドの予言が正しい、という

＊ベン&ジェリーズは、買主候補者が視野に入ってきた時点で、もう売却以外の選択肢がなかった——という見解は、一部のアナリストに否定されている（スタンフォード・ソーシャル・イノベーション・レビュー誌二〇一二年秋号に掲載された、アンソニー・ペイジとロバート・A・カッツによる論稿「ベン&ジェリーズに関する真実（The Truth About Ben & Jerry's）」を参照）。その見解は一理あるにしても、売却しなければ株主からの訴訟で苦しむことになる、とコーエンと取締役会が確信していたことは間違いないだろう。

気配になっていた」

しかし二〇〇〇年の秋に、ダノンからゴールドに連絡があった。ハーシュバーグは再検討する気はあるだろうか、というのだ。ダノンの当初の金額が低すぎたこと、いずれにしてもハーシュバーグがストウニーフィールドの統括と経営を続けていくつもりであることを、ゴールドがダノンに伝えた。それでダノンは去って行った——と思いきや、なんとハーシュバーグの条件は、ダノン会長兼CEOのフランク・リブーの考えと完全に合致していたのだ。リブーは、ダノンに有機ヨーグルト事業の経験がないことを自覚しており、アメリカ人のやり方から多くを学べると考えていた。買収によってリブーが望むものを手に入れるためには、ぜひともハーシュバーグに続投してもらわなければならない。むしろ彼が引き続き統括するなら買収価格を上げるのもやぶさかではない、というのだった。

そこで本格的に交渉が始まった。しかし落とし穴は常に細部に潜んでいるもので、取引の細部を詰めるのに丸一年かかった。答えを出さねばならない問題が何百もあったのだ。何らかの理由でハーシュバーグが続けられなくなったらどうするのか。ストウニーフィールドの業績が期待に届かなかったらどうするのか。たとえば有害な廃棄物を出すなど、ダノンがストウニーフィールドの理念に背くビジネスに踏み込んだらどうするか。ペプシコや、フィリップモリスの親会社アルトリアなど、ストウニーフィールドに対する消費者の信頼性を損なうような団体がダノンを買収することになったら、どうするのか。

それからもちろん、会社の統治（ガバナンス）、所有権、承継といった根本的な問題もある。

ストウニーフィールドの自律性を守りつつ、同時にダノンの株主にとっての利益も守っていくには、どうすればいいか。ハーシュバーグをはじめとするストウニーフィールドのマネージャー陣はダノンの株式を保有することになるのか、それともストウニーフィールドの株式を持ち続けるのか。後者の場合は配当を受け取るのか、そうだとすればどのような仕組みにするか。二社の合意内容はいつまで有効か。有効期間終了後はどうなるか。修正はどのように行うか。ハーシュバーグの後継者はどのように選ぶのか……。考えるべき項目は果てしなく続いた。

双方で課題を片付けていく過程で、ハーシュバーグは何度か絶望したくなる瞬間があった。もう撤回しようと思ったことも一度や二度ではなかった。それでも締結に向けて歩みを進められたのは、弁護士事務所K&Lゲイツから起用していた弁護士スティーブン・L・パーマーと、交渉相手であるダノンのM&A責任者（当時）ニコラス・モーリンのおかげだったという。

「ニコラスはまるでマジシャンだった。我々は友達になったが、必要とあれば彼は敵にもなるんだ。あとからわかったんだが、彼は最初から取引を成立させるよう命令を受けていた。しかし私はそれを知らなかったから、全力で交渉していたよ。こちらが『どうもうまくいきませんね。自宅に帰って最初から考えますよ』と言ったりすると、有能かつ如才ないニコラスは、『ちょっと散歩に出てみたらどうです。頭をすっきりさせてきてください』と引き留めるんだ。交渉はニューヨークでしていたんだが、『このまま飛行機に乗るのではなく、いったん二時間くらい散歩してきてください。それからもう一度考えてみましょう』ってね。で、私が散歩から戻るまでの間に、ニコラスが打開策を見つけているというわけだ。何しろ天才だからね、彼は。こういうことが十回か二十回はあったんじゃないかな」

難航した要因の一つは、このようなM&A取引のロールモデルがないことだった。少なくともハーシュバーグ、パーマー、モーリンにとって手本とすべき当てはなかった。株式未公開企業のオーナーや主要株主が、売却後も同じ独立性の保証を要求するなど、前例があるとしてもきわめて稀なことだ。大手の上場企業がそれを呑むというのも、等しく例のない話である。しかしそれこそがダノンCEOのフランク・リブーの意向だった。この買収はダノンの将来にとって必須だと考えており、必ず実現させるつもりだったのだ。交渉はモーリンに任せてはいたが、話し合いの様子は詳細に把握し、重要な場面には何度か介入した。ハーシュバーグは「特に一度、私が売却を投げ出しそうになったとき」のことを、こう語っている。

「もうあきらめていたんだ。そしたら、昼食を共にしたフランク（リブー）に慰留されてね。自明だとは思うが、やはり言わずにはいられないよ——もしフランクがいなくて、一番トップからのサポートが得られなかったとしたら、絶対に成立しなかったに違いない、と。M&A会社に説得されるのとはわけが違う。最頂点にいる人が、進めようと言ってくれたんだ」

リブーの断固たる決意の根幹にあったのは、ストウニーフィールドの編み出したビジネスモデルがダノンのそれとは根本的に異なっている、という理解だった。ストウニーフィールドの手法もなかなか良い——いや、もしかしたらダノン以上に効果的かもしれない、と考えていた。ダノンが採用していたのは一般消費財メーカーとして当たり前のビジネスモデルだ。商品コストは可能な限り下げて、利益率を可能な限り上げる。そして粗利益を使ってできるだけ派手に売り込み、広告に莫大な金額を投じて大勢の消費者にリーチして、なるべく多く買わせる。その過程でブランド・ロイヤルティを創出する、あるいは創出できると期待するのだ。ところがストウニーフィールドは品質で競っていくと決意し、材料を供給する家族経営農家を支援すると宣言していたので、商品コストはダノンよりも高く、利益率はダノンよりも低い。ゆえに広告で知名度を稼ぐといった一般的なマーケティングにつぎ込めるキャッシュフローがない。それにもかかわらず、どの調査結果を見ても、ストウニーフィールド・ファンのブランド・ロイヤルティは、他のヨーグルトメーカーと比べて格段に高かったのだ。「我が社の商品を買う消費者は、スーパーマーケットに行ってもヨーグルトは探さない」とハーシュバーグは言っている。「探すのはストウニーフィールドだ」。しかも売上純利益率で見ればダノンのさまざまな事業と同じ、もしくは上回る数字が出ていた。そういうわけでリブーは、ストウニーフィールドのモデルからできるだけ多くを学び取りたいと思っていたのである。

一方のハーシュバーグにも隠れた動機があった。

「株主のために交渉していたが、それと同時に、株主のための心配から解放されたいという思いもあった。そうすればストウニーフィールドを次のレベルへ成長させていく仕事に集中できるわけだから。ダノンは超大手の多国籍企業だし、有機食品ビジネスじゃないが、彼らの力を我々の力にできるんじゃないかと思った。合気道で、相手が強ければ強いほど、その勢いが自分の力になるように。ダノンの資産、ダノンの強みのいいところだけを、私のミッションのために拝借させてもらうんだ。その一方でストウニーフィールドのＤＮＡを少しダノンに注入できたら、と思っていた。有機食品を扱うというだけの話じゃない。有機関連の企業の多くは、有機と名乗る資格を得るため、最低限のことしかしていない。信頼とか真正性（オーセンティシティ）の構築まではやっていないんだ。我々のオーセンティシティは我々のDNAに刻み込まれている。完全に透明性の高いビジネスをしている。消費者は信頼してくれているが、その信頼は我々が日々獲得し続けていかなければならないものだ。信頼されて当たり前とは思っていない」

二〇〇一年秋、ストウニーフィールドとダノンはようやく取引をまとめた。買収・売却合意書だけで数インチの厚みがあり、相互の義務や不測の事態に関するシナリオも数多く想定されているという、非常に込み入った契約だ。合意条件のもと、ストウニーフィールドは別個の事業体という立場を保つことになった。そしてダノンは外部の株主から買い取る形で——報道によれば一億二五〇〇万ドルで——株式の約七五％を取得する。

「評価倍率は高かった。具体的な数字は言えないが、本当にとても高かったよ。当時の売却取引の中でも最高の部類に入る。だから私も株主の目をまっすぐに見られたし、彼らのためにベストを尽くせたと思うことができた」

売却後もハーシュバーグと、マネージャー陣と、そして一般の従業員とで、引き続き二五％の株式を保有する。しかし議決権の五分の三はハーシュバーグが押さえる。引き換えにダノンは三種類の拒否権を持つことにした。ダノンが承認しない買収は拒否できる、一〇〇万ドルを超える資本支出も却下できる、合意した具体的上限を超える予算も却下できる。結果的には第二の拒否権が最も重大だった。年間売上高八五〇〇万ドルだった頃は一〇〇万ドルを超える資本支出などしたことがなかったので、当時のハーシュバーグにはピンと来なかったのだが、売却から二年ほど経ってからは、ほぼすべての資本支出に対して承認を必要とするようになったからだ（承認はおおむね下りていたが）。

また拒否権とは別に、ダノンはハーシュバーグがストウニーフィールドの売上を維持できない場合を想定し、あらかじめ対策を希望していた。そこで双方で話し合い、契約の有効期間中に達成し続けなければならない最低限の年間成長率を定める方程式を立てた。有効期限は二〇一六年だが、その後に更新可能とする。そして基準を満たしている場合のみ、ハーシュバーグは取締役会で過半数支配を維持できる。一方でハーシュバーグのほうも、彼の制御下にない出来事——近隣にある空港から離陸した飛行機が工場に突っ込むなど——がストウニーフィールドの年間売上高に響いた場合は立場を保護されるよう求めた。そういうわけで、二年連続で業績不振が続かない限りハーシュバーグは過半数支配を奪われないこと、業績が落ち込んだ年の翌年の売上改善は前年比で計測すること（二年前ではなく）を取り決めた。

さらに、このＭ＆Ａ取引は二段階で展開されることになった。第一ステージとしてダノンがストウニーフィールドの株式四〇％を取得する。手放される株式はいったん第三者に預託される。その後ダノンは二年をかけて、ダノンが結んでいる大型の食品サービス契約にストウニーフィールドを加えたり、製造業務に手を貸したりするなど、十件ほどの約束を実行する。納得できる形でダノンが約束を守っているとハーシュバーグが判断すれば、ダノンはストウニーフィールドの外部投資家から残りの株式を買い取る。そうならない場合、ダノンは少数株主の立場にとどまり、M&Aは無効になる。

ハーシュバーグは、ヨーグルトを買う消費者からの信頼を守るために、この試験運用期間が必要だったと話している。

「天然食品を好む消費者は、売却に対して懐疑的な気持ちになる人が多いだろう、とわかっていた。私が大手に寝返ったと思ってしまうかもしれない。二年の試験期間を設けたおかげで、売却をするべきか、いつするべきか、私がきっちり目を開いて判断すると伝えることができた。とはいえ、これは私にとっても都合がよかったんだ。大丈夫かどうか不安な気持ちもあったからね。ダノンのことをよく知っているわけではないし、事前にすべてぬかりなく想定できるとも思えない。一流実業家の友人数人は、絶対にうまく行かないと言っていた。だが、この二年間で自信が持てた。ダノンを信頼する気になれたんだ。要するに結婚する前にデートをしてみろ、ということだね」

十三年が経っても、ハーシュバーグが後悔の気持ちを抱くことはなかった。ストウニーフィールドの年間売上高は四億ドルに近づきつつあり、ダノンとの関係も強固になっていた。そしてハーシュバーグは自分自身のエグジットを計画し始めていた。すでに二〇一二年一月にCEOの肩書を手放して会長となり、CEOの座はベン&ジェリーズ元CEOのウォルト・フリースにいったん引き継いだのだが、これは吉とは出なかった。一年を待たずにフリースには去ってもらい、次の後継者として、ダノン幹部のエスティーヴ・トレンズを選んだ。トレンズはかつてストウニーフィールドのヨーロッパ事業統括マネージャーを務め、その後マーケティング担当副社長にもなっていたので、ハーシュバーグにとってはよく知る人物だった。

「自分の後継者にする人物とは、それ以前に一緒に仕事をしておくことが大切だ。そう学んだよ」

売却までの助走期間の何が正解だったか、ハーシュバーグは当時を振り返って語っている。

「単純な教訓だが、『求めなければ手に入らない』、そういうことだ。月並みで当たり前の言葉に聞こえるかもしれないが、まさにその通り、と思う場面が本当にたくさんあった。皮肉なことだが、もともと起業家は物事を求めていくタイプなのに、たいていは自分自身が限界だと思う範囲に発想を縛られてしまう。つまらないことじゃないか、縛られる必要なんかないのに。私が経験したＭ＆Ａが何かを証明しているとしたら、それは、売り手と買い手が協力しあえばどんなことだって可能だ、ということだよ」

もう一点、この例からぜひ学んでおきたい重要な教訓がある。交渉に際し、ハーシュバーグが何一つ自分の思い込みや希望的観測でとらえなかったことだ。耳障りのいい言葉やお金につられて、ダノンが買収から本当に望むのは何か、見失うことはなかった。狙いが把握できてからも、安全策をとって試験期間を設けると主張した。

もちろん幸運が作用したことも確かだ。成功には必ず運が味方している。交渉相手がリブーとモーリンだったのは、ハーシュバーグにとっては大きな幸運だった。しかし運が成功を保証するわけではない。決め手になるのは、資本利益率ならぬ「運の利益率《リターン・オン・ラック》」——ジム・コリンズが『ビジョナリー・カンパニー4　自分の意志で偉大になる』（日経BP社）で、この概念に言及している——を高める能力だ。ダノンがストウニーフィールドに対して厳しくデュー・ディリジェンスをしたように、ハーシュバーグも同じ厳しさでダノンについて調べ、把握することによって、幸運がもたらす効果を何倍にも高めたのである。

「売主危険負担」——売るならしっかり目を開いて臨め——

驚くべきことに、買主がなぜ買いたがるのか深く掘り下げようとしないオーナーは、本当に多いのだ。売却で自分が得るものに集中しているせいなのだろう。それは自然なことだし、売却のダイナミクスとしては、そうした姿勢が推奨されやすい。売却先の候補を探し、買収提案を得て、それを精査し一番気に入ったオファーを選ぶ。そしてデュー・ディリジェンスで白紙に戻されることがないよう努める。気持ちは常に取引をまとめる方向に向いているわけだ。

だが、そこには見逃しやすい点がある。売っているのは自分だけではない——買収する側も、ある意味では売り込みをしているのだ。彼らは信頼性を、善意を、将来に対するビジョンを、合併を成功させる能力を、そして従業員を大事にするという約束を売り込む。もちろん多くの買主はこうした点を真摯に考えているが、売主となるオーナーが結果的に「誤解するよう誘導された」——もしくは、あえて言うなら「嘘をつかれた」と感じた例も枚挙にいとまがない。それが仕方ないという場合もあるのだろう。約束がいつでも守られるとは限らないし、契約上の義務もすべて遵守されるとは限らない。いずれにしても、気づいたときにはたいてい手遅れだ。契約締結の直後から、オーナーの力など、ほぼ消滅していたのである。

幸せなエグジットを叶えるオーナーは、こうした不快なサプライズの回避に成功している。買主の真の動機を事前に見極め、売却後はどうなるか具体的に想定していたことが、彼らの成功の一因だ。さもなければ取引が済んだあと、不本意な結果を身をもって思い知らされることとなる。ボビー・マーティンはそうした不本意な思いをしたオーナーの一人だった。

マーティンは大学を出るか出ないかという頃から、のちにバンク・オブ・アメリカを合併するネーションズバンクで営業として働き始めた。起業のアイデアを思いついたのも、この仕事をしていたときだ。彼は「法人得意先係」として、担当地域だったノースカロライナ州ウィルミントンの企業を訪問しては、銀行のさまざまな商品とサービスの勧誘を行っていた。売り込む相手企業の業界は多岐に渡り、規模も従業員五人から数百人までと幅広い。射出成型を行うメーカーと、レストランチェーンと、空調設備サービス会社を一日のうちに回ることもあった。見込み顧客の業界について知識があれば営業トークもスムーズに進みやすい――彼はそう実感するようになった。

そこでマーティンは、営業訪問をする前に、必ず先方の業界について詳細な下調べをする習慣をつけた。学んだことをもとに、五個から十個ほど質問を用意して赴くのだ。

「たとえばプラスチックメーカーを訪問する場合は、レジンなど原材料のコストが過去十二カ月で二五%も高騰したことを頭に入れておく。客先に行って社長にお会いして、『レジンが昨年に二五％値上がりしましたが、運転資金にはどのような影響が出ていますか』とか、『信用枠での借入にはどう影響していますか』などと尋ねる。すると社長さんが『よく勉強してるじゃないか』と言う。他の銀行から来る営業は天気とかスポーツの話をするばかりだった」

見込み顧客の上層部にパワーポイントで正式なプレゼンをするときも、同じアプローチを採った。その業界、その会社が直面している課題を提示し、それに沿ってセールスピッチを構成するのだ。ライバル銀行の営業部員はそうした情報を持たず、銀行が提供するサービスについて一般論を話すばかりだった。

マーティンの営業テクニックはきわめて効果的で、獲得する顧客の数はみるみるうちに伸びていった。「私はもともと起業家精神があった」と彼は語っている。

「私がいつでも銀行の方針に逆らっていたのも、別に銀行が悪いからではなくて、私がそういう性分だからだ」

自分のやり方をビジネスにしようと考え始めるまで、さほど時間はかからなかった。彼の手法は他の銀行でも役立つだけでなく、多種多様な業界の法人顧客を相手にする企業なら、きっと応用できるはずだ。そこで一九九九年にネーションズバンクを辞め、事業計画を練り始めた。社名は「ファーストリサーチ」。登録した企業に対し、営業活動に役立つ最新の業界レポートを提供していくビジネスである。

マーティンが同サービスの売り込みに時間をかけなければならないのだから、それとは別に、リサーチとレポート作成を担当するパートナーが必要だ。すでに業界レポート提供を行っている企業と手を組むのが合理的だった。数社にアプローチし、ほとんどで袖にされたのだが、ボストンの営業先でマーティンの助けになりそうな人物を数人ほど紹介された。その中の一人がインゴ・ウィンツァーだった。マサチューセッツ州ウェルズリーにあるローカル・マーケットモニターという会社の経営者だ。全国の不動産市場の分析を行う会社である。マーティンはウィンツァーに電話をかけてみることにした。マーティン自身は「あれは人生で最もラッキーな電話だった」と語っている。

「彼は本当にいい人で、頭脳明晰だ。明快かつ具体的、そして正確な業界情報のまとめ方も心得ていた。そして評判も高かった」

実際、ウォール・ストリート・ジャーナル紙やバロンズ誌など、多様な出版媒体が、よく住宅と不動産の権威としてウィンツアーの論稿を掲載していた。

マーティンはこの電話で一つの提案を示した。ウィンツアーが共同経営者としてファーストリサーチに加わり、リサーチ担当の執行役副社長となって最初の三十本のレポートを書く。見返りとしてマーティンが彼に株式三五%を与える。ウィンツァーはこの提案に合意した。

「半年から一年をかけて三十本のレポートが完成し、そこから私が、レポートを売りに乗り出した」

スタートアップの常なのだが、当初のファーストリサーチはキャッシュフローの確保に必死だった。自分たちが目指す会社のあり方に関係あろうとなかろうと、できる仕事は何でも引き受けた。ウィンツァーがレポートを書けさえすれば、マーティンはそれを売るのだ。キャッシユフローが改善されてきてからも、二人は報酬を受け取らず、浮いた資金でもう一人の共同経営者を迎えることにした。マーティンのネーションズバンク時代の同僚ウィル・ブロウリーだ。二〇〇〇年三月に、ブロウリーに株式の一〇％を与えた。

「これは私がした中で二番目に賢明な行動だった」とマーティンは言っている。「一番はインゴと組んだことだよ」

マーティンとブロウリーは、どちらも元銀行の営業マンとして、特に銀行への売り込みに強かった。そのため彼らは二年ほど銀行業界に注力した。

ビジネスにおいて、上昇気流に乗ったスタートアップほど、胸躍る働き方ができる世界はないかもしれない。ファーストリサーチは二〇〇〇年代前半から軌道に乗り始めた。誰もが心から仕事を楽しんでいて、それを売却するなどという発想はオーナー三人の脳裏をかすめもしなかった。

「エグジット戦略を聞かれると、インゴとウィルと私は、ただ笑い飛ばしていた。そんな馬鹿なことがあるか、と思っていた――売ることを念頭に置いてビジネスを始めるだなんて。エグジット戦略を考えていなかったのは、私たちが無知だったせいだが、あの頃はむしろエグジット戦略なんか要らないと思っていた。目の前の顧客と商品に一一〇％で集中していた。それ以外のことは、気を散らせる要因にすぎなかった」

しかし会社が成長するにつれて、外部からの注目の高まりは、彼らも認めざるを得なくなった。二〇〇六年頃には従業員が約四十人、売上は六五〇万ドルに到達。営業先も銀行だけではなくなった。ソフトウェアメーカーや会計事務所など、複数の業界に対して財やサービスを売り込む企業であれば、ファーストリサーチの営業部員が必ず赴いた。そしてマーティンたちのもとに、事業を売却しないかという話が折に触れ舞い込むようになった。

「だから、このビジネスの価値がどれくらいか、漠然と理解はしていた。だが会社がまさに伸びている最中で、仕事も楽しくて仕方なくて、売却する気が全くないのなら、そんな話は右から左へ聞き流して仕事に没頭するだけだ。私たちがそうだった」

その夏にボストンで開催された見本市で、ファーストリサーチの出展ブースに、ビジネスリサーチ会社フーバーズの事業開発責任者が立ち寄った。展示を見て、マーティンの話を聞いたその女性は、深く感銘を受け、「素晴らしいです」と言った。

「この手法はフーバーズでもきっと効果があると思います。私たちはおそらく御社を買収すべきですね」

オフィスに戻った彼女はフーバーズ社長に電話をかけ、ファーストリサーチのことを話した。すぐにマーティンのもとに、フーバーズの親会社ダン&ブラッドストリート社の事業開発責任者から電話があった。一緒にやっていく方法を探りたい、というのだ。それからファーストリサーチが拠点を置くノースカロライナ州ローリーまで、社長が直々に足を運んできた。意図は明らかだ。マーティンも「向こうの考えは察しがついた」と語る。

「提携の相談程度なら、わざわざ社長が来たりしない。それでも私は、そんなもんかな、くらいの気持ちだった。売却する気はなかった。だが、どうやら物事は〝すべて売り物〟になるらしい」

売り物であるならば、当然、金額が充分であるかどうかが何より重要だ。だとすれば疑問が生じる――いくらなら「充分」なのか。マーティンは共同経営者たちと相談し、三〇〇〇万ドル程度のオファーならおそらく断れない、という結論になった。

しかし、焦ってその金額をせがむ必要もない。ファーストリサーチの経営は順調で、仕事に不満もなかったからだ。売上は伸びており、営業利益も申し分ない。従業員の数が五十人に近づき、職場管理が以前より難しくなってきたことはマーティンも認めていたが、とにかく社内の風土を気に入っていた。

「本当の意味で自由な感覚があった。自発的で、個性もあって、若々しく、エネルギッシュで。離職率というほどの離職もなかった。給料も充分に払っていたし、雰囲気が明るかった。毎年、社員旅行で避暑地にも行っていたよ。『生きるために働こう、働くために生きるのではなく』というのが、私たちのモットーの一つだ。勤務はみんな週四十時間か五十時間くらいだったよ。週七十時間働いたからすごいだなんて、私は全く思っていなかったからね。そういう働き方には、『おいおい、人生を取り戻せよ』と感じていた」

それでもマーティンは、適切な価格であればすべては売り物になる、という見解を捨てたわけではなかった。そしてフーバーズとダン&ブラッドストリートのほうも、社長の訪問を受けた際にマーティンが丁重に合併提案を拒否したにもかかわらず、その後も求愛を続けていた。どうすれば取引してくれるのかと尋ねられたマーティンが希望の数字を示すと、それをべースとして話し合いが進められることになった。結局、買収価格を二六五〇万ドルとし、うち二二五〇万ドルをクロージング時に支払うという形で話がまとまった。

売却後のファーストリサーチの企業文化がどうなるか、少しばかり心配だった――とマーティンは語っている。だが、やり過ごすには魅力的すぎる金額だった。

「正直に言って、やはり金額が大事だった。結果的に将来の可能性の幅が広がったし、全員にそれなりの額を支払えた。インゴとウィルと私だけで山分けにはしなかった。会社の価値が上がったとき従業員が得するように、繰延報酬制度を敷いていたので、みんなの懐も潤すことができた」

基本合意書に署名が入ると、すぐにデュー・ディリジェンスが始まった。三カ月足らずではあったが、マーティンにとってのストレスは大きかった。彼自身が、売却プロセスを管理しつつ経営も続けるという、典型的な間違いを犯していたのが一因だ。

「(デュー・ディリジェンスでは)山ほど質問を浴びせられてね。私はフルタイムの仕事を二つ掛け持ちしていたようなもので、家族にも迷惑をかけてしまった」

当時の彼は結婚して、子供が一人おり、二人目もまもなく誕生予定だった。

「それに、なぜ私がスーツの連中と会議ばかりしているのか、従業員に話せないのもストレスだった。SEC(証券取引委員会)の規制があるので、どうしても機密にしなければならなかったが、我が社の社風は透明性とオープンさが第一だったから。最後のほうは、私が隠しごとをしているのは明らかにバレているのに、規制を守るために口を閉ざしていなければならなかっ

ないよう取り計らっておく必要があった。

二〇〇七年三月に迎えた締結も一筋縄ではいかなかった。ファーストリサーチの顧客の多くは契約に譲渡禁止条項をつけていたので、所有権の移行後に彼らが去って行かないよう取り計らっておく必要があった。

「とても疲れる作業だった。顧客の法務部とやりとりするんだが、それが複雑で、面倒で」

例の繰延報酬制度も厄介だった。従業員には売却契約を締結した当日に説明した。売却益の小切手を受け取る前に、会社の責任を免除する書類にサインさせなければならない。それからダン&ブラッドストリートの株主に合併の通知が行くまでは機密にせよと指示をした。

だが売却後の彼が陥った心理状態に比べれば、売却が決まるまでのストレスや面倒など、たいしたことではなかったのだ。売却から数カ月も続いた煩悶の日々を、彼は今もよく憶えている。心が乱れ、人生で初めて心理セラピストにかかった。心臓が大丈夫かどうか調べるトレッドミル検査も受けさせられたほど。あとから考えれば明らかに、マーティンは訪れる変化に対して何の心構えもしないまま、売却というプロセスに乗り出してしまったのだ。ダン&ブラッドストリートがなぜ買収に興味を持つのか、ファーバーズとファーストリサーチが合併したら具体的にどうなるのか、締結までの期間に彼が全く考えてこなかったことが最大の敗因だった。

たとえば、ファーバーズがファーバーズ独自の販路を通じてファーストリサーチのレポートを配布しようとすれば、いろいろと複雑な問題が生じる。営業部員の成功報酬はどのように支払われるのか。ファーバーズとファーストリサーチ、双方の営業部員が同じ顧客に営業をかけていた場合、契約獲得はどちらの功績となるのか。二人が協力した場合はどうするか。合併すれば混乱も起きるし、現場スタッフは何かと苦労するのだから、こうした疑問点が生まれるのは最初から予見可能だったのだ。ところがマーティンにはいずれの点も見えていなかった。その結果として、ファーストリサーチの仲間たちがこうむることになった苦労のレベルに驚き、彼自身も苦しんだ。

「何しろ天地がひっくり返ったようなものだ。すべてが変わり、経営体制も新しくなり、もはや私が責任者ではなくなった。合併のせいで彼らがどれほど大変な思いをしているか――話を聞くにつけ、そんな目に遭わせているということに対して、私自身いたたまれなくなった」

だが、もしマーティンがダン&ブラッドストリートの買収動機をしっかり見極めていたならば、こうしたことはいずれも不意打ちではなかったはずだ。結局のところ、買主はファーストリサーチの人材も、ファーストリサーチの持つ顧客基盤すらも必要としてはいなかった。望んでいたのは知的財産、すなわちマーティンが開発した営業支援システムを手中に収めることだけ。その知的財産に伴うキャッシュフローも当然望んでいたが、システムがひとたびフーバーズに移行され、同社の商品群に取り込んでしまえたら、もう金の卵を産むガチョウを手に入れたのと同じだ。それで買収は成功だと考えていたのである。

結局、マーティンは売却から十五カ月後に退職した。もう当初ほど苦悶してはいなかったが、本人いわく「正常な」気持ちではなかった。「正常な」な心理状態、すなわち、つらさに呑み込まれずに元従業員たち――八割は退職または解雇となった――と話し、思いやれる状態になるまで、数カ月ほどかかってしまった。
会社売却を後悔しているか否か、それを見極めるにもさらに長く、はるかに長い時間がかかった。その一方で彼には、もう二度と働かなくていいほどのお金があった。執筆作業を始め、起業家精神に関する本を書くことにした。執筆は好きだ、と本人は言う。しかし物事を作り上げていくのも心から好きなのだ。もう一度ビジネスを構築してみたい——おそらく非営利の領域で——という思いがわきあがってくるようになった。では、ファーストリサーチのような営利団体を経営したいとは思わないのだろうか。私が尋ねたときの彼は、「わからない」と答えている。

「あんな思いをまた味わうのだとしたら、もう一度起業したいとは断言できない。でも、もしかしたら次は少し楽になるかもしれない。私も前よりは賢くなっているのだから」

二〇一〇年、マーティンは再び起業した。社名はバーティカルIQといって、今回も業界リサーチ会社だ。同社は今も繁栄しており、元ファーストリサーチ従業員を何人か雇用している。

売却が吉と出ない場合

自分の会社を他社に売るという経験をしたオーナーの中でも、ハーシュバーグとマーティンは明らかに両極端の例と言えるだろう。彼らが取引に対して抱いていた課題も正反対だった。ハーシュバーグが求めていたのは、売却前と同じミッション、同じ労働力、同じリーダーシップのまま、独立した事業体として存続すること。マーティンのほうはもっと単純に、逃せないと感じた金額で売却することを目指した。だが彼は、自分が思っていた以上に従業員の待遇を案じていたことを、あとから気づかされている。「あとから」気づくほど悪いタイミングはない。

第二章で示したメッセージを思い出してほしい。自分はどんな人間なのか（WHO）、ビジネスに何を求めるのか（WHAT）、自分を動かしている「根拠、理由」は何なのか（WHY）、その三つをしっかり見極めることが本当に重要なのだ。そして、これに必然的に付随する義務として、買主についても同じ三点を見極めておかねばならない。ハーシュバーグの例を見ればわかるとおり、売却後も企業文化と法人格を保持したいオーナーにとっての選択肢は、株式を公開するか、マネージャーや従業員に譲り渡すか、家族に引き継がせるか、いずれかに限られているわけではない。ミッションありきの企業なら自分と同じ手法を採用できる、とハーシュバーグは確信している。だが実際問題として、買収企業のトップにフランク・リブーのような存在がいなければ、彼のモデルを成功させるのはきわめて困難だ。

いずれにせよハーシュバーグが特異な例であることは間違いない。どちらかといえばボビー・マーティンのほうに近いオーナーが多いだろう。売却後の従業員や会社のことを気にかけながらも、自分が支配権を持つ独立した事業体として維持することにはこだわらない、というタイプだ。だからこそ彼らは似たような企業文化を持った買主を希望する。こちらの手法を多少なりと取り入れようとするオープンさを備えた買主を探す。従業員にとってもそのほうがやりやすいし、築いてきたシステムの正当性も認められるからだ。それがうまくいく場合もある。第一章に登場したビデオラーム創業者、レイ・パガーノの場合もそうだった。だが、ふさわしい買主とめぐりあえたとオーナー自身は思っていたのに、あとになってから失望するという例も、決して少なくはないのだ。

ジェフ・フーニンクは、大学卒業から二年ほどの二十六歳のときに、初めての起業に乗り出した。フロリダ州タンパでコイン式の業務用洗濯機のリースを行う小さな家族経営企業を買収（十八万ドル）し、一九八三年にサン・サービシズ・オブ・アメリカという会社として立ち上げたのだ。二年後にはさらに同業他社を買収。実はこの会社は、洗濯機に投入するコインが何者かによって大量に盗まれるという事件が発生しており、本当は前オーナーが思っていたよりもはるかに収益性の高い事業だった。つまり、フーニンクが支払った買収価格よりも、かなり価値が高かったのだ。おかげで買収にかけた投資は半年で取り戻すことができた。

フーニンクはこの経験から、業界内の小さくて過小評価されている企業を買収するという手法に可能性を見るようになった。買い取った企業を、本来あるべき姿でしっかり運営し、利益性の高い企業へと育て上げるのだ。それから十五年間にわたり、彼はもっぱら同じ方法でサン・サービシズを拡大していった。コインランドリー業界団体の役員会に加わり、のちに会長を務めるほど積極的に関与していたので、その広い人脈を活かして売却の可能性がある企業を探すことができた。よさそうな企業が浮上しだい、猛然と獲得に乗り出すのだ。全盛期のサン・サービシズの年間売上高は一〇〇〇万ドル、従業員は三十人。生産性と効率性は非常に高く、従業員一人あたりの売上高と営業利益では、業界平均を大きく上回っていた。フーニンクは「私たちは少ない数で多くの成果を出していました」と話している。

「とても少ない経費で、とても生産的に働いていました。ですから従業員にはかなりいい給料を出せました」

十年以上も順調な経営が続いたが、一九九〇年代後半になって、フーニンクは身を引くことを考え始めた。

「業界はかなり成熟してしまい、もう手ごろな買収をするのが難しくなって、私としてはもどかしさを感じていたからです。率直に言って、自分たちの技術がいつ時代遅れになるかもわからないと思っていました。素晴らしいビジネスだし、心から好きだと思っているけれど、これは残りの人生を捧げていきたいことだろうか……と考えたのです」

ちょうどこの頃、株式市場は過熱しつつあり、サン・サービシズのように安定した売上のある現金商売は魅力的な投資対象となっていた。買収を希望する企業がＥＢＩＴＤＡの十二倍もの倍率を喜んで支払おうとするせいで、むしろ本当に良い取引を見極めるのは困難というほど。

「これは一生に一度の機会かもしれない、と思いました」とフーニンクは言う。そこでさまざまな選択肢を検討した。その中の一つとして、他の洗濯機リースビジネスを何社かロールアップ買収し、結合した企業体として上場するという道があった。また別の選択肢として、フーニンクの会社を買収したがっている企業のいずれかに売る、という比較的シンプルな道もあった。

彼は後者が最善の針路だと判断した。

フーニンクが交渉した買主候補は二社。最終的に、マサチューセッツ州ウォルサムに拠点を置く競合他社マックグレイを選んだ。一九九七年四月に契約が結ばれた時点で、マックグレイはまだ非上場ではあったものの、IPOの予定があり、それもフーニンクにとって魅力的に感じた要素だった。売却価格は一四〇〇万ドル。そのうち約七六〇万ドル相当はマックグレイの株式だ。上場すれば株式市場で高い倍率がついて儲けが入る、とフーニンクは考えていた。

仮に上場しなかった場合や、株価が期待する額に届かなかった場合の防衛策として、フーニンクはプットオプションを要求した。フーニンクが持つ株式を、合意した価格でマックグレイに買い取らせる権利だ。実質的に、取得した株式の最低価格が保証されるというわけだった。

とはいえ、彼が他の企業を退けてマックグレイを売却先に選んだ主たる理由は、企業文化が合致すると思ったからだ。社風が似ているというだけではない。マックグレイ幹部は、フーニンクの手法やシステムを取り入れて順応したいと強調していた。従業員の生産性と効率性に驚嘆していた。何しろサン・サービシズの単位あたりの運営費は、マックグレイの半分なのだ。フーニンクとしてもマックグレイの変革を手伝うのはやぶさかでなかった。少なくとも、それで自分が取得したマックグレイ株の価値が高まることは間違いないからだ。

ところが、マックグレイの上層部は変革など全く実行する気がないことが、早々に明らかになった。理由はフーニンクにも理解できた。

「彼らにとっては非常にハードルの高いことだったんです。変革を起こすとしたら、多すぎる管理職を大幅に減らして、上層部の給与体系も全面的に見直し、運営方法も変えなければなりません。やり方が全く違っていたんです。私がどう変革するかという問題ではありませんでした。そこは彼らの会社であり、彼らにとっては自分たちのやり方がよかったのです。それは別に構いません――ビジネスで成功する方法はいろいろとあるのですから」

だが、フーニンク自身はそうした経営手法に強く反対だった。そのため一九九八年十二月に、保有株を売却して身を引こうと決断。この時点でマックグレイは上場していたが、フーニンクが保有している株式の価値は、プットオプションで指定した底値を下回っていた。プットを行使したのは、本人の表現によれば、会社に「小さな原子爆弾を落とす」ようなものだった。

フーニンクはあとになって、自分の経験は決して特殊な例ではないと悟った。

「会社の売却や吸収を経験した複数の友人から、同じような話を聞きました。売却成立前は、買収企業は『御社の運営方法をとても気に入っている』とか『ぜひそのようにやりたい』とか言うのです。しかし、実際にはそうはなりません。私が思うに、相手のやり方を取り入れたら、相手のほうが優れているとか賢いとか、認めたことになるからではないでしょうか。他人を認めるというのはなかなか難しいものなのです」

身内の投資家が牙をむくとき――

フーニンクの例が示す通り、ストラテジック・バイヤーが買収成立後の会社を、企業文化を、従業員をどのように扱うか、確実に把握するのは不可能だ。原則として、売却後のことを気にかけていればいるほど、余計に慎重にならなければいけない。ストラテジック・バイヤーの企業文化のほうが支配的となり、こちらの社風は消滅させられる場合が圧倒的に多いのだ。従業員がきちんと保護される取り決めにしておかない限り、待遇のよしあしは従業員個人の適応能力しだい、という展開になってしまう。

だとすればファイナンシャル・バイヤーの場合はどうだろうか。金銭的な狙いから買収する企業は、その狙いがはっきりしているので、行動の予測もつきやすいと考えられる。彼らはたいてい他人のお金を預かって投資しているのだから、顧客を満足させられるリターンを確保する方法と、流動性の低い株式を売却する方法を、常に考えていなければならない。彼らはそうした責務にもとづいて決断を下したり、もしくは決断を下せと迫ったりする。だが、その決断は必ずしも長期的に見て、会社にとって最善の利益であるとは限らない。

そもそも、ファイナンシャル・バイヤーの動機がはっきり見える保証などないのだ。ＩＴ業界には、投資家の望みを理解していると思い込み、あとから不意打ちを食らった起業家の例が星の数ほど転がっている。たとえば、あるソフトウェア開発会社を起業した女性は――ここでは彼女をジョアンと呼ぼう――景気が「大不況」を迎えたあとの二〇〇九年に、それまで支えてくれていたベンチャーキャピタル会社との仲が唐突に悪くなった。ずっと良好な関係を続けていたというのに、そのベンチャーキャピタルが一人の若手社員――マーティと呼ぶ――を取締役会に加わらせてから、急に敵意に満ちた空気が流れるようになったのだ。取締役会議でのマーティは、ジョアンに対して侮辱に近い失礼な態度をとり、わざと喧嘩をふっかけた。会議以外の場では、ジョアンとジョアンの部下を意図的に陥れようとした。数カ月にわたって、ジョアンをみじめな気持ちにするためにあらゆる手を尽くし、その目論見におおむね成功していた。

極めつけは、会社の価値を大きく高めたであろう買収の計画を、マーティがつぶしたことだ。いったん取引にゴーサインを出しておきながら、調印日の前日になって意見を翻し、阻止に回った。「あの一件のせいで、市場における私の評判に大きく傷がつきました」とジョアンは話している。堪忍袋の緒が切れた彼女は、マーティの上司であるベンチャーキャピタル創業者の一人に直談判をしに行った。すると、買収取引を承認するにあたり、三つの条件を提示された。第一に、ジョアンが取締役会長の座を降りること。ただし一時的にCEOの座にはとどまってよいこととする。第二に、一年半以内にジョアンの会社の売却をまとめること。第三に、ベンチャーキャピタルが推す売却をジョアンが拒否するならば、ジョアンはCEOを辞任すること。

この条件を持ち掛けられたことで、ジョアンにとっては、それまで受けていた仕打ちについて少なくとも一部の疑問は解明した。

「コントロールの問題だったんです。彼らは会社を売却させたくて、私が阻むのを恐れていました」

だが、まだ解せないことがある。なぜ彼らはそれほど売却を急ぐのか。会社の価値が上がったほうが、ベンチャーキャピタルが保有する株式の価値も上がるというのに、なぜそれを目指す取り組みを邪魔し続けているのか。

謎を解くヒントをくれたのは、友人の会社の投資家だった。友人がジョアンの問題をその投資家に話したところ、「売却益の分配を調べてみなさい」というアドバイスがあった。会社売却による利益の分配は、株式を買ったときの条件に応じて変わってくる。ジョアンが自分の起用する投資銀行家に計算を頼んだところ、すべての謎が氷解した。例のベンチャーキャピタルは投資に対する見返りとして優先株を受け取っている。会社の売却価格が三〇〇〇万ドルから八〇〇〇万ドルの間なら、彼らの持つ株式と引き換えに固定の金額を受け取る権利があるのだ。その他のPE投資家も同様の契約を結んでいた。一方、ジョアンを含め普通株を取得している株主は、優先株主に支払いが行き渡ったあとでなければ分配を受けられない。仮に売却価格が八〇〇〇万ドルを上回った場合、優先株は普通株に転換される。そして保有株数に応じて分配金を受け取ることになる。

つまり、ベンチャーキャピタルの立場としては、ジョアンの会社が三〇〇〇万ドルで売れようが八〇〇〇万ドルで売れようが違いはないというわけだ。その範囲内であれば支払われる金額は同じになる。確かに八〇〇〇万ドルを越える可能性もあるかもしれないが、そのレベルまで会社の価値が上がるのを待たねばならないことを考えれば、時間をかけるに値するほど大きな金額差が生じるとは思えない。むしろ長引けばリスクが増える。

「大きく合点がいきましたよ」とジョアン。

「もっと早く気づいていれば、私の対応も違っていたんですが」

ジョアンは、ベンチャーキャピタル会社がそうした思惑を明かさなかった理由にも気づいた。

取締役会に席を持っているのだから、彼らは全株主の利益を代表する信任義務がある。真の動機が明らかになれば、訴訟の対象となる可能性があるのだ。ジョアンは自分が見抜いた説を、ベンチャーキャピタル会社の共同創業者にぶつけた。

「『御社の動機がようやくわかりましたよ』と言ってみたんです。そして、わかったことを説明しました。すると返ってきた返事はこれだけ。『しっかり計算ができたようだね』ですって」

買主もいろいろ――

ＰＥ会社にはＰＥ会社の腹積もりがあった――そう気づかされた起業家は、決してジョアンが一人目ではない。彼らの行動は、いわば裸眼で見えるとは限らないのだ。また、ＰＥ会社が繰り出す卑劣な手口の標的になったという意味でも、ジョアンは初めての例というわけではない。むしろ彼女の体験は、第六章に登場したバジル・ピーターズがネクサス・エンジニアリングを売却したときに受けた厳しい攻撃と比べれば、それほどひどいものではなかった。シリコンバレーではそうした体験談を掃いて捨てるほど見聞きする。投資家にランキングをつけ、投資家をめぐる体験談――主に悪い体験――を紹介している専門のウェブサイト（thefunded.com）まであるほど。このサイトの創設者アデオ・レッシは、自分自身シリアル・アントレプレナーとして、ベンチャーキャピタリストとすさまじい攻防を繰り広げてきた経験の持ち主だ。

その反面、投資した会社に絶大な価値をもたらし、起業家が望む通りのエグジットを叶えてくれるベンチャーキャピタル会社やPEグループが多く存在することも、まぎれもない事実である。第三章に登場したマーティン・バビネックの場合がそうだった。彼の人材派遣会社トライネットの大株主には、PE会社ゼネラル・アトランティック（GA）が加わっていた。GAが必要な資本のみならず、トライネットに大きな価値をもたらしてくれた点を、バビネックは高く評価している。そうした例は他にも何千と存在している。

そうは言ってもやはり、ファイナンシャル・バイヤーや投資家の動機は、とことんまで掘り下げておかなければならない。表面的には不条理な行動に見えるとしても、たいていは根底に筋の通った理由がある。それに最大限迫ることができれば、こちらにとっても有利に持ち込める。もちろんそうした掘り下げは売却前にしておくのが理想的だ。それに、必ず心得ておかなければいけない点がある――そもそもPE会社から投資を受けるという判断は、ほぼ例外なく、七年以内に会社を売却するという判断とイコールなのだ。

ポール・スピーゲルマンも二〇〇九年、ベリル・ヘルスという会社の株式売却を考え始めたときに、この板挟みに直面することとなった。彼が兄弟二人と共に起業したのは一九八五年。場所は、父親がロサンゼルスで経営する法律事務所の小さな会議室だ。その片隅に置かれた簡易ベッドを事務所スペースにして仕事をしていた。当初の社名は「エマージェンシー・レスポンス・システムズ」で、長兄マークが発明した装置を活用したビジネスだった。リスクの高い患者を二十四時間無休で見守るために使用する装置だ。三兄弟は交代でスクリーンの前にはりつき、装置を所持している誰かが苦痛を訴えて鳴らすコールを待つ。スピーゲルマンいわく、大量のピザを食べながら、延々とテレビを観ながらの仕事だった。

風向きが変わり始めたのは一九八六年のこと。顧客の一人で、地元の病院に勤めている女性が、電話による医師紹介システムの開設を希望していた。具合が悪い人が専用の電話番号に問い合わせてきたら、その人が受診すべき医師を紹介するという仕組みだ。スピーゲルマン三兄弟が時間を持て余していることを知っていた彼女は、そのコールセンター役を引き受けてくれないか、と求めてきた。毎月三〇〇〇ドルを固定給として病院が支払うという。三人はこのチャンスに飛びつき、のちにベリル・ヘルスとなるビジネスを始めることとなった。

当初はすべてが原始的だった。スピーゲルマンは、著書『なぜみんな笑ってるんだろう？（*Why Is Everyone Smiling?*）』で、「基本的には電話に出て、インデックスカードにあるさまざまな医者の名前を読み上げるだけ」と説明している。

「だが、私たちはすぐに感じ取っていた。地域住民と絆を持ちたい病院であれば、全国どこの病院でも、いずれはこうしたサービスを提供する必要があるはずだ、と」

一九九五年、三兄弟に大きなブレイクが訪れた。営利では世界最大の病院運営団体コロンビア／ＨＣＡ（現在の「ホスピタル・コーポレーション・オブ・アメリカ」）が、医師の紹介を含めた全社的な顧客戦略を開発することになり、そのプロジェクトに三人もかかわれることになったのだ。これは大きなチャンスだ。兄弟は九カ月みっちりと時間をかけて、自分たちが提供できる最高の提案書を練り上げた。小さくて無名の会社が選ばれる確率は限りなく低かったのだが、彼らは見事に契約を勝ち取り、ダラス地域に巨大なコールセンターを建設する莫大な予算を与えられた。

三人は興奮に胸を躍らせた。カリフォルニアでの営業も続けながら、毎週ダラスへと通勤した。そのまま二年間はすべてが順調に進んだのだが、一九九七年になって、コロンビア／HCAに医療報酬の不正請求というスキャンダルが起きる。兄弟にとって最大の味方だったCEOのリック・スコットが、これを受けて辞職に追い込まれた。ダラスで活躍できるのも終わりか、と三人は不安に思っていたのだが、HCAは契約を維持したばかりか、コールセンター施設を彼らが買い取ることを認めた。建設にかかった費用と比べればほんのわずかな金額だ。これですべてが変わった。彼らは突如として最新設備を備えたコールセンターを所有し、それを基盤にサービスの向上と拡大を目指していける立場となったのだ。一九九九年には、業務をダラスで統合したほうがいいと判断し、社名も変更した。そうして生まれたのがベリル・ヘルスである。多彩な発色で知られる鉱石、緑柱石《ベリル》にあやかってつけた社名だった。

スピーゲルマン自身が認めている通り、彼らは特に研修も受けたことがなく、経験も少なかったので、手探りでビジネスを理解していかねばならなかった。そんな姿勢で会社構築に臨むというのは、実はいくつかメリットがある。特に、業界または識者が唱える慣習的知識が全く入っていないおかげで、普通だったら試さない物事に取り組めるという点は大きい。その過程で気づかぬうちにイノベーションを生み出していく場合があるからだ。スピーゲルマン兄弟もそのようにして利益性の高いビジネスモデルを編み出し、それを軸として、患者コミュニケーションサービスを引き受ける国内一流の請負事業者となっていった。

特に中心的役割を果たしたのはベリルの企業文化だった。ただし兄弟三人は創業から十年以上も、この言葉自体を知らなかった。彼らの頭にあったのは、ただフレンドリーで、陽気で、まさに家族経営らしい雰囲気を維持すること。従業員が居心地よく過ごしつつ、しっかり仕事に精を出し、顧客にレベルの高いサービスを提供する会社であり続けたい、と考えていた。彼らが使っていた場所も、その目的に少なからず貢献していた。コロンビア／ＨＣＡによって譲られた施設は、暗く陰気な雰囲気の中でオペレーターが何列にもなったデスクに座り電話をさばいている、といった典型的なコールセンターではなかったからだ。ベリルの従業員が働く部屋は広々としていて照明も充分。天井は高く、壁も明るい色で塗られていた。いつもどこかのキュービクル〔パーテーションで仕切られた個人用の作業スペース〕の上に誕生日祝いの風船が浮かんでいるし、しばらく眺めていればクマの着ぐるみが通ったり、マイケル・ジャクソンのコスプレをした一団が現れたり、そうかと思えばＣＥＯが闘牛士の格好でローラースケートに乗って登場したり……とにかく自由で楽しい職場だったのである。

ＣＥＯを務めていたのは次男のポール・スピーゲルマンだったが、こうした楽しい社風を率先して体現していたのは三男のバリーだった（長男のマークはベリルを離れ、二〇〇〇年に別の会社を立ち上げた）。バリーが顧客や従業員との間に築き上げた絆はとても強く、深かったので、彼が二〇〇五年に脳腫瘍でこの世を去ったときは、会社に大きな衝撃が走った。とはいえ、この日が遠くないことは皆が覚悟していたのだ。バリーは以前に癌を発症し、治療後は十七年にわたって落ち着いていたのだが、二〇〇三年におそろしい勢いで再発してしまった。特に最後の三カ月は、ポールが弟の看病と家族の用事に専念する間、従業員が団結し責任を持ってベリルを円滑に運営した。亡くなったときも、何十人というスタッフが手伝いにかけつけ、追悼の祈りを捧げ、形見を分けあい、思い出を語り、心のこもった弔辞を述べた。

これほどまでの追悼や敬愛の表現が寄せられたことに、ポール・スピーゲルマンは深く感動した。最大の親友であった弟を亡くしたのはつらかったが、スタッフの支えに助けられた。自分たちがビジネスに望んだアプローチ――「従業員を常に優先に」という姿勢――は正しかったのである。「自分が皆のことを大事にしているからこそ、皆が自分を大事にしてくれる。そう実感するというのは、まさにプライスレスな体験だ」とスピーゲルマンは言う。

「彼らは私の大きな家族のようだった」

もう一つ、スピーゲルマンがはっきりと自覚したことがあった。会社に残る創業者は自分一人になったのだから、ベリルの将来にかかわる決断は、今後は自分一人の責任になる。そして大勢の人々が自分の正しい判断を期待している。ビジネスにかかわることだけでなく、遺されたバリーの妻子のためにも、長男マークの家族と自分自身の家族のためにも、これからのことをしっかり考えていかなければならない。そうした重大な決断の一つが、外部の投資家を入れて、現在の株式をいくらか売却し、成長資本を確保すると決めたことだった。実は二〇〇〇年代初期に大勢から買収の話を持ちかけられていたのだが、当時はそれにまごつくばかりだったのだ。スピーゲルマンいわく、ひっきりなしに連絡してくる弁舌なめらかで押しの強い投資銀行家たちに、兄弟は気おされ、少しばかり怖気づいていた。「小さな子豚三匹が、大金をちらつかせるオオカミに立ち向かうようだった」と本人はのちに書いている。何事も勉強しなければという思いから、何人かの買主候補者やその代理人と面談したのだが、彼らがベリルの成功の理由をまるで把握しておらず、検討に値する買収提案もできないと思い知らされただけだった。

しかし二〇〇九年はじめになって、再びスピーゲルマンは売却という可能性を検討することとなる。当時は連邦議会が大規模な医療法案の通過に力を入れており、一方で病院側は患者の待遇向上を求める規制当局からのプレッシャーを受けていた。こうした状況を鑑みると、ベリルには大きな機会が待っていると同時に、いくつか試練も待ち構えていると考えられた。この頃の年間売上高は三〇〇〇万ドル。全国の病院に代わって患者のさまざまな電話連絡に対応するスタッフは三〇〇人いた。同業他社をいくつか買収するなどして、さらに事業を成長させることができるとすれば、今後五年で対象地域を大幅に広げ、業界内でより大きく、より影響力を持った存在になるだろう。現在よりも五倍か六倍は大きな企業になれる。逆に考えれば、もし技術や商品開発に相当の投資をしなかったとしたら、業界のリーディングカンパニーという立場を他社に脅かされる危険性があった。

ベリルの上級マネージャー陣も、スピーゲルマンと同様に、この先に待ち受ける機会を理解していた。ぜひその機会に乗じていくべきだ、という意欲を持っていた。スピーゲルマンは過去二年間でリーダーチームの入れ替えを進め、大会社を経営できる経験と野心を持った人材をそろえていた。彼らが腕を発揮するチャンスを与えるのが自分の義務だ、とスピーゲルマンは感じた。

そして彼自身にも、外部の投資家を入れたいと考える理由があった。一つは、思い描く成長を叶えるためには自分より経験豊かなCEOが必要ではないか、と考えていたことだ。ただし外からCEOを起用するには相当のお金がかかるし、ふさわしい人物の特定には周囲の手助けが要る。ひとまず後継者に道を譲るため会長に移行する準備は始めることにした。交代すれば、スピーゲルマンも会長として積極的に活動する一方で、会社以外で打ち込んでいるプロジェクトにも力を入れられる（スピーゲルマンが私のサポートのもとで立ち上げた会員制組織「スモール・ジャイアンツ・コミュニティ」も、その一つだ）。素晴らしい職場作りと、人を中心とする企業文化の創出について、他の起業家にぜひ自分のメッセージを伝えていきたい――という思いも、著書を出版してからますます強くなっていた。

二〇〇九年春、スピーゲルマンは売却プロセスを統括する投資銀行を探し始めた。さまざまな会社と面談し、最終的には、ネクサス・ヘルス・キャピタルを選んだ。規模は小さいがスピーゲルマンが昔から知っていた銀行だ。彼らのサポートのもと、二カ月ほどかけてディールブックを用意し、八月にティーザーを発送したところ、二十社ほどが予備入札まで進んだ。すべてPEグループだ。そのうち十二社が、五時間に及ぶマネージメント・ミーティングに参加した。「一度も経験したことのないプロセスだった」とスピーゲルマンは語っている。

「たった五時間の会議でビジネスパートナーを選ぶんだと理解したときは、衝撃を受けた。『無理だ。もっとよく相手を知らなければ』と言ってしまった」

十二社のうち五社が、さらなる話し合いに進んだ。スピーゲルマンはそれぞれに対して、同じ質問をぶつけた。

「お金以外では、我々に何をもたらしてくれますか？」

五社の中で際立っていた一社が、シカゴに拠点を置くフレックスポイント・フォードだ。医療ケアと金融サービス業界を専門とするPE会社である。経営者らは、ベリルとの可能性に胸を躍らせているようだった。ベリルの企業文化を尊敬していること、業績に対する企業文化の貢献を高く評価していることを強調し、競合他社より四〇％高い料金を成立させている能力を特に褒めちぎった。そして彼らのほうにもとっておきのカードがあった。業界内のツテで紹介を受けて、ベリルにふさわしいCEO候補を用意していたのだ。幹部経験も豊かなパム・ピュアという女性で、申し分のない経歴の持ち主だった。直近では医療ケア会社大手マッケッソンで、マッケッソン・プロバイダー・テクノロジーズという事業の社長を務め、同事業を七年間で九億ドル規模から三十億ドル規模へと育てたばかりか、利益率も五・八％から一〇・七％に改善させている。彼女は自分の経営スキルを発揮できる新たなビジネスを探しており、ベリルのことを理想的だと考えた。ベリルで働く人々のことも、企業文化のことも、そして会社のやり方のこともすっかり気に入った。五年で年商二億ドルへ成長させられると思っていたし、スピーゲルマンのほうも、彼女が新CEOとしてベリルを導いていくさまを想像できた。

そこで交渉を進めることとなった。フレックスポイントが基本合意書を提出し、予備入札を入れた。スピーゲルマンの希望よりは低かったが、かけ離れてもいない。ベリル側は翌年の業績見込みを提示し、デュー・ディリジェンスが始まった。それから二カ月、スピーゲルマンの心は売却プロセスの波の中で激しく揺れ動いていた。毎日新しい展開があり、毎日新しい疑問が出てくるようだ。フレックスポイントの主な懸念対象は、今後数年のベリルの業績予測だった。過去七年間は売上・利益共に二桁台の安定した成長を続けてきたが、営業部を持たないので、今後の成長見込みの信頼性が欠けるというのだ。フレックスポイントは、その懸念を加味して評価額を下げた。スピーゲルマンは腹立たしく思ったが、低い金額でも妥協できると判断した。それよりも気になったのは、彼から見れば短期志向と思えるフレックスポイントの視点だった。

皮肉な話だが、とどめを刺したのは、理想的なCEO候補だったはずのパム・ピュアである。二〇一〇年三月のある夜、彼女がスピーゲルマンに電話をかけてきた。翌日の午前、食事をしながら話を聞いたところ、彼女は「第1四半期の業績を見たあと、二日間眠れなかった」と言い出したのだ。彼女の目には、ベリルが二〇一〇年の業績目標に届きそうもないことが見てとれたという。それ自体は彼女にとって意外ではなかった。ベリルはそもそも予測可能なビジネスではない。先の見込みを立てられるシステム、人材、企業文化ではないからだ。しかし、他人のお金を預かって投資を行うPE会社としては、絶対に予測可能でなくてはならない。実際に彼らは予測可能であることを要求しているし、買収すれば、二年以内の目標数値を達成せよと強烈なプレッシャーをかけてくるだろう。すでにフレックスポイントは、ベリルに営業部が存在しない点、そして利益目標の達成に資本が投じられていない点を指摘していた。「そこなんです」とピュアは言った。

「短期的な結果が求められるせいで、あなたがたがここで作り上げてきたものは台無しになる可能性があります」

ベリルにダメージが及ぶ可能性に加えて、ピュアは、自分が企業文化か投資家のニーズか、どちらか一つを選ばざるを得なくなる可能性を危惧していた。

これが決定打だった。スピーゲルマンはフレックスポイントに対し、ベリルを売却しない旨を通告した。

それから二カ月ほど、スピーゲルマンは今回の体験について考え続けていた。自分の未来にとって、ベリルの未来にとって、この体験はどういう意味があったのか。今回は不成立だったにせよ、遅かれ早かれ、売却に臨む時期は来る。その日のために、PE会社の仕組みについて学んだ知識を活かして、どう備えておくべきだろうか。彼は二〇一一年三月三日、まだ何も答えの出ない心境のまま、私にこんなメールで送っている。

〈小さな巨人〉《Small Giants》と呼ばれるような会社をファイナンシャル・バイヤーに売却しつつ、しかも〈小さな巨人〉《Small Giants》のままでありたいと期待するのは、果たして現実的なのでしょうか。ずっとそれを考えています。PEの世界に触れた経験から考えると、ファイナンシャル・バイヤーのビジネスモデルが、私たちのような会社の経営方法を支持することがあるとは思えません。彼らにとって会社は商品です。転売して儲けるものです。投資に対して望ましいリターンを得るために、どんな手でも取ります。企業文化や従業員、そして私たちがしているような顧客とのかかわりに、彼らが価値を見るとは思えません。ＰＥ会社が一般的に、創業者から所有権を引き継ぎしだい、一気に買収対象会社のあり方をひっくり返してしまうのは、そういう理由なのでしょう。私たちのような会社を存続させようと思ったら、最善の選択肢はＥＳＯＰに売却するか、それとも、ビジネスを長期に続けられるだけの利益を出していくか、どちらかしかない気がします。考えを聞かせてくれませんか。

私はスピーゲルマンに、この本の第四章に書いた話をした。独立性を守り、株式は未公開のまま、ハイパフォーマンス文化を三世代以上にわたって維持できている企業は、私が知る限り家族経営企業か、従業員が所有者となっている企業だけである、と。

スピーゲルマンの頭には次なる疑問が生じた。だとすれば、自分は今からどうすればいいのか。マネージャー陣は、フレックスポイントが視野に入ってくる前に定めた業績目標の追求に意欲を燃やしている。そもそも外部の投資家を入れようと思った理由は、その目標達成のためだ。スピーゲルマンにとっては、心理的にも財政的にも、大きな決断が求められていた。外部投資家を入れないのだとすれば、目標達成を支える資本は、どこから入ってくるのか。創業初期に銀行のスペシャルアセット（返済能力が危ぶまれる企業に特別に対応する部門）の監視下に置かれた経験から、負債を抱えることに対して強い抵抗感があった。それ以外の選択肢としては、事業の利益を成長のための資金に回しながら――それはＥＢＩＴＤＡを減らすことになる――自分個人の資金を投じるというやり方がある。スピーゲルマンはローンに頼らない後者の選択肢を選んだ。

外部の投資家を探した経験から、彼はベリルのような会社の価値創出について多くの学びを得た。おそらく最大の収穫だったのは、将来の売上がどこから来るか信頼性のある予測が立つよう、営業部を持つ必要があると悟ったことだ。また、商品群多角化の重要性も理解した。ベリルの取引先は病院のマーケティング部門にほぼ限られており、それゆえに狭い範囲への依存度が高く、脆弱と見られやすいのだ。さらにもう一つ、テクノロジーに関する気づきもあった。プラットフォームをクラウドに移すなど、技術面の向上を図れば絶大なメリットを得られるとわかったのである。

こうした改善を実行に移すと、経費も増えた。人件費だけでも年間に五〇〇万ドル増えた。スピーゲルマンが再度リーダーチームの刷新を図り、新たに上級マネージャーを六人迎えたのも、その増加の一因だ。ＥＢＩＴＤＡは二〇一一年秋頃に底を打って再び上昇を始めたが、成長のために行っている投資の成果が完全に表れるまでは、まだまだかなり時間がかかる。それを悟ったスピーゲルマンの心に躊躇が生まれた。

「ＣＦＯから、『まだもう少し資本投下が必要だと思います』とたびたび進言された。だが私は、もうそうしたいと思えない段階に来てしまっていた」

ちょうどその頃、彼のもとに一本の電話がかかってくる。かけてきたのは、医療用廃棄物処理業で年商十七億ドルを誇る上場企業ステリサイクルの事業開発責任者だ。イリノイ州レイクフォレストに拠点を置くステリサイクスは、最近になって患者コミュニケーション事業を立ち上げ、ベリルと力を合わせるという可能性に注目していた。スピーゲルマンが喜んで話し合いに応じると答えたところ、イリノイから二人の担当者が会いにやってきた。

交渉が始まり、九カ月にわたって続いた。その間にステリサイクルの担当者は何度もベリルのもとに足を運んだ。回を重ねるにつれ、上級幹部が加わることも多くなった。ベリル買収の意思があることは明らかだ。だがスピーゲルマンは、時期尚早だという考えを示した。成長投資が実を結び、ベリルの収益性が成長投資を始めた時点より高くなるまで、あと四年はかかる。数年後にまた話し合うことにしたい、と彼はステリサイクル側に告げた。

だがステリサイクルは待つことを望まなかった。財務情報の一部を見せてほしいと求め、それからベリルの企業価値について概算を出してきた。それでもスピーゲルマンは受け入れず、考えなければならない点は他にもあるから、と説明した。そもそも売却するのか。するとしたらいつするのか。何より、企業文化が守られるかどうか、その点を考慮せずに進めるわけにはいかない。それに評価額に関しては、スピーゲルの胸にも数字があった。投資効果が完全に表れた時点で実現するであろう収益性を鑑み、その推測にもとづいた評価額を推算していたのだ。その金額の範囲でなければ検討しない、と彼はステリサイクルに告げた。

ところがステリサイクルは動じなかった。さらに訪問頻度を増やし、さらに話し合いを求めた。最終的には親会社のＣＥＯとＣＦＯまで、ベリルを直々に視察しに赴いてきた。スピーゲルマンは「彼らが来たという事実で、この会社の価値は上がる、と確信した」と語っている。特にＣＥＯが即座に企業文化の重要性を見抜いたらしき点に、スピーゲルマンは感銘を受けた。

見抜くどころか、そのCEOは、ステリサイクルにも同様の企業文化を育てたいと発言したのである。それならば自分が手を貸せるのではないだろうか、とスピーゲルマンは考えた。

この頃にはすでに交渉もかなり進み、具体的な取引が可能と見られる段階に来ていた。今度はスピーゲルマンが四人の主要マネージャーと共にイリノイに飛び、この先の戦略を話し合った。交渉窓口だった人物の話によると、ステリサイクルはベリルのマネジメントチームの話にすっかり圧倒されたのだという。ステリサイクルの患者コミュニケーション部門の統括チームよりも、はるかに高度で、はるかに経験豊かと感じられたからだ。

その後、またステリサイクル親会社のCEOとCFOがベリルへ足を運び、ついに基本合意文書が作成される。最終的には電話で合意が取り交わされた。ステリサイクルが示した買収価格は、かつてフレックスポイントが出した買収提案の最高額を五〇%も上回るものだった。スピーゲルマンが投じた資本を反映するだけでなく、彼が出した業績予測をベリルは必ず達成できると見込んだからこその金額だった。

合意内容に沿って、まずはステリサイクルがデュー・ディリジェンスを進めることになる。スピーゲルマンが過去に経験したデュー・ディリジェンスは、決して愉快とは言えないプロセスだった。「あのときはずっとストレスを感じていた」と本人は語っている。

「体重も増えてしまった。運動もやらなくなってしまった。元の自分に戻るまで一年半もかかったくらいだ。それが今回はまるで違っていた。私が終始落ち着いておだやかに受け止めているので、妻からも、前とは違うと指摘されたくらいだった」

平静でいられた要因は何だったのだろうか。

「私の経験から言って、ファイナンシャル・バイヤーがデュー・ディリジェンスをするときは、想定したほど価値が高くないと主張するための根拠をつつき出そうとする。フレックスポイントのときは、デュー・ディリジェンスのあと、買収価格の大幅な値下げを呑まねばならなかった。それがストレスの一因でもあった。ステリサイクルのときは、かかわる人数こそ多かったが、むしろ心地よく監査を受けられた。感じのいい人たちで、粗探しのための粗探しをしようとはしていなかった。こちらが示したものが真実であるという、純粋な裏とり作業だ。天と地ほどにも違う。私が思うに、PE会社は四年から六年先までを視野に入れていて、今払う金額がそのときのリターンに響くと考えるので、あのようなデュー・ディリジェンスになるのだろう。しかしストラテジック・バイヤーは買収した事業を保持し続けようと考えている。だから、その点でミスリードされていないか、それを確かめようとするのだ」

取引は二〇一二年十一月一日に締結された。ステリサイクルはベリルの上級マネージャー十三人全員にストックオプションを提供すると共に、スピーゲルマンの続投を正式に求めた。スピーゲルマンは、最低一年の継続に合意。その後の数カ月は、本人いわく、嬉しい驚きの連続だった。ベリルにも引き続き自分のオフィスを持っていたものの、そこにいない日も多かったのだが、部下たちは全く問題なく運営できていた。上級マネージャーの少なからぬ人数が、ステリサイクルでさらに大きな責任を任された。

そしてスピーゲルマン自身も合併後の企業で責任範囲を広げ、やがて「最高企業文化責任者」に任命される。仕事のほとんどは、患者コミュニケーション部門以外で企業文化を高めるための取り組みだ。CEOをはじめとして、上級幹部たちからは強い支援が得られた。取り組めば取り組むほど、もっと多くのことをやっていきたくなった。「企業文化を途中から変革することは果たして可能なのか。このチャレンジにすっかり心を奪われた」と、売却から一年後のスピーゲルマンは語っている。

「規模の大きい上場企業で、本当にやりがいのある立場につかせてもらえた。売却時点では考えもしなかったことばかりだ」

他にも新たな任務が生まれた。ステリサイクルが買収を狙っている企業のオーナーや、すでに買収した企業の元オーナーたちを、話し合いや協力を通じて助けていくという任務だ。ステリサイクルはきわめて速いペースで買収していたので──四半期に八社から十社ほど──さまざまなエグジット・ステージにいる人々を観察し、自分の気持ちと彼らの心境を比較して考えることができた。

「売却してから慌ててしまう人が、信じられないほど多い。（自分の会社を売却するというのは）スイッチが唐突に切り替えられてしまうようなものかもしれない。しかし、それも人生だ。何年も頑張ってきた自分の人生だ。私が今の自分にたどりつけたことは、本当に幸運だったと思い返している」

だとすれば、もう一つ、考えたい問いが浮上してくる。売却後の人生に平穏な気持ちで移行していくためには、何が必要なのだろうか。次の章で考えていきたい。

9 新たな夢を追いかける

次のステージへ完全に軸足を移すまで、エグジットは終了していない

エグジット・プロセスの一部始終を体験した起業家は、会社は始めるよりも離れるほうが難しい、と口にすることが少なくない。それを誰より痛烈に実感しているのが、一九七五年から経営者としての旅路を歩んできたランディ・バーンズだ。当時の彼は二十四歳。ペンシルベニア州ヨークの職業紹介所で、「就職カウンセラー」として働いていた。働き始めて九カ月が経っていたが、実は勘違いから就いた職業だった。心理学の修士号で得た知識を活かせると思っていたのに、カウンセラーというより事実上の営業職だったのだ。その点はすぐに気づいたものの、収入が必要だったので、電話応対業務を続けていた。するとある日、オーナーが彼を昼食に誘い、「会社を買い取ってくれ」と言い出した。

「どうやって？」とバーンズは返した。

「お金なんかありませんよ。むしろあなたに借金してるじゃないですか」

しかしオーナーには策があった。オーナーにとってこの事業はあくまで投資であり、しかも失敗した投資だったのだ。リターンを得る唯一の方法としては、時間をかけてでも誰かに買い取ってもらうしかない、と考えを固めていたらしい。オーナーは紙ナプキンをつかんで、そこに取引条件を書き出していった。バーンズに課せられる条件は七年かけて毎月四五〇ドルを支払うこと。さらに会合のたびにウイスキー「シーグラム」を一本プレゼントすること。その日、仕事を終えて帰宅したバーンズは、妻のスーに打ち明けた。「僕ら、会社を買うことになるみたいだ」。妻はわっと泣き出した。

確かに妻としては泣けてくる状況だった。彼女は地元病院の救急外来の看護師として年収七〇〇〇ドルで働いていたが、夫は雇用主に一〇〇〇ドル借金しているというありさま。双方の両親からは結婚を認められていなかった。そして夫には経営の経験もなく、職業訓練も受けていない。本人も「大学で職業訓練コースは一つもとらなかった」と話している。

「ビジネスについてどれだけ無知な人でも、あの頃の私にはかなわないはずだ」

にもかかわらず、夫婦は最終的に、その道に乗り出してみることを決意した。もっといい起業のタイミングなど来ないだろうと考えたからだ。バーンズはオーナーに承諾する旨を話し、七渡された二ページの契約書にサインした。それから二人で他の従業員九人に告げたところ、七人が退職した。彼個人を嫌ってのことではない、とバーンズにはわかっていた。辞めたのはシングルマザーの女性たちで、安定した収入が必要だったのだ。

ところが蓋を開けてみれば、適性を欠いていたにもかかわらず、バーンズは実に優れたビジネスパーソンだった。会社は成長し、ただの職業紹介所（求職者を相手にする）から、人材派遣業（一般事務員を短期採用したい企業を顧客とする）へ、さらには人材斡旋業（法人顧客のために、エンジニアやプログラマーのような中級の専門職をリクルートする）へと手を広げていった。その後、人材派遣事業の営業担当者が新サービスのニーズを見つけ出した。複数の顧客から「中級専門職も派遣として採用したい」という希望を聞いていたのである。報告を受けたバーンズは調査をしてみたが、その市場には本格的に乗り出すほどのポテンシャルが見込めないと判断した。

「その結論を営業担当の女性に話した。そしたらあっぱれなことに、彼女は私のデスクに両手をバンとついて、『あんた馬鹿じゃないの。絶対これをやらなきゃいけないのよ』と来た。だから私は『いいだろう、ホリー。そこまで言うんだから、やり方はきみが見つけるんだ』と言い返したんだが、彼女は見事にそれをやってのけた。おかげで、そこから三年でめざましい成長をとげることができた」

のちにザ・バーンズ・グループと社名変更した彼の会社は、一九八〇年代後半にはペンシルベニア州南東部に三つのオフィスを有し、四十人の従業員を抱えるまでに成長した。年間売上高は一二〇〇万ドルで、まだ伸び続けている。バーンズは新しい取り組みを次々と実行した。オープンブック・マネジメントもその一つだ。これで業績が大きく伸びただけでなく、企業文化も強固になり、売上は天井知らずで成長していった。特に一九九四年と一九九五年は絶好調で、年間売上は三二〇〇万ドルに到達し、従業員数も四十八人になった。

だが、その頃のバーンズは心が完全に参ってしまっていた。

「午後二時にオフィスで座ったまま、頭は完全に真っ白で、顧客のことも考えず、仕事もせず、ただそこにいるだけになってしまうんだ。こんなはずじゃないと焦るばかり。私はみんなのために頑張って働いている、そう信頼されているのに、仕事が手につかないなんて許されるわけがない。いたたまれなかった。もしこれが私の雇った誰かのことだったとしたら、当然その報いは受けてもらう。会社に貢献しない世間のオーナーのことは昔から軽蔑してきたというのに」

会社を手放さなければならない、とバーンズは決意した。そして、マネージャーの中でも最も有能で、事実上のナンバー2だったリンダ・ローエニッツに打ち明けた。バーンズの鬱状態に気づいていたローエニッツは、自分の友人を紹介した。友人はフロリダ州タンパのシステムワンという人材派遣会社で、ローエニッツと同様の高いポジションについている。バーンズもシステムワン創業者でCEOのジョン・ウェストとは面識があり、良い印象を持っていた。そこでローエニッツの友人を介して、バーンズが売却の可能性を探っているとウェストに伝えたところ、手ごたえがあった。ウェストが合併に関心を示したというのだ。

そこでバーンズがウェストに連絡し、タンパへ飛んだ。システムワンの施設を見学し、主要マネージャー数人と面談したバーンズは、組織にあふれる活気に感銘を受けた。リーダー陣の能力も高い。しかもウェストは、自分に不足する知識や経験を持つ外部のアドバイザーを入れて取締役会を構成している。さらに素晴らしいのは、ザ・バーンズ・グループとシステムワン、この二社が似通った価値理念を持っていたことだった。バーンズは楽観的な気持ちで帰宅の途に就いた。

しかし始めてみると交渉は難航した。事業の価値について、バーンズが途中で意見を変えたのが主な理由だ。バーンズにとっての売却は、ウェストにとっての買収よりも大きな意味を持っていたため、彼は不利な立場に置かれた。そして最終的な取引内容は不本意なものになった。先に約五十万ドルが現金で支払われ、それからシステムワンの株式二二%と、取締役会の議席一つがバーンズに譲渡される。交渉に負けた、実際の価値に見合わない金額になってしまった――そう認識したバーンズにとって、取引のクロージングを迎えた一九九六年十月二十九日は、暗くどんよりとした日になってしまった。

実際、それは始まりにすぎなかったのだ。バーンズはすぐに、取引のあとに来るもの、すなわち移行こそがエグジットの最も困難な部分だったと思い知る。所有していた会社との縁は切れたのだ、と自信を持って断言できるようになるまで、なんと彼は十五年近い歳月を費やすことになった。

井戸が枯れるまで、水のありがたみには気づかない――

会社経営を通して自分は何を得ていたのか……大半の起業家にとって、それは離れてみるまで理解できないものなのではないか。何しろ、行動してこそ起業家、目標を追いかけてこそ起業家だ。会社の所有・経営によって得ている無形の報酬をじっくりかみしめるより、ついつい目の前の業務に没頭してしまう。だが、そうした無形の報酬が入らなくなったとき、彼らは喪失感にさいなまれるのだ。具体的に何を喪失したのかはわからないかもしれない。みじめな気持ちはエグジットのせいではないと思っているかもしれない。問題は自分の頭の中だけのことだと確信しているかもしれない。少なくとも最後の確信は真実なのだろう。喪失感も、みじめな気持ちも、すべて頭の中にあることだ。だからといって痛みがやわらぐわけではない。揺るがしようのない寂寥感がしのぎやすくなるわけでもない。それどころか、しっかりと原因を見極められるまで、胸に去来する思いを扱いかねて苦しい日々を過ごすことになりやすい。

ここまでの章でも、事業売却後にそうした苦痛を味わったオーナーが何人も登場している。ランディ・バーンズが少し異なっていたのは、この経験について勉強——比喩的な意味でも文字通りの意味でも——したことだ。彼は自分の喪失感を理解し克服しようと、九年間も悩み続けた。そして娘二人の励ましもあり、大学で学び直すことを決意した。

「大学で教える人になってみるのはどうか、と娘たちに勧められてね。そのこころは、『パパをなんとか立ち直らせなきゃ』ということだったんだが、その案は悪くないと思った」

しかし大学で教えるとなれば、当然それなりの資格が要る。博士号が必要だ。そこでバーンズはカリフォルニア州サンタバーバラにあるフィールディング大学院の博士課程に入学した。彼は基本的には自主学習のコースなので、相当の自制心と意志の力がなければ完遂できない。彼はやり遂げ、二〇〇九年九月には学位論文の執筆にとりかかった。タイトルは「トップの移行：会社から離れるCEOの自己認識」である。

論文執筆にあたり、三カ月をかけて、元ビジネスオーナー十六人に取材を行った。いずれも株式は未公開だが、従業員数は十五人から五〇〇人まで、年商は一〇〇万ドルから一億ドルまでと、規模は実にさまざまだ。結果的にはその取材活動こそが、十三年前にエグジットしたバーンズ自身の心理を掘り下げる大切な作業となったのである。元オーナーの大半が、バーンズと似たような苦痛を、似たような理由で味わっていた。苦しむのは普通のことなのだ、と彼は悟った。ただし彼も、他のオーナーも、苦しんでいる最中にはそれが普通だとは気づいていなかった。そのせいで余計に苦しさが増してしまっていたのだ。

とはいえ、売却後のバーンズが置かれた環境の特殊さが、苦しみを助長していたことも事実である。買収企業であるシステムワンが業務を拡大し、その後に他社に買収され、最終的にバーンズが保有株式を売却するまで、彼は三年半にわたって針のむしろにいる気分を味わっていた。彼は無邪気にも、ザ・バーンズ・グループとシステムワンが対等な関係で合併すると思い込んでいたのだ。最初の取締役会議に出席したときに、おのれの勘違いを悟った。合併後のCOOを指名するにあたり、ジョン・ウェストと真っ向から意見が対立したのである。会議のあと、ウェストは腹立ちをあらわにして、バーンズの役割は協力的なチームメンバーになることだと言い放った。バーンズが築いた会社がバラバラにされ、彼が採用した従業員のほぼ半分が失職するのを、黙って見ていろという意味だ。「私のせいだと痛感した」と彼は語っている。

「苛立ちともどかしさで、気持ちのやりどころがなかった。毎日の忙しさに逃げていたが、一カ月が過ぎて振り返ってみても、達成したものを何一つ思い浮かべられない状態だった」

自分が売却後のプランを何も立てていなかったのが一因だった、とバーンズは認めている。

「ちゃんと計画を立てていたら、どんなによかったか……。今振り返ってみれば、あの頃は無為な日々を延々と続けていただけだった」

妻のスー・バーンズは、この時期の夫が「とげとげしかった」と指摘している。陰鬱な雲が少しばかり晴れたのは、二〇〇〇年四月、システムワンが別の企業に買収されたときのこと。買収したのは、求人・求職サイト「モンスター・ドットコム」を所有するＴＭＰワールドワイドである。システムワンの株主には、ＴＭＰワールドワイドの株式が与えられた。バーンズは自分に割り当てられた株式の一部を、二十五人の元従業員と、二名の主要顧問に分配した。彼らはお金が入るとは夢にも思っていなかったので、バーンズは胸のつかえが少し下りた思いだった。

とはいえ、システムワンの売却によって、バーンズ自身の問題が解決したわけではない。以前と同じように打ち込める新たな仕事には出会えていなかったからだ。さらに五年間も悩む日々を過ごしてから、最終的に大学に入り直す決断をしたというわけだった。そして二〇一〇年六月に博士号を取得。この頃には、切望していた答えにようやくたどりついていた。自分が二十一年をかけて築いたビジネスと、それを離れてからの経験について、新しい目で見られるようになった。

自分がかつて所有し、そして失ったもの。それは自分自身のアイデンティティ、目的意識、達成感、そして会社の人々と個人として集団として築いてきた絆だったのだ。

彼にとってアイデンティティとは、会話の中でも最もシンプルで最もつまらない質問――「あなたの仕事は何ですか（What do you do?）」に答えられるか、という意味を持っていた。私が取材してきた元ビジネスオーナーでも、この質問をされるのが怖い、と打ち明けたのは一人や二人ではない。事業を経営している間は答えがはっきりしている。だが、「私はかつては事業を経営していた」という答えは、それが自明のことであっても、できれば口に出したくないのだ。起業家だった人の多くは、「元……」と見られることに対して感情的な嫌悪感を抱く。「引退した元……」と言われるなど、もってのほかだ。バーンズも「仕事は何ですか」の問いに苦しめられた。

「それを言う人が本当に聞いているのは『あなたは今どういう立場で、何に貢献してるんですか』だ。答えられずに途方に暮れるばかりだった。同じ経験をする人はきっと多いと思う」

仕事に対する目的意識も、あくまで会社に結びついていた。しかも会社を失うときまで、それが当たり前だと思い込んでいた。彼は博士論文でこう吐露している。

「（ザ・バーンズ・グループには）四十八人の仕事熱心なプロがいた。幹部人材の斡旋、人事契約、短期派遣というセクターで、顧客に合わせた人材ソリューションを提供していた。顧客のニーズを満たそう、お互いのQOL（クオリティ・オブ・ライフ）を高めあおう、確実に売上を出して会社を成長させていこう――そんな一致団結の心が（売却後は）消滅した。彼らは私が正しく行動し、彼らにとっての最善を考えて判断を下すと信頼を寄せていたのに。あれほど大切な仲間を率いるという体験は、二度と叶うとは思えない」

達成感はどうだろうか。バーンズにやりがいを感じさせていたのは、シングルマザーにいい働き口を提供するなど、道義的に意味のある行動をすることだった。

「従業員の数はどんどん増やした。市場での存在感も強められた。一人で子育てするたくさんの女性たちが、我が社でお金を稼げるおかげで、元配偶者などに依存せずとも子供を養えるようになった。そうした達成感は本当に大きかった」

従業員との絆の大切さについては、妻のスーに言わせれば、バーンズはやや軽んじていた向きがある。何しろ彼の二十三歳以降の人生に当たり前のように存在していたからだ。こうした絆は複製できるものではないことを、彼は売却後に思い知った。

「システムワンを離れてから大学院に入るまでの五年間に、投資家として取締役会に参加するなど、いくつかのスタートアップとかかわりを持った。昔のように組織とも人間とも深い絆を築く場が欲しかったんだろう。だが、そううまくはいかなかった。どうしても心は満たされない。少なくともシステムワンにいた間は、まだ人との絆はあった。取締役会に加わっていたし、自分の仲間だった人々の暮らしを預かっているという責任感があったから。だがスタートアップの取締役会に参加するだけでは、そんな絆は作れない。人間関係はビジネスを通じて得ていた最大の収穫の一つだったんだ──と、遅ればせながら納得した。当時は自覚していなかった。私には『人から必要とされたい』という望みがあったのに、その点に全く気づいていなかった」

考えが整理されてくると、彼はやっと呪縛から解放された心持ちになった。自分が仕事を通じて満たしていた本質的希求は何だったか、それを特定したことで、バーンズは自分自身について多くを学んだ。自分はどんな人間なのか（ＷＨＯ）、ビジネスに何を求めるのか（ＷＨＡＴ）、自分を動かしている「根拠、理由」は何なのか（ＷＨＹ）を理解したのである。この気づきは二つの大きな収穫をもたらした。一つは、新たな理解をもとに、ザ・バーンズ・グループに対して昔よりも深い感謝を抱くようになったこと。そしてもう一つは、エグゼクティブ・コーチという新しいキャリアに踏み出す決心が固まったことだった。

バーンズは人生の移行を果たした。つまり彼は、この心境までたどりついてようやく本当にエグジットを完了したと言えるのではないだろうか。「確かにその通りだ」と、本人は話している。

「今なら、二十一年間にわたってザ・バーンズ・グループで得てきた機会にも、そこから先に進む機会をもらったことについても、晴れ晴れとした感謝の気持ちで振り返ることができる。論文のための調査をしている間、ずっと『私はここから何を育てていけるか』と考えていた。そして思ったんだ――この知識を誰かの役に立てたい、と。それが今の私の仕事になっている」

目的意識、仲間、構造──

築いた会社からエグジットするという判断は、ＣＥＯである自分自身の意識にどんな影響をもたらしたのか……。その分析にこれほど長い年月をかけたという点では、バーンズは特殊な例なのかもしれない。だが別な面から見れば、彼は典型的な例と言うことができる。ザ・バーンズ・グループで育てた企業文化を誇りに思い、そこで築いた絆を失って激しく苦しんだ彼は、同じ体験を繰り返したくないと考えている。だからこそ、次に始めた「バーンズ・アソシエイツ」は個人事業だ。人を増やす予定はない。人との結びつきは重要だが、それは顧客との間に築くものであって、従業員との間に求めていくつもりはない。

元ビジネスオーナーが選ぶ道としてはよくあるパターンだ。私が取材してきた元オーナーの大半が、もう人を雇う立場にはならないと決意している。仮に再びビジネスの世界に戻るとしても──実際に多くが何らかのビジネスを始めるのだが──従業員を監督したり、従業員に対する責任を担ったりしない役割を選ぼうとする。部下は多くても二、三人まで。過去にハイパフォーマンス文化の構築に成功したとしても、たいていは、新しい事業では同じことをやろうとしないのである。一緒に喜んで働けるチームの大切さを、かつては無意識のうちに享受していた彼らは、それを意識的に築くのがどれほど難しいか、どれほど心をすり減らすものであるか、のちに思い知らされてしまうらしい。

もちろん例外はある。特に比較的早い段階でエグジットしたオーナーは、二試合目に進むことが多い。デイヴ・ハーシュもそうだった。彼は二十九歳のときにジャイブ・ソフトウェアという会社を創業し、CEOとして八年半にわたり上首尾な経営を続けてから、三十七歳でその座を降りた。終盤頃のジャイブは、いわゆるソーシャル・ビジネス・ソフトウェアという分野のリーディングカンパニーとなり、IPOも視野に入っていた。そこを辞めて、では次に何をするか、ハーシュは何も思いついていなかったという。二年も経たないうちに、また新たな会社経営にチャレンジしようと心が決まった。「でも、そう決心がつくまでに、一つのプロセスを経なければなりませんでした」と、ハーシュは語っている。

彼が起業家になったのは経済的理由によるものだった。知人のプログラマー二人が、オンラインフォーラムやインスタントメッセージで社内連絡ができるソフトウェアを開発していた。当初はオープンソースで、誰でもダウンロードして無料で使ってよいことにしていたのだが、彼らはこれをビジネスにしようと考えた。その主導を任せるべくハーシュを誘ったのである。ハーシュは、大学院に通うことになった妻のために、サンフランシスコからコネチカット州ニューヘイブンに引っ越してきたばかりだった。到着したのは二〇〇一年九月十日。翌日に同時多発テロが発生し、景気に急ブレーキがかかった。働き口の当てがなかったハーシュは、二人の誘いを受けることにした。

ハーシュは有能だった。外部資本を入れずにジャイブを大きく育て、二〇〇七年には年間売上高一五〇〇万ドル、従業員数は六十五人に到達するまでに成長させた。その段階に来てから、共同経営者と検討のうえ、PE会社の投資を受けることにした。新商品がヒットしていたので、この勢いを逃す手はないと考えたのだ。八月にはセコイア・キャピタルが一五〇〇万ドルを出資。その資本を使って営業チームと研究開発チームを確立し、営業支援機能を改善し、サービスを増やし、新たなマネージャー人材も採用した。当初は綱渡りの状態で、リーマン・ブラザーズが破綻した際は大量の人員解雇もせざるを得なかったのだが、何とか持ち直して二〇〇九年には軌道に乗り始めた。ハーシュは「契約を次々と勝ち取り、数字をどんどん伸ばして、やりますと言ったことは何でもこなしていました」と語っている。

だが、成功は代償を伴った。

「あのレベルの成功を叶えるために、自分に相当のプレッシャーをかけて、あちこち飛び回ってばかりでした。会社のことでいっぱいになっていたせいで、妻との関係がぎくしゃくし始めました。結婚して八年で、六歳にもならない子供が二人いたというのに、家族と全くコミュニケーションできてなかったんです」

オレゴン州ポートランドに拠点を置くジャイブは、カリフォルニア州パロアルトに新支社を開こうとしていた。環境が変われば家庭に生じた溝も埋まるのではないか。夫婦はそう考えて、二〇〇九年十月に、娘二人を連れてサンフランシスコのベイエリアに居を移した。ところが引越は根本的な問題を解決しなかった。

「会社で求められる役割を果たしながら、家庭での役割もきちんと果たしていくのは、相当に難しいと痛感しました」

一方で取締役会では、ジャイブの上場が議題にのぼるようになった。ハーシュは上場企業の

CEOにはなりたくないという意思を示し、取締役会もそれを認めて、ハーシュが会長になることで合意した。彼がこれまで担ってきたCEOの役目は別の人間に——新規株式公開の準備と、上場企業の経営に適した人材に任せるのだ。

肩書が正式に変更になったのは二〇一〇年二月。ハーシュにとって、自分が起業した会社からの緩やかな、そして痛みに満ちたエグジットの始まりだった。「本当に苛酷でした」と彼は言う。

「私はリーダーとして会社に強い忠誠心を持つタイプです。CEOを辞めるのはみんなを失望させることじゃないか、と感じていました。正しい選択だとは思っていたんです。私にとっては、良い父、良い夫であることのほうが重要でしたから」

会長に就任したら楽になったわけではなかった。CEOが交代すればよくあることだが、企業文化が一気に、そして劇的に変化したからだ。従業員はハーシュに直接、またはメールを通じて訴えてきた。ジャイブはもう昔とは違う会社になってしまった、昔のやり方のほうがよかったのに……。そして大多数が辞めていった。ハーシュ自身は一年ほど残ったが、IPOが近づいてくると、取締役会における内部関係者の数を減らす必要性が生じてきた。「いずれにせよ、もう離れたかったんです」とハーシュ。

「心は折れてしまっていました。あそこはもう私の会社ではありませんでした」

このときのハーシュは三十九歳。まだ何年でも働ける歳だ。そこで二カ月ほどの休息をとってから、次に乗り出すべき方向を探り始めた。他人の起業を手伝い、買収にも手を貸した。数社の取締役会に加わり、ささやかながらエンジェル投資を行い、非営利団体のアドバイザーも務めた。最初の二年は特定の組織への所属は避けていたのだが、二〇一二年になって、ベンチャーキャピタル会社アンドリーセン・ホロウィッツに取締役パートナーとして加わることになった。

「CEOを経験したあと、今度は個人で仕事をしていくというのは、最初のうちはよかったんです。でも、やがて牢屋にとらわれているような気分になりました。集団ならではの仲間意識が懐かしかったんですね。一人だけ除け者にされた気持ちでした。アドバイザーや取締役になれば、定期的に人前で偉そうに話す機会はありますが、現場の情報を肌で感じることはありません。何より重大なのは、逆境と成功をわかちあって生まれる結束感が得られないことです。それが本当に恋しかった。私にとって、とても大切なものだったんです」

アンドリーセン・ホロウィッツでのポジションは非常勤だった。ハーシュいわく、ベンチャーキャピタルについて学ぶため、そして「やりたいことを模索しつつ、自分はここにいるという看板を出しておける場所」を持っているために、そのポジションに就くことにしたのだという。とはいえ「模索」は彼が想像したよりも険しい道のりだった。そもそも自分は何を求めているのだろうか。一つは仲間意識だ。そしてもう一つ遅ればせながら気づいたのは、自分にとっては「創造への主体性（クリエイティブ・コントロール）」を持てるかどうかが大事なのだ、ということだった。ハーシュが言う創造への主体性とは、「他人ではなく、あくまで自分の価値体系にもとづいて会社の構造を生み出し、決断して、結果を導いていくこと」を意味していた。

「自分はビジネスをする際、創造への主体性をどの程度まで持ちたいと思う人間なのか、それがわかるまで長い時間がかかってしまいました。もっと早くに悟っていれば、かなり時間とエネルギーの節約になったと思うのですが」

さまざまな書籍——特にヴィクトール・フランクルの名著『夜と霧』（みすず書房）——を読み、似たような状況に置かれた元起業家とも会話をしながら、ハーシュははっきり自覚するようになった。かつての彼はジャイブ・ソフトウェアのCEOとしての人生に目的意識を持っており、そこから身を引いたことで生きがいまで失ってしまっていたのだ。「鎖で地面につながれているよりも、よりどころなく地に足のつかない状態に投げ出されてしまうほうが、実はずっと怖いことなんです」とハーシュは表現する。

「本を読めばわかるのかもしれません。でも、実感してみるまでは、腹まで落ちてこないんです」

生活から「構造」が失われたことも痛手だった。構造のメリットはなかなか実感できないものだが、フルタイムで働いていれば生活に枠組みができる。目標から脱線しないためのルーティンができる。そうした構造が取り払われると、ハーシュいわく、生活が「ぽかんとした空間」になってしまうのだ。

「そうなると、ついだらだらと過ごしてしまいます。生活に秩序と構造があれば、私はしっかりやれるほうなんです。何も枠のない環境で自分を律していくには、相当に意志の力が強くないと。構造があれば考え込まずともやっていけますし、わざわざ意志力をふるう必要もありません。意志力は使うとすりきれてしまうんですよ」

私が取材した時点で、ハーシュはすでに結論を出していた。自分が必要とするものを得るためには、またゼロから新しいビジネスを築いていくしかない。

「私にとって特に必要なものは三つです。一つめは『目的意識』。一貫した目的を持って行動していたいのです。それから『仲間』。周囲にたくさんの人にいてほしいと思っています。私がコミュニティに参加するか、あるいはコミュニティの成立を手伝って、みんなが良い暮らしをする手助けをしていけるような、そんな環境を求めています。そして最後に『構造』。私の人生には構造が必要です。毎日それに沿ってやっていく枠組みが欲しいのです。この三つを全部失うとどうなるか、身をもって学びました。いいことではありません。私には、がっぷり熱中していられるプロジェクトが必要なのです」

同じ道から別の道へ――

第一章でも述べた通り、起業家のエグジットが本当に完了するのは、次に取り組む対象を見定めてそれに完全に移行したときだ。ランディ・バーンズとデイヴ・ハーシュの場合は、その段階まで至るために、自分が築いた会社を離れたときに自分は一体何を失ったのか、具体的に見極めるというプロセスを経なければならなかった。悩んだという点では彼らは決して特殊ではないが、だからといって、ビジネスから離れた元オーナーの体験を十把一絡げに考えるのは間違いだ。よくあるパターンもないわけではないが、そこには必ず例外もある。それどころか、同じ境遇——ときには同じ会社——にかかわった者同士が、全く違う体験をしたという例も珍しくない。

コロラド州ボルダーに拠点を置く会社、レグ・オンラインのオーナー二人の場合もそうだった。二人の名前はアッティラ・サファリとビル・フラッグ。小・中規模のイベントをウェブで管理するソフトウェアを開発したサファリが、そのプロデュースと販売を目的として、一九九〇年代後半にレグ・オンラインを創業した。ただし自分は営業やマーケティングは不得意だとわかっていたので、二〇〇二年にフラッグに声をかけ、共同経営者にならないかと誘った。この頃のレグ・オンラインの従業員数は四人、年間売上高は約一〇〇万ドル。誘われたほうのフラッグは、デトロイト出身のシリアル・アントレプレナーで、記念品のポスターやカレンダーやマウスパッドなどに印刷する広告スペース販売業の経験があった。フラッグとサファリは相談の上、一緒にやっていけるかどうか、とりあえず三カ月試してみることにした。年齢は十三歳も開いていた——当時のサファリが四十六歳、フラッグは三十三歳——にもかかわらず、二人はぴったりと息があった。そこで正式に共同経営者となると決め、契約書にサインし、フラッグが株式の二〇％を取得。サファリがCEO、フラッグが社長となって、そこからレグ・オンラインはぐんぐん伸びていった。四年間で従業員は七十人に増え、年間売上高は約一〇〇〇万ドルに届いた。税引前純利益率は四五％だ。売上・利益目標を達成すると、サファリからフラッグに、報酬として一〇％の株式を譲渡した。

すべてがうまく回っていた。フラッグはこれが永遠に続けばいいと願っていたが、やがてそれはパートナーであるサファリしだいだということに気づいた。サファリに、いつか事業を売却するのかと尋ねたところ、答えは「当たり前じゃないか」。そこでフラッグはこう提案した――資本を調達してサファリの保有株式を買い取れば、それをサファリの引退資金にできるのではないか。「この会社を育てていくのが本当に好きだったんです。だから売りたくありませんでした」とフラッグは語っている。

「ジレンマでした。私はアッティラと一緒にやっていくのがよかったんであって、パートナー関係を解消したいわけではありませんでしたから。ただ、何か策を講じておかないと、ある日いきなりとんでもない買収提案が舞い込んで、アッティラがそれを受けてしまうんじゃないかと心配でした」

実際、レグ・オンラインはそうした形で買収されることとなる。ただしフラッグが想像した展開とは違っていた。きっかけは二〇〇七年はじめ、競合他社のスライヴァにかけた一本の電話だ。フラッグとサファリはスライヴァを買収しようと考えていた。

「私が（スライヴァの）創業者マット・アーリックマンに電話をかけたんです。そしたら『おかしなタイミングですね。実は、弊社がアクティブ社に買収されることを、来週発表する予定なんです』という返事が返ってきました。形成逆転ですよ。そっちこそアクティブに身売りする気はないか、と言われました。『ありませんよ、相当に高い評価倍率じゃなければ』と言って、確か利益の二〇倍だと告げたと思います。そしたらアーリックマンは、『アクティブには支払える範囲だと思います』と言うんです。『私に仲介をさせてください』と」

　スライヴァを買収したアクティブ・ネットワークという会社は、サンディエゴに拠点を置く同業他社だった。スライヴァと同じく、レグ・オンラインとは、狙っているニッチの層が少し異なっている。ベンチャーキャピタル・ファンドで一億七〇〇〇万ドル以上を確保し、それをもとに次々と買収を進めている最中で、実際にレグ・オンラインの買収にも強い興味を示した。だが、最初の提示額は三〇〇〇万ドル台とひどく安かったので、サファリとフラッグは即座に却下した。すると二カ月ほど経ってから、アクティブの社長からメールが届いた。レグ・オンラインのサファリとフラッグ、アクティブの社長とCEOの四人で、ランチミーティングをしたいのだという。彼らのほうがサファリたちのいるボルダーまで足を運んできた。必要最低限の会話を交わし、食事の大半も済んだ頃になって、アクティブの社長が切り出した。

「それで、希望の数字は？」

　フラッグとサファリは、会合場所に来るまでの道すがら、売却希望価格を話し合っていた。四〇〇〇万ドルなら適正だろう、と意見を一致させていたのだ。ところが口を開いたサファリは「五〇〇〇万ドルです」と言うではないか。驚いているフラッグの前で、交渉責任者であるアクティブ社の社長は何の反応も示さなかった。しかしCEOのほうが笑みを浮かべたことを、サファリもフラッグも見逃さなかった。ランチを終え、オフィスに戻る途中、サファリは「くそっ、低すぎたな！　向こうはもっと高く想定していたんだ」とぼやいたという。結局それからすぐに、アクティブは五〇〇〇万ドル台で再び買収提案を入れてきた。

そこで本格的に交渉を進めることとなった。しかしフラッグは、舞い上がるサファリを引き戻そうと心がけていた。

「私は過去にも買収提案を受けたことがあります。だから、会社を売って大金が入ってくると思って浮き立つ気持ちや、もうそれしか考えられなくなる状態は、よく知っていたんです。白紙にしても構わないというくらいの決意でないと、強く出る武器を持てないというのもわかっていました」

二人にはその武器が必要だった。ぜひとも入札額を上げさせるつもりだったからだ。アクティブが送ってきた監査報告書の脚注を読んで、スライヴァの買収にはレグ・オンラインに提示したよりも多い金額を払ったことに気づいたためである。レグ・オンラインのほうが収益性が高かったのだから、受け入れるわけにはいかなかった。

「これが今の僕たちの評価額なんだとしたら、今は三〇%で成長しているから、あと二年すれば評価額は一億ドルになる――。私はアッティラにそう言ってみたんです。『それでいいじゃないか、別にどうしても売却しなきゃいけないわけじゃない』と訴えました。心の中では、アクティブへの売却を取りやめるのを望んでいたんです」

しかしサファリは売却プロセスにすっかりのめりこんでいた。本人は「妙なものだが」と当時のことを語っている。

「いったん機関車に乗っかって、話し合いを始めてしまうと、停車して後戻りして『待てよ、本当にこれを望んでるのか』と考えるのは難しくなる。私はすっかり気持ちが交渉モードになっていた。だが交渉自体は、行ったり来たり、ずっと堂々巡りだった」

いくら話し合っても、買収金額は期待した額まであがろうとしない。値上げの可能性は消え、残った主な争点は、現金と株式による支払いの割合となった。二〇〇七年九月にはサファリとフラッグがサンディエゴに赴いた。アクティブの業務を見学し、交渉を進めるのが目的だ。この視察で、アクティブが年内に取引をまとめたがっているのを悟ったフラッグは、こう持ち掛けた。

「一年、延期しませんか。弊社はかなり成長してきて、今とてもいい状態ですから、売却を急いではいないんです」

すると提示金額は一〇〇〇万ドル積み増しになった。

こうして「機関車」は蒸気をあげて加速し始めた。デュー・ディリジェンスはわずか二週間で行われ、財務情報の確認にほぼ終始した。細部の交渉には時間がかかったが、二〇〇七年十月三十一日に取引は成立した。サファリとフラッグはその時点で多額の現金を受け取った。アーンアウトの契約ではなかったが、残りは二年間で分割払いされる。大部分はアクティブの未公開株での支払いとなるので、具体的な合計額はその時点ではわからなかった。アクティブ側の評価にもとづけば六五〇〇万ドル相当という計算だったのだが、サファリがのちに後悔をにじませて語った通り、その推算の根拠とされた株価は、アクティブが二〇一一年五月に迎えた新規株式公開後、結局一度も実現しなかったのである。

「二つ、とても悔やんでいることがある」と、サファリは言う。

「一つは、真実ではないものを自分が浅はかにも信じてしまったこと。彼らの上場スケジュールも、その後の株価予測も、まるで根拠がなかった。そしてもう一つは、これもあとから痛感したんだが、自分が失ってしまったものに対する後悔だ。私は、心から誇りに思える素晴らしい会社を築いていた。私の大切な王国だ。七十人が働いていて、仕事もたくさんあった。充実していて生産的な日々だった。それを捨てて、家でぼんやりする生活になるなんて、ひどい間違いだったんだ」

とはいえ当初は、サファリにもフラッグにも、自宅でぼんやりする自由などなかった。アクティブとの合意のもと、売却後も引き続き業務にあたることになっていたからだ。見返りとしてストックオプションが二年かけて与えられる。二人にとっては愉快な体験ではなかった。特にサファリは、CEOから中間管理職になったという現実に対応しきれずにいた。

「最初の半年は、いろんな変更事項に追われてバタバタしていて、特に何も感じなかった。だが、締め付けられるだけで、ちっとも信用されていないことが、だんだんとわかっていった。意思決定への参加は求められていなかった」

フラッグは売却から半年ほどレグ・オンラインの業務を続けた。その後は、アクティブの別部署にレグ・オンラインの管理手法を適用していく手伝いをすることになった。

「レグ・オンラインでは一般とは違うやり方をしていました。営業チームは歩合制ではなかったし、MBAとか高給取りのマネージャーを他社から引き抜いたりもしていませんでした。この二点の違いだけで、アクティブとレグ・オンラインの利益率は倍の差があったんです」

だが案の定、彼が推奨した変革は実行されなかった。それどころかアクティブは、従業員と顧客対応について、フラッグとサファリ両方の信念に背く方針を導入した。

「もう耐えられなくなりました。彼らのシステムでは何もできません」

フラッグは二〇一〇年四月に退職。サファリは非常勤で仕事を続けていたが、二カ月ほど遅れて完全に身を引いた。

そこからの二人は正反対の道をたどっている。フラッグもレグ・オンラインの売却を悔やんでいたが、サファリの後悔はそれよりもはるかに深く、かなり長引いた。売却益の大半を二〇〇八年の株式市場崩壊で失ってしまった点も、いっそう後悔に拍車をかけた。さらに悪いことに、出勤のない生活がサファリの結婚に凶と出たのだ。二〇一〇年には離婚が成立。サファリは売却したのは愚かな判断だったと思いつめ、自分を責め続けた。

「自問自答したよ。一体何を考えてたんだ、って。素晴らしい会社を作ったのに、売ってしまうなんて。売却後の経営は不本意だったが、それでも順調ではあったし、続けていたら今頃は価値も上がっていたのに、それもできなかった。今だから思うことだが、少しペースを抑えて働き続けていればよかったんだ。週に六日や七日じゃなく、二日か三日という働き方にして、子供や家族と過ごす時間を増やしておけばよかった。そうすれば充実した人生になっていたはずだ」

サファリは「自分のエゴのせいだ」と語っている。

「いつでもまた別の会社を始められる、同じように成功できる――そんなふうに思う人もいるかもしれない。それが当てはまる人もいるのかもしれない。でも私には、もう一度やる気力なんか残ってなかった」

アクティブを離れたあと、一時期のサファリは友人と組んで中古住宅を購入し、修繕して売却するというビジネスに従事していた。二年ほどはうまく回っていたが、改築のほうを担当していた友人が重い脳卒中で倒れると、サファリには一人で続ける自信はなかった。では、次は何に取り組むのか。「何も思い当たらない」と彼は言う。

一方、フラッグがたどった経緯はまるで違っている。運なのか、本能なのか、それとも心の中で警告の声がしたのか、フラッグは売却で得た現金を――資産運用会社に丸投げしてしまったサファリと違って――投資に回していなかった。そのため株式市場暴落の火の粉はかぶらなかったのだ。プライベートの生活も、むしろ辞めてからのほうが順調だった。二〇〇八年に結婚し、二〇〇九年には第一子が誕生。その間にもさまざまなビジネスチャンスが舞い込み続けた。

「売却後にいろんなことが押し寄せました。レグ・オンラインとアクティブに在籍していた頃から、全く違う世界との接点も持ち始めていたんです。だから、手元に面白い機会がたくさん来ていました」

レグ・オンラインの前に数社を起業・売却した経験があったためかもしれない。あるいは、レグ・オンラインはフラッグのビジネスというよりサファリのビジネスであったためかもしれない。いずれにせよフラッグのアイデンティティや、人生の目的意識は、サファリほどがっちりと会社に結びついてはいなかった。そのため移行期間も短かったのだ。彼はアクティブを去る前から少しずつエンジェル投資に取り組み、他の起業家の支援をしていた。さらに母校がミシガン大学だった縁で、ミシガン州アナーバーで展開していたジンガーマンズ・コミュニティ・オブ・ビジネスの試みに刺激を受け、自分も「ザ・フェリックス・ファン」という組織を立ち上げた。フラッグいわく、「ボルダーを拠点とする優良企業のコミュニティ」だ。「あくまで自力で生涯続けていこうと決意している会社。（……）お客がどんどん評判を広げてくれて、従業員がめきめき力をつけて、オーナーが会社と共に年齢を重ねていきたいと願っている会社。そんな会社たちの集まりです」

ただしフラッグ自身は、このコミュニティに属する企業を経営しているわけではない。

「私はマネジメントはやりません。コミュニティメンバーがオーナー兼現場スタッフなんです。私は彼らのパートナーになって、ちょっとばかりお節介をさせてもらってるんです。これはこれでいいものですよ。車の後部座席から、左に行こうとか右に曲がろうとかアドバイスをして、面白いものをいろいろ見られる立場ですからね。とても楽しませてもらっています。

でも、私自身がバスを運転するのとは、全然違いますね。意欲に燃える乗客をいっぱい乗せて、私自身が行き先を決める……そういう生き方とはまるで違います。レグ・オンラインのときのようにどっぷりビジネスに関与する働き方ができたらいいな、と思うこともあります。でも、それを始めるのは大変です。チームが完成するまでは人材に恵まれないこともあるでしょう。雇ったりクビにしたり、そういう経緯は苦しいものです。かつて私が育てたのと同じチームができるなら、我慢もできますけどね。最高のチームと仕事をしていくのは本当に心地いいものですから。指をぱちんと鳴らしたら、一瞬で、成功し成長している企業で最高のチームと働けるんだとしたら、誰だってやりたがるでしょう。でも、新しいチームをゼロから築くというのは、実際にはすごく難しいことなんです」

共通するヒント――

レグ・オンライン売却後の経緯がサファリとフラッグとで正反対になった理由には、年齢、性格、経歴、人生全般に対する考え方など、多数の要因が絡んでいる。誰か一人の体験を見聞きしたからといって、別の人の体験を語れるとは限らないのだ。とはいえここでは私自身のリサーチをもとに、エグジット・プロセスのステージ4である移行について、一般的な共通原則を提示しようと思う。自分に当てはまるかどうか、読者にもぜひ考えてみていただきたい。

(1) それがどこであるにせよ、「次の場所」には向かわなくてはならない

大半のビジネスオーナーにとって、エグジットとは、別の場所へと歩き出すスタート地点だ。運がよければエグジット前から、その「別の場所」がどこであるかわかっている。それほど運がよくない場合は、エグジットと同時に探っていく必要に迫られる。身を引いた後ではなく身を引く前に見極めておけばよかった――という見解は、おそらく全員が一致していることだろう。目的地が決まらずに歩き出すより、目的地に向かって歩き出すほうが、単純に何倍も易しいものだからだ。

その点に関して印象深いのは、SRCホールディングスのジャック・スタックが受けたアドバイスである。エグジットを考えるオーナーなら、きっと誰でも参考になるアドバイスだ。第四章で紹介したように、スタックは三十年以上をかけて一社を育て上げ、本人いわく「心おきなく」会社を去れる状態になった。具体的には、業績が堅調で、従業員にはしっかりと知識があり、リーダー陣はスタックがいなくても運営していける能力があり、効果の証明されたマネジメントシステムが整った状態という意味だ。二〇一三年夏の時点でこれらすべてを達成していたスタックは、引き続き自分がトップとして会社に残るか、それとも離れるか、もしくは責任範囲を大幅に縮小していくべきか、決断のときを迎えた。そして地元スプリングフィールドの伝説的実業家にアドバイスを求めることにした。当時八十二歳のエドウィン・〝クッキー〟・ライスという人物で、六十年にわたってボトリング会社を家族で経営していた。「彼から一つの大きな問いを投げかけられた」とスタックは語っている。

「『他に何かしたほうがいいことがあるのか』と。考えをめぐらせてみたら、正直言って、何もなかった」

そこでスタックはしばらくSRCにとどまることにした。

ビジネスオーナーは進退を決める前に、この質問を考えてみるといいのではないか。もし答えが「ある」ならば、それを具体的に考えてみればいい。

（2） 移行にはほぼ例外なく時間がかかる

経験を積んで世慣れた起業家であっても、初めてエグジットする際は、何をどう期待すればいいかわからないものだ。事業に携わってきた期間が長ければ長いほど、エグジットで受けるショックも大きいし、回復にも時間がかかる。ノーム・ブロドスキー（第二章、第四章）は、一九七九年に最初の会社パーフェクト・クーリエを創業し、その後シティストレージを含む数社を立ち上げたが、初めてエグジットを経験したのは二〇〇七年。最初のスタートから考えればほぼ三十年が経ってからのことだった。

次の段階に進む準備はできている、と本人は思っていた。しかし実際にはそうではなかった。「売却と同時にすっぱり切り離されなかったのは、今から思えばとても幸運なことだった。売却後も二年ほど経営にかかわっていたんだが、もしそうでなかったら、精神的にがっくり来ていただろう。私も気づいていなかったんだが、ビジネスが自分のアイデンティティになっていたからね。だから事業を売却すると、魂の一部も失ってしまう。そんなことは誰も教えてくれない。売却に関連する話題と言えばお金のことばかりだ。心の衝撃に備えたほうがいいとか、自分自身が変わらなければいけないとか、そんなことは話題にしないんだ。今の私は、妻のエレーンと一緒に、ビジネスとは何も関係のないコミュニティに帰属意識を感じている。とはいえ、そんなふうに自分自身を適応させるまで、少なくとも三年はかかってしまった」

元ビジネスオーナーたちへの取材を踏まえると、移行にかかる期間は平均三年だと私は考えている。もちろん本書でも見てきた通り、もっと時間を要する起業家も多いし、反対にもっと少ない時間で済ませていく起業家もいる。当然と言えば当然だが、移行に最も時間を要さないのは、過去に二度以上のエグジットを経験しているシリアル・アントレプレナーだ。一つのビジネスから次のビジネスへ移ることに慣れていれば、自分のアイデンティティや人生の目的、達成感などを一社に依存することはない。別の場所で構造や仲間を見つけられる可能性も高いだろう。

(3) マネー管理も一つのビジネスだ

事業売却後にどんな心理的試練と向き合うことになるにせよ、入金が完了した銀行口座をチェックして桁区切りのたくさん入った数字を眺めるのは、やはり格別な気分だ。株式が未公開の場合、書類上では高い価値が出ているかもしれないが、売却益として入金されるまでは、やはりそれは理論的な数字にすぎない。ようやく自分の成果を実感して誇らしく思うことだろう。自分が育てたビジネスなのだから、誇らしく思って当然だ。もちろん多くの人の助けがなければ実現できなかったが、アメフトのポジションで言えばオーナーはクオーターバックである。つまりオーナーがいなければ、その事業は絶対に成功しなかったのだ。

だからこそ、うかつな投資でそのお金の大半を失ってしまうことほど、事業売却で得た喜びを一気にかき消す要素もない。サン・サービシズ・オブ・アメリカのジェフ・フーニンク(第八章)は、それを痛みと共に学ぶこととなった。「売却するというのは、実はもう一つ別のビジネスに踏み込んでいるということなのに、私たちはそれに気づかないんです」と本人は語っている。

「『自分の資産を管理する』というビジネスです。会社の構築に成功したからといって、こっちのビジネスで成功するとは限りません。私は、お金が入って、欲をかいてしまいました。自分は賢いと思い込み、ルールをよく理解もせずに株や未公開株に投資して、ほとんどすってしまいました。その後、フロリダ州オーランドで住宅建築会社を買収して、その会社を売上高ゼロから四〇〇〇万ドルにまで育て上げました。品質の高さでJ・D・パワー・アワードを受賞しましたし、他にもたくさんの成果を出しました。でも最終的には住宅市場が暴落して、廃業することになったんです。それで三〇〇〇万ドルほど失いました」

よく吟味して資産運用会社を選んでいたとしても、残念ながら安全とは限らない。アッティラ・サファリも株式市場暴落の犠牲者だ。フーニンクは「顧問団が必要だと思います」と話している。

「自分の投資は自分で把握しなければなりませんが、それを他人にも精査してもらうんです。会社売却経験のある起業家が、そうした役割を引き受けてくれるかもしれません。（会社経営者の互助組織の）ヴィスタージ・グループのように。経験者なら正直な意見やアドバイスをくれるでしょう」

第六章に登場したエボルブUSAは、まさにそうした発想で設立された団体だった。

いずれにしても売却益の投資は慎重に進め、リスクのある投資には上限を設けて計画を立てるべきである。

(4) 起業家になったら、ずっと起業家

言わずもがなのことだが、誰でも起業家になれるわけではない。向き不向きの区別については、人間の心理の専門家に任せておこう。だが少なくとも起業家になった人にとって、その道を選ばせた最初の火種は、オーナーでなくなったからといって鎮火するわけではないのだ。心の中にうずうずする思いがあって、どうしても気になって仕方ない。方法が特定できたら実行してみよう、とつい考えてしまう。起業家になったら一生起業家なのだ。エグジット後の人生に違和感を抱くことが多い理由は、主に二つ考えられる。

仮説① リタイア生活になじめない

多くのビジネスオーナーにとって、「リタイア」というのは一種の忌み言葉だ。もちろん「余暇ができたら何をしようか」と考えないわけではない。何しろ会社の構築には相当の自己犠牲が求められる。しかも犠牲になるのはもっぱら家族と過ごす時間や、他の趣味を追求する時間だ。だから、売却後はすっかり隠居を決め込み、ゴルフや釣りやガーデニングや料理に没頭するのが悪いわけではない。そんなふうに過ごしたいと夢見ることが悪いわけでもない。だが、それが幸せを運んでくるとは思わないほうが賢明だ。ジェフ・フーニンクの意見を聞いてみよう。

「売却したあとはかなりゴルフをやりましたね。これをやったら楽しいだろうな、とずっと思っていたことを、いろいろやりました。でも、気づきました。私にとってゴルフは、リラックスや気分転換のためにするのがよかったんです。週に三回も四回もゴルフをしていると、仕事のようになって、上達せねばならないと思うようになります。それが私にとってはひどくわずらわしいことでした」

トニー・ハートル（第七章）も、プラネット・タンの売却後、似たような体験をしている。彼は四十歳までに稼いで引退するという目標を以前から設定していた。会社構築に尽力している間はできない物事を四十歳から堪能しようと決めていた。そこで売却から少しして、世界を回る旅に出た。

「三カ月じっくり旅を満喫した。ところが母が病気になって、家に戻ることにした。母が亡くなったあと、また旅に出たが、もう前と同じ気分じゃなかった。なんというか、毎日豪華な食事をしすぎて飽きてしまったみたいな。僕には一つの場所で地に足をつけた生活が必要だったんだ。生きる意味を見失った感じだった。母が恋しかったが、会社も懐かしかった。打ち込める仕事をしたい、本気になれる仕事をしたい、仲間意識を感じていたい……。そんな思いがつのって、もう放浪はしたくないという気持ちがはっきりしてきた」

バリー・カールソン（第一章、第六章）も同類だ。彼のリタイア計画には何も問題はないはずだった。パラサンを売却して、計画通りにリタイア生活に入り、一年半ほどは何とかそのまま過ごし……けれど結局、二年半後には完全にフルタイムで働く生活に戻っていった。

レイ・パガーノ（第一章）は例外である。彼はビデオラームの売却から五年経ってもリタイア生活を謳歌していたし、自分でも楽しんでいると明言していた。だが、そんなパガーノでさえ何か新しいビジネスをやりたいという衝動には逆らえず、まずは妻と一緒にヨットの関連商品を売る事業を、そしてのちに息子と共に健康食品の自動販売機ビジネスを始めている。

仮説② 雇われ仕事に向いていない

起業家はたいてい直感的に自覚しているが、一度でも自分が〝城主〟になると、誰かの下で働く生活に戻るのは非常に難しいのだ。かなり特殊な会社で働いているのでない限り――つまりは滅多にないということだが――自分で何でも仕切れた頃の自由が恋しくてたまらなくなってしまう。

もっと言えば、いったん起業家の人生を始めてしまうと、いい部下になるにはどうしたらいいか、誰かのチームで建設的に働くにはどうしたらいいか、すっかり思い出せなくなるのである。上司から見て扱いにくい存在になってしまう。ランディ・バーンズは、親会社となったシステムワンのCEOジョン・ウェストにとって、まさに鼻持ちならない部下だった。あなたもそんな部下になってしまう可能性がある。賛成できない決定事項は批判するし、しかも時と場所を考えずに批判を口に出す。自分の意見が通らず、昔のように扱ってもらえていないと感じると、すぐにふてくされる……。

とはいえ、ボスから雇われの身への降格が絶対に成功しないとは言い切れない。アシュトン・ハリソン（第四章）の場合は、シェーズ・オブ・ライトの売却後、納得のいく展開で新オーナーのもとで働き続けることとなった。ポール・スピーゲルマン（第八章）も、彼の会社ベリル・ヘルスを買収したステリサイクルで最高企業文化責任者という肩書を得て、その仕事にやりがいと充実を感じている。ゲイリー・ハーシュバーグ（第七章、第八章）もこのパターンだ。彼は売却後もストウニーフィールドのCEOとして、のちには会長としての座を守りながら、ダノンで新規事業二つの立ち上げに携わっている。

だが、この三人の中でアーンアウトを選んだのはハリソンだけだった点を指摘しておきたい。起業家が売却の条件として残留し、売却代金のうち少なからぬ割合が時間をかけて支払われていく場合──いくらになるか、それは買収企業の今後のパフォーマンス次第だ──起業家はたいてい買収企業に雇われる形となる。問題なのは、契約書にサインが入ると同時に、金銭的支援を受け取った元オーナーは目標達成の責任とリスクを担うのに対し、新オーナーはさらなる金銭的支援をする動機を失ってしまうことだ。しかも二社の業務が合併されれば、買収されたほうの会社はかつて享受していた自由を奪われる。自由裁量こそが成功のカギであったのに、それを行使できなくなるのだ。売却後の悲惨なエピソードを数多く見聞きし、「ザ・セラビリティ・スコア」という計測指標を発明したジョン・ワーリロー（第二章、第三章）は、「起業家は創造性とイノベーションで伸びていこうとする。買収企業はプロセス重視で伸びていこうとする」と指摘する。

「起業家は自分の意思と判断で運営したがる。だが買収企業は、既存のルールに人を押し込めて守らせたがる。結果的に起業家が自主的に辞めるか、クビになるかで、アーンアウトはたいてい最初のほうで打ち切りになる」

取引のクロージングの時点で、自分の事業の評価額として許容できる最低限の価格が現金で支払われないなら、その取引は白紙に戻したほうがいい、とワーリローはアドバイスしている。

(5) 「遅すぎる」より「早すぎる」ほうがずっといい

アッティラ・サファリが深い後悔と共に学んだように、「会社売却前にしっかり選択肢を検討していなかった」と移行ステージになってから気づかされるのは、最悪のタイミングである。エグジットのプロセスの中でも、移行のステージだけは絶対にやり直しがきかないからだ。

いや、「絶対」ではない。その点にも例外はある。ロブ・デューベとジョエル・パールマンという起業家がそうだった。二人は二〇〇四年十二月に、創業十三年を迎えたオフィス機器販売会社イメージワンを、ダンカ・ビジネス・システムズという会社に売却した。売却価格のうち、最初にまとまった金額が現金で支払われ、残りは三年かけてアーンアウトで支払われる。そして取引条件のもと、イメージワンという名前を残しつつ、ダンカが有する大きなリソース――五〇〇人の営業部員など――を活用して、全国に事業を展開していくことになっていた。

だが契約書にサインしたインクが乾くか乾かないかというちに、二人は自分たちの判断を後悔し始めた。大企業ならではの社内政治と、もたもたした役所的体質に、あっというまに巻き込まれてしまったからだ。デューブは「頑張って働くためのインセンティブはあったし、実際にそうしたいと思っていたのに、ベストを尽くさせてもらえない」と語っている。

「それがあまりにも腹立たしかった」

しかし実のところ、ダンカの経営状況は二人が気づいていたよりもはるかに深刻だったのだ。二〇〇六年三月には巻き返しのために新CEOが迎えられたが、そのCEOの事業計画に、イメージワンの業務はそぐわなかった。結局、買収からわずか一年半後の二〇〇六年六月に、ダンカはイメージワンを手放した。アーンアウトの残った分割払いをチャラにするという条件で、デューブとパールマンに返したのである。

この頃には、二人にとってのビジネス目標は大きく切り替わっていた。売却前はイメージワンを可能な限り大きく、可能な限り早く成長させることに主眼を置いていたが、もはや会社の拡大や急成長に重点を置かないようになっていたのだ。もちろん事業は成長させていきたいが、企業文化を高め、働く人々の生活向上に貢献し、コミュニティに還元していくことも等しく重視しようと決意していた。また、年に一度、ビジョンを見直す習慣も持つことにした。自分たちと会社がどこへ向かうか、十年から二十年後を視野に入れて話し合うのだ。

こうした例もあるのだから、同じ会社で二度目のチャンスを持つことは決して不可能ではない。だが当然のことながら、相当に運に恵まれていれば、という話だ。幸い、運に頼らずとも、もっと確実にエグジットを幸せな結果に結びつける方法は存在している。それは、とにもかくにも時間をとること。何かが起きて特定の道を選ばざるを得なくなる前、もしくは特定の道を選びたくなってしまう前に、エグジットの最初の二ステージ――事前調査と戦略策定――に充分な時間をかけておくこと。考えられる選択肢をさまざまに検討し、吟味し、そしてデューブとパールマンが習慣化したように、未来のビジョンを定期的に修正していくのである。

何度でも強調しておきたい。ジム・コリンズが言う偉大な企業、すなわち業界平均を上回り、世界に確かな貢献を果たし、数世代にわたってそれを続けていける会社を築きたいと思うなら、そのためにすべきことを早めに始めておくことが肝要なのだ。めざましい業績を一貫して出していくのは、たとえ一世代だけであっても難しい。さらに従業員、企業文化、マネジメント体制など、創業者が築いたものの上に次世代が積み重ねていけるようにするには、何年もの準備が必要となるのである。

Finish Big――大いなるゴールを迎える――

ノーム・ブロドスキーは、四階建てビルの三階にある自分のオフィスで、窓からマンハッタンを広々と見張らせるデスクについていた。二〇〇〇年、まだニューヨークの都市区画法がイーストリバーのブルックリン側に建築規制を設ける前に、シティストレージの社屋として造らせた建物だ。目の前の景色をさえぎるものと言えば、ときおり川を横切るタグボート、荷船、あるいは観光船だけ。シティストレージを含めた数社を売却したときの条件で、彼はこの三階と四階のフロアを今も自由に使うことができる。四階は彼の住まいだ。フロリダ、コロラド、そしてロングアイランド海岸沿いに持つ別宅にいるときを除けば、妻のエレーンと共にここに住んでいる。

ブロドスキーにとって、売却後の移行は、予想より困難で時間もかかるプロセスだった。しかし彼は売却したことを少しも後悔していないという。

「『昔に戻りたいですか?』とよく聞かれるんだが、私はそのたびに『いいえ。身を引いてよかったと感じていますよ』と答えている。我ながらおかしい話だが、今になって振り返ると、自分は頭でっかちだったと思うよ。もちろん仕事を心から愛していたけれど、ビジネスを所有する方法は決して一つじゃない。デスクや特定の場所に縛られていなくても、裏方として采配していくことはできる。新しい二つのビジネスでそれが叶ったのは本当に素晴らしいことだと思う」

二つのビジネスというのは、ノースダコタで展開するホテルチェーンと、ニューヨークシティにあるファスト・カジュアル・レストランのチェーンのことである。シティストレージから身を引いた後にパートナーと共に創業し、資金を投じてきた。もう一つ別の事業は失敗し、投資の四分の一を失いそうになったのだが、ホテルとレストランが大成功しているおかげで、損失分を何倍にも埋め合わせることができた。どちらの事業も定期的に視察しているのだが、ビジネスパートナーの理解と現代のＩＴ技術のおかげで、拘束時間は短い。こうした全体のあり方に、ブロドスキーは大変満足している。「デスクに縛られる働き方には二度と戻れないよ」と本人は語っている。

時間の使い方だけでなく、考え方にも変化があった。

「一八〇度変わったよ。昔の私なら、『前より賢くなったんだ』と言うかもしれないが、必ずしもそういうわけでもない。年齢も一つの要因なんだろう。やはり時間の大切さを実感するようになるからね。一般的にビジネスオーナーというのは、一生懸命働いて、仕事に打ち込みながら年齢を重ねていって、それ以外の道があることになかなか気づかない。私は事業を売却したおかげで、他の道にも気づくことができた。その結果として、前とは違う形で自分の時間を大切にするようになったんだ。もし売却していなかったら、以前のやり方で満足していたかもしれないが、この素晴らしい機会は見逃していただろう」

そうまで言うなら、なぜ最初から今のようなやり方で経営に携わってこなかったのか。そう水を向けると、ブロドスキーは「ここからスタートすることはできないんだよ」と言った。

「頭のいい人なら最初からできるのかもしれない。だが私は、たとえやろうとしたとしても、どうすればいいかわからなかっただろう」

シティストレージを構築し、そして売却したことで得られた富がなければ、新たな会社の立ち上げを金銭的に支えることはできなかった。自身が起業家としての人生で培ってきた知恵がなければ、一歩引いた場所から賢くビジネスに携わるということもなかった。

「私にとって事業の売却は、それで終わりではなかった。新しいキャリアの始まりだったんだ。考えてみてくれ、私は今も時代の先端を走ってるじゃないか——シェールオイルで町おこしが進むノースダコタや、ファスト・カジュアル・レストランのトレンドにかかわって、自分のアドバイスを役立ててもらっている。たくさんの物事を目にできる立場にいる。事業を売却したからこそ、『こういうのもなかなかいいじゃないか。以前よりいろんなことができるな』と気づけたというわけだよ」

今のブロドスキーにとって、お金を稼ぐというのは、以前とは違う意味を持つようになった。ベンチャー事業で儲けが出なければ、それはもちろん失敗とみなすことになるが、そもそも彼は自分の懐を潤すために関与するわけではないのだ。自分では使いきれないほどの、次世代に残しても余りある財産はすでに築いた。今後増える分も含め、大半は最終的に慈善団体に寄付することになっている。彼のモチベーションになっているのはお金ではない。自分にふさわしい新たなキャリアを発見し成果を出していく喜びだ。それに加えて、自分のような起業家が社会に貢献してきたこと、すなわち雇用、経済的成長、そして「諸国民の富（the wealth of nations)」の創出を続けているという満足感が、彼の背中を押しているのである。

バジル・ピーターズも、〈大いなるゴール《Finish》を迎える《Big》〉ことができた一人だ。ただし彼の場合は、次の天職を見つけるまで二年ほどの時間を要した。ネクサス・エンジニアリングをサイエンティフィック・アトランタに売却し、一年にわたってサイエンティフィックで義務を果たしたあと、彼はしばしの休暇をとって旅行に出た。その後一九九五年に、ＩＣＴＶというシリコンバレーのスタートアップからのオファーを受けて、同社のＣＥＯになる。「カナダ人特有のコンプレックスだよ」とピーターズは言う。

「シリコンバレーは世界中から注目されながらどんどん大きく、どんどん輝かしい存在になっている。私もそんな世界に加わってみたくてたまらかった」

だが二年半もすると、会社を始めて育てていくならシリコンバレーも故郷も変わらないという結論が出た。そこで後任を見つけてCEOを降り、バンクーバーに戻って、自分が一番好きなことをやっていくことにした。IT関連の会社を育て、そして売却していくのだ。

ただし人を管理するのは好きではない。そこで彼は投資家となる道を選んだ。最初は自分自身のお金を投資し、のちにヘッジファンドの責任者となり、最終的にはベンチャーキャピタル・ファンドの設立を手掛けて、そのCEOになった。数社に投資し、早期のエグジットを実現させたのだが、五年後にはこのベンチャーキャピタルを退職している。ベンチャーキャピタル・ファンドはスタートアップに扱い切れない大金を背負わせ、結果的にダメにしていると確信したからだ（五〇〇〇万ドルのファンドがあるのだから二〇〇〇万ドル未満の投資などできない、というのが彼らの考えだった）。その後のピーターズは自分自身のエンジェルファンドを立ち上げ、投資した会社をアーリー・エグジットに導くという仕事を続けた。また、アーリー・エグジットを計画し実行する人のサポートを始め、これに情熱を抱くようになった。二〇〇九年には著書『アーリー・エグジット』を出版。現代はIT系の起業家にとって黄金時代になる、という自説を展開している。

「私が見てきた限り、こんな時代は初めてだ。IT系ビジネスなら、きわめて少ない資本で起業して、迅速に成長させて、起業から二年ほどでエグジットできる。大勢の起業家が二年か三年で莫大な財をなすことができるのだ」

著書やブログの人気が広まると、講演の依頼が殺到し、ピーターズの時間を大幅に奪うようになった。だが彼は不満に感じていない。

「自分の人生で今の仕事をする時間を持てたことが、とても嬉しいよ。あと二十年くらいは続けられると思う。企業に投資して、自分が投資した会社やそうでない会社のエグジットを手伝って、エグジットのやり方を学ぶ人を支援して……本当に充実している。他のことをするとは全く考えていないよ」

〈大いなるゴールを迎える《Finish Big》〉ことに成功した人物と言えば、マーティン・バビネック（第三章）もいる。ただし彼は多くの例とは違って、二〇〇八年にトライネットのCEOを降りたときも、二〇〇九年に取締役会長の座を辞したときも、反動のような心理状態にはほとんど陥らなかった。本人は、比較的楽に移行を果たせた理由を、旅路の初期から自覚があったおかげだと考えている。自分は株主の一人にすぎず、また株主のために働く「従業員」であるということを、彼は早くから肝に銘じていたのだ。創業から二年後の一九九〇年、強制的に清算される寸前のトライネットを救ってくれたエンジェル投資家たち。大事な局面で会社にお金を投じ、よそと比べて全く稼げなかった厳しい時期にも離れずにいてくれたマネージャーや従業員……。彼らのために働いている、という認識を、バビネックはずっと抱いていたのである。

だが、それを最も強く実感したのは、一九九五年にセレクト・アポイントメンツ社へ過半数株式を売却したときだった。「いったんその敷居をまたぐと、まぎれもない現実を悟る。自分の仕事はすべて株主のためなんだ、と」とバビネックは言う。

「自分の未来は自分のものではないことも気づく。誰かに支配権を渡したなら、自分が会社経営に適した人材か否かは、もうその誰かに決定権があるというわけだよ」

その現実は受け入れがたかったのだろうか。「いや、私にとっては、そんなことはなかった」とバビネック。

「自分たちの判断を信じていたからね。チームにとっても投資家にとっても正しいことをした」

そんなバビネックでさえ、二〇〇八年にCEOの座から退いたあとは、今は自分以外の人物が責任を担っているという事実にしばらくなじめなかったという。

「立ち上げた会社を二十年も経営したあと、別の誰かに交代して、全く同じやり方が続くわけがない。それは確かに受け入れにくいことだった」

忠誠心が強い古参の従業員の一部が、新しい経営陣のもとには未来がないと判断して離れていったのも、彼にとっては非常につらいことだった。だがバビネックはそのつらい思いを乗り越えた。新CEOとなったバートン・ゴールドフィールドがトライネットを導いて二〇一四年三月二十七日にニューヨーク証券取引所への新規株式公開を果たしたことについては、称賛以外の何の思いも抱いていない。

バビネックが大株主のまま、取締役会のメンバーとして残留したという事実が、彼が平穏な気持ちでエグジットを体験した一因であったのは間違いない。CEOの責務をゴールドフィールドに譲ったあとも、ほぼ二年にわたって会長としてフルタイムで働き続けた点も大きかった。

だが最大の要素は、彼がエグジット後の計画を真剣かつ入念に練っていたことではないだろうか。そのおかげで、とうとうトライネットに常勤で携わるのをやめたときにも、アイデンティティや人生の目的意識が揺らぐことはなかった。すでに次のプロジェクトの下地を作り始めていたからだ。アップステート・ベンチャー・コネクトという非営利団体で、ニューヨークのアップステート（州の北側）の再活性化につながる起業活動を支援する取り組みである。

さらにもう一つ、スタートファストという試みにも着手した。バビネックいわく「メンター制度でスタートアップを軌道に乗せる」ことを目的として、毎年五社から十社のIT系スタートアップをニューヨーク州シラキュースに集め、三カ月の集中コーチングを行うのだ。バビネック個人も物言うエンジェル投資家となり、アップステート・ニューヨークで起業する会社のために、四種類のシード・キャピタル・ファンド設立に携わった。ベンチャーキャピタル・ファンド数社で有限責任パートナー兼アドバイザーも務めている。さらには家族旅行でジャマイカに行った経験から、発展途上国への貢献方法を考えるようになり、ジャマイカで初めて起業する人とアメリカの経験豊かな起業家を結ぶという試みを立ち上げた。最終的にはイントロネットという営利のソフトウェア会社を共同創業し、会員が公私のネットワーク内で交流、紹介、推薦をしやすくするプラットフォームを作り上げた。これがバビネックがかかわるベンチャー事業すべてに役立つと期待している。

楽しんでいるか、という問いに対し、バビネックは「めいっぱい満喫しているよ」と答える。「まるで駄菓子屋の中の子供みたいにね。他にやりたいことなんて何も思い浮かばない。金銭面の心配をせずにいられるおかげで、やらなくちゃいけないことではなく、やりたいことを追求する自由がある。でも、そもそもトライネットを築いた経験がなかったら、どれもこれも叶わなかっただろう。あの経験のおかげで今の人生があるんだ」

本章の前半では、エグジット後の喪失感に苦しんだオーナーたちを紹介した。彼らは自分の築いた会社から身を引いたあと、気づかぬうちに会社から与えられていた無形の報酬——人生の目的意識、アイデンティティ、達成感、創造への主体性（クリエイティブ・コントロール）、仲間（トライブ）、生活の構造など——が失われたと気づいている。ブロドスキー、ピーターズ、バビネックは、それとは正反対のオーナーの代表だ。三人は新しく始まった人生においても、多少の差異はあれど同じ無形の喜びを保つか、新たに獲得するかしている。彼らはエグジット後のほうが幸せな人生を謳歌している。なぜそうなるのか、どうすればそうなるのか。どうしても突き止めておきたい疑問だ。

一つの要因は、当然ながら、お金である。富はすべてを解決する——とほとんどの人は想像するが、実際には、富自体が魔法の力を持つわけではない。それでも多額のお金が入ればオーナーの人生は確かに変わる。好きなことをする自由が生まれるというのが一つ。金銭的な不安から解放されるというのも一つだ。書類上は高い純資産を獲得していても、ビジネスから莫大な収入が入っていても、オーナーである間は常にすべてを失うリスクを抱えている。そうした非流動的な未公開株式が流動資産に換われば、リスクは霧散とまでは言わないまでも、大きく軽減される。愚かな浪費をしない限り、お金の心配は一切しなくてよくなるというわけだ。

もちろん心配が無用になれば幸せというわけではない。起業家の圧倒的多数にとっては、前述した無形の報酬のほうが、お金よりもはるかに大きな意味を持つ。その点でブロドスキーとピーターズとバビネックは、一体何をしたおかげで、大勢が苦戦する領域で成功をつかめたのだろうか。

その答えは「奉仕（サービス）」という言葉に関係してくるのではないだろうか。彼らはいずれも、他人のビジネスのサポート役を務めることに無上の喜びを——もしくは、喜びの一部分を感じている。私が本書のために取材した元オーナーのほぼ全員が、エグジット後に何らかの形で奉仕する道を見つけていた。事業構築に成功したオーナーには、その方法についてさまざまな知恵がある。キャリアの過程で得てきた知識や技術を、経験の少ない起業家に分け与えれば、きっと役に立つ。多くの元オーナーがそんな結論にたどりつくのは、きわめて自然な流れではないだろうか。

考えてみれば、奉仕とはそもそも、起業家がビジネスに求める人生の目的意識につながる要素だ。最大の要素と言えるかもしれない。少なくとも顧客には必ず奉仕をする。奉仕せずに成功するとは考えられない。そして多くの場合は意識的に、従業員とコミュニティにも奉仕する。エグジットしたオーナーが目的意識やアイデンティティを失ったと発言するのは、自分個人よりも大きな意義のために尽くしているという感覚を失い、そうした大切なものと切り離されたと感じるからだ。同じ志を持つ人々と共に（仲間）、優先順位をしっかりと設定した枠組みの中で（創造への主体性と構造）、進捗を継続的に実感しながら（達成感）やっていく機会が失われたことを、彼らは嘆くのだ。

本書のさまざまなエピソードから導かれる教訓の中でも、これが最も重要な教訓だと私は確信している。事業とは単なる経済的集合体ではない。社会的な組織であり、人生に目的意識と意味を与え、私たちが心から欲してやまないもの――仲間、人生の方向性、充実感――を与えるものなのだ。数々の体験談が、そのことを私たちにありありと実感させる。

そうは言っても、起業家がエグジットすると聞けば、私たちはついその方程式の経済的側面ばかりに焦点を置く。ビジネスがいくらで売れたか、オーナーはいくらを手にして身を引いたのか、という点に注目してしまう。別に不思議なことではない。経済的に何の心配もない生き方ができたらどんなにいいか……そんな普遍的な渇望があるからこそ、誰かがそれを達成したとなれば、注目が集まるのは当然である。

だが、もしあなたがオーナーで、自分のビジネスからのエグジットに備えようとしているならば、「いくら手に入るか」という点だけを考えるのは間違いだ。ブロドスキーやピーターズやバビネックのように、会社によって満たされていたお金以外の希求を今後はどう満たしていくか、ぜひその点を見極めていってほしい。できればエグジット前にそれを考えておくというのが、金額の多寡よりも重要な課題だ。彼らにできたように、エグジットで得られた富を布石として利用し、さらに大切な使命を志していけるなら、そのときこそあなたは〈大いなるゴールを迎える《Finish Big》〉ことに成功したと言えるのである。

謝辞

たくさんの方々の助けがなければ本書の執筆は叶わなかった。とても大勢なので、どなたかのお名前を入れ損ねたらどうしようと、この謝辞を書きながら心配でならないほどだ（あなたのお名前を書き洩らしてしまっていたとしたら、どうかお許し願いたい。お知らせいただければ、将来の版でぜひ修正したいと思う）。

ともかくスタート地点から始めてみよう。ノーム・ブロドスキーと私の共著で、二〇〇六年から二〇〇八年までインク誌に連載したコラム「ジ・オファー（*The Offer*）」が、そもそものきっかけだった。会社を売却するか否か、ノームの経験を時間経過に沿ってつづっていくというアイデアを出したのは、当時の担当編集者であり、現在はニューヨーク・タイムズ紙でスモールビジネス専門記者となったローレン・フェルドマンだ。同じく当時の編集長ジェーン・ベレンソンが率いるインク誌編集部の全員と、同誌の読者たちから、ひとかたならぬ指導と励ましをいただいた。ノームも私も感謝の気持ちでいっぱいだった。

この連載にかなりの反響があったことから、私は、ビジネスのエグジットに関する本の執筆を考え始めた。執筆にかかわるアドバイスという面で、私が誰より頼りにしている二人――無双のエージェント、ジル・ニーリムと、発行人として無二の存在エイドリアン・ザックハイム――に相談したところ、二人が背中を押してくれたので、とりあえず予備調査に乗り出した。しかしほんの数人に話を聞いただけで、このテーマに対する自分の無知さ加減を痛感した。そういうわけで、現在もまだ継続する長い長い学びのプロセスが始まったのである。途中で本当に多くの方に教えを乞い、アドバイスをいただき、刺激と応援と友情を寄せていただいた。

最初に挙げるべきは、もちろん、ノーム・ブロドスキーと、シティストレージの共同経営者たち――エレーン・ブロドスキー、サム・カプラン、ルイス・ウェイナー――だ。彼らには言葉にできないほどの恩を感じている。取材で得られた情報を理解するにあたっては、私と数冊の共著者があり、私のメンターであり友人でもあるSRCホールディングス共同創業者・CEOのジャック・スタックに、今回もかなり力を借りた。インク誌での仲間ジョージ・ジャンドロンとジョン・ケースも、それまでと同じく心強い相談相手だった。親友のマーティン・バビネック、チップ・コンリー、ピン・フー、ポール・サギノー、ポール・スピーゲルマン、トム・ウォルター、アリ・ワインツワイグ、スティーブン・ウィルキンソンも同様。幹部人材斡旋会社テイタムの創業者で、『死角　急成長する企業が失敗する場所とは（*No Man's Land: Where Growing Companies Fail*）』という著書もあるダグ・デイタムは、当初から惜しみない支援とアドバイスを提供してくれた。彼の紹介で知り合ったロバート・トーミーには、のちに、事業売却の技術的な面でおおいに教えを乞うこととなる。その点ではスティーブ・キンボール、バジル・ピーターズ、サム・カプラン、ブレンダン・アンダーソン、ジェフ・ケイドリック、ジョン・ワーリロー、ジェリー・F・ミルズの助力も大きかった。全米従業員所有事業センターの設立者コリー・ローゼンからは、従業員が所有する企業が承継問題に対処してきた例について、詳細な考察を拝聴した。また、本書には私がインク誌で書いてきた関連記事の一部を取り込んでいるが、そうした記事の執筆には大勢の同誌編集者たち——ローレン・フェルドマン、エリック・シーン、ラリー・カンター、ジェーン・ベレンソン——の世話になった。インク誌のオーナーであるジョー・マンスエートと、社長兼編集長のエリック・シューレンバーグ、編集者ジム・レッドベターにも感謝の意を表したい。本書は日の目を見ないのでは、と思う時期もあったに違いないが、彼らのサポートが途切れることはなかった。

本書の内容の大半は、ビジネスオーナーまたは元ビジネスオーナー七十五人以上への詳細なインタビューによるものだ。以前からの知人もいたが、ほとんどが、友人や同僚の紹介で面会が叶った。その点で格別の力添えをいただいたのは、ヴィステージ会長スターリング・ラニアーだ。ヴィステージのネットワーク内で、同じく会長職に就く多数の人々に、私のプロジェクトについて周知してくださった。ティム・フルトン、ジル・ハーマン、そして故ゲイリー・アンダーソンからも、興味深いエピソードや見解をもつ元ビジネスオーナーたちの紹介を受けた。

私を信頼し、きわめて個人的なエピソードを、しかも往々にして痛みを伴う思い出を明かしてくれた現・元ビジネスオーナーの方々には、どれほど感謝してもしきれない。ほぼ全員がオフレコとせずに語ってくれたのだが、それはかなりの勇気を要した場合も少なくなかったはずだ。私に打ち明けることで何ら得をするわけでもないのに、あえて胸襟を開いた理由は、同胞たる起業家たちの役に立ちたいという思いがあったからだった。すべてのエピソードを紹介する紙面があればどんなによかったことか。収録できなかった話もあるが、いただいた大事な気づきは本書のあちこちに反映されている。以下にお名前をアルファベット順に掲載し、私からの謝意をお伝えしたい。

ジョン・エイブラムス（サウス・マウンテン・カンパニー）、ジョエル・アルツシュール（ユナイテッド・ラーニング）、ジャック・アルトシュラー（マラム・コーポレーション）、ジム・アンサラ（シヨーマット・デザイン&コンストラクション）、マイケル・アンサラ（ザ・シェア・グループ）、ロビン・アゼヴェード（マクロスキー・マットトレス・カンパニー）、マーティン・バビネックとクリスタ・バビネック（トライネット）、ジム・ボール（ファストトキャッシュ）、ミッチ・バーネット（インテグラ・ロジスティクス）、ビル・バトラー（W・L・バトラー・コンストラクション）、ランディ・バーンズとスー・バーンズ（ザ・バーンズ・グループ）、バリー・カールソン（パラサン）、ボブ・カールソン（ライエル・プレシジョン・マニュファクチャリング）、ローレン・カールソン（CEOラウンドテーブル）、エイミー・カストロノヴァ（ノヴァテク・コミュニケーションズ）、イヴォン・シュイナード（パタゴニア）、チップ・コンリー（ジョワ・ド・ヴィーヴル・ホスピタリティ）、キット・クロフォード（クリフバー&カンパニー）、スティーブ・デイムロー（コンポジット・ワン）、ロブ・デュベ（イメージワン）、シャルロット・エクリー（O&Sトラッキング）、ゲイリー・エリクソン（クリフバー&カンパニー）、ビル・フラッグ（レグ・オンライン）、リチャード・フリード（シー・チェンジ・

システムズ）、ピン・フー（ジオマジック）、ケビン・グラウマン（ジ・アウトソース・グループ）、クリント・グリーンリーフ（グリーンリーフ・ブック・グループ）、デイヴィッド・ホール（スケール・トロニクス）、ピーター・ハリス（ケイデンス）、アシュトン・ハリソンとデイヴ・ハリソン（シェーズ・オブ・ライト）、トニー・ハートル（プラネット・タン）、エディ・ヘイルマン（マリポサ・リーダーシップ）、アル・ハーバック（カルメット・フォトグラフィック）、デイヴ・ハーシュ（ジャイブ・ソフトウェア）、ゲイリー・ハーシュバーグとメグ・ハーシュバーグ（ストウニーフィールド・ファーム）、キャシー・ハート（カルメット・フォトグラフィック）、ジェフ・フーニンク（サン・サービシズ）、ロブ・ハールバット（ナイマン・ランチ）、デイヴ・ジャクソン（ファーストチョイス・ヘルスケア）、ジェフ・ジョンソン（アーセマス）、ジーン・ジョドイン（ファシリテック）、エド・カイザー（ポリライン・コーポレーション）、フィル・カプラン（アドブライト）、スティーブ・キンボール（トスカナ・アドバイザーズ）、ケニー・クラム（フレーバーＸ）、ブルース・リーチ（クロスコム・ナショナル）、マイケル・レモニアー（メディプロ・スタッフィング）、マーティン・ライトシーとリンダ・ライトシー（ケイデンス）、スティーブン・マクドナルド（パラサン）、ボビー・マーティン（ファーストリサーチ）、テッド・マシューズ（プロモナド）、ロン・マウラー（ジンガーマンズ・コミュニティ・オブ・ビジネス）、フリッツ・メイタグ（アンカー・ブリューイング）、マイク・マコンネル（ナイマン・ランチ）、ジーン・モラン（ＬＭＩパッケージング・ソリューションズ）、ジョン・モリス（ネットラーニング）、ゲイリー・ネルソン（ネルソン・コーポレーション）、ビル・ナイマン（ナイマン・ランチ）、ニコレット・ハーン・ナイマン（ＢＮランチ）、ジム・オニール（Ｏ＆Ｓトラッキング）、レイ・パガーノ（ビデオラーム）、ビル・パーマー（コマーシャル・ケースワーク）、アーロン・パッツァー（Mint.com）、バジル・ピーターズ（ネクサス・コミュニケーションズ）、ジョン・ラトリフ（アップルツリー・アンサーズ）、アデオ・レッシ（ザ・ファウンダー・インスティテュート）、ポール・リミントン（ダイマスターズ・マニュファクチャリング）、アッティラ・サファリ（レグ・オンライン）、ポール・サギノー（ジンガーマンズ・コミュニティ・オブ・ビジネス）、ナンシー・シャープ（フード・フォー・ソート・ケータリング）、カイル・スミス（ライエル・プレシジョン・マニュファクチャリング）、ブルース・D・スナイダー（カスタム・ホーム・マガジン）、ジャネット・スポールディング（ビデオラーム）、ポール・スピーゲルマン（ベリル・ヘルス）、ジェフ・スウェイン（ナイマン・ランチ）、トッド・タスキー（ソリューションズ・プランニング・グループ）、ボブ・ヴァルシュタット（ライエル・プレシジョン・マニュファクチャリング）、トム・ウォルターとラリー・ウォルターとケビン・ウォルター（テイスティ・ケータリング）、ジョン・ワーリロー（ワーリロー・アンド・カンパニー）、アリ・ワインツワイグ（ジンガーマンズ・コミュニティ・オブ・ビジネス）、ボブ・ウーズリー（iLumen）、エド・ジンマー（ECCO）。

インタビューは基本的にデジタル録音していたのだが、すぐに、自分で書き起こしを試みたら永遠に本を書き終えられないと気づいた。根気強く取り組む数名の力を借りられたのは幸運なことだった。書き起こしチームに加わってくれたマーガレット・ゴンペルツ、ジェーン・シャヒ、ジェニファー・メイ、トリシア・オットー、スティーブン・テラダに、お礼申し上げる。

彼らの助けを得てもなお、本書の執筆には、始めたときの想定よりもはるかに長い時間がかかかった。ペンギングループ・ポートフォリオ社の発行人エイドリアン・ザックハイムが私を見捨てなかったことに、深く感謝している。彼についてはいくら褒めても褒めたりないように思う。彼が率いるポートフォリオのチームも同様だ。ウィル・ウィーザー、ジャクリーン・バーク、ブリタニー・ウィンケ、ジェシー・マエシロ、ノイリン・ルーカス、ジャネット・ウィリアムス、ローランド・オトウェル、アリッサ・テオドール、本当にありがとう。そしてカバーデザインを担当したピート・ガーソウにも感謝を。エイドリアンの優秀な編集部のうち、今回はコートニー・ヤング、ブルック・キャリー、ナタリー・ホルバクシェフスキと共に仕事をする幸運に恵まれた。三人とも素晴らしい方々だが、特にナタリーには格別の感謝を伝えたい。出版の最終段階を担当し、正鵠を射た編集で本書のクオリティを飛躍的に高めてくれた。

全体を通じて、ニーリム・ウィリアムズ&ブルーム社の世界一優秀な出版エージェントであるジル・ニーリムと、ホープ・デーネカンプから、途切れることのないサポートがあった。彼女たちがいなければ、私は途方に暮れていたに違いない。カバー写真で私を見栄えよく撮ってくれたバート・ナイゲルにも感謝している。それから、前著『*Small Giants*』のタイトルを考えついたシカゴのゴルツ・グループ創業者・CEOジェイ・ゴルツが、今回も『*Finish Big*』というタイトルを提案してくれた。かくもあざやかな連続優勝をシカゴ・カブズも見倣ってくれればいいのだが。

本書の出版を誰より喜ぶのは、四十四年にわたって連れ添っている妻のリサに違いない。私が執筆に没頭しているあいだ、祖父母業のほとんどを引き受けてくれた。私たちは幸せなことに、素晴らしき孫息子のオーウェン、そして輝かしき孫娘キキとフィオナという存在に恵まれている。オーウェンとキキの両親である、私たちの息子のジェイク、その妻のマリア、そしてフィオナの両親である私たちの娘のケイト、その夫のマットと共に、孫は尽きることのない喜びを与えてくれている。さらに新たな孫息子、ジャック・アーサー・ナイトリーも加わった。『*Small Giants*』の謝辞でも書いたとおり、私の仕事が成立するのも、そこに意義が生まれるのも、こうした家族の支えがあってのことである。

あとがき

『Finish Big　起業家たちへの、悔いなき出処進退のためのアドバイス』はぼくにとって特別な一冊です。

この20年ほど、ぼく自身、起業家として生きてきました。コンピュータ上で実施する試験（Computer-Based Testing）という、とても「ニッチ」な事業を始めました。このビジネスへの道筋をつけてくれた知人、友人たち、海外、国内にまたがる、とても素晴らしい取引先と勤勉な社員たちのおかげで、事業を継続してくることができました。

でもすべての人間は老いを迎え、必ず「Exit」しないといけない日が来ます。その日のための準備を始めないといけない、それもできるだけ早くから準備し始めた方がいいという著者のアドバイスは、ぼくのためだと思いながら、原著を読みました。

「死を想え」（memento mori）という言葉があります。起業家、事業家であるわれわれは、「memento exit」（エグジットを忘れるな）ということだと思います。

アメリカン・ブック&シネマでは、著者ボー・バーリンガムの本を2冊出版してきました。

今回の出版では、監訳者として、はじめてぼく自身の名前を出すことになりました。翻訳をお願いした上原裕美子さんには、『Small Giants』『経営の才覚』（アメリカン・ブック＆シネマ発行）という、ボー・バーリンガムによる2冊の本に加え、『反転授業』『反転学習』（オデッセイコミュニケーションズ発行）の翻訳でもお世話になっています。これまでのお仕事に感謝申し上げます。

全国の起業家、事業家のみなさん、「memento exit!」

株式会社オデッセイコミュニケーションズ
代表取締役社長
株式会社アメリカン・ブック＆シネマ
発行人
出張　勝也

著者
ボー・バーリンガム

インク誌の総合監修を務める編集者。1980年代初期からアメリカの起業革命を追いかけ、現代社会を書き換える企業の誕生・発展を見守ってきた。著書に『Small Giants　事業拡大以上の価値を見出した14の企業』、ノーム・ブロドスキーとの共著で『経営の才覚　創業期に必ず直面する試練と解決』（ともにアメリカン・ブック＆シネマ）などがある。『Small Giants』ではフィナンシャル・タイムズ紙およびゴールドマン・サックスが選ぶビジネス・ブック・オブ・ザ・イヤーの最終選考に残った。

監訳者
出張勝也

1959年高知県宿毛市生まれ。株式会社オデッセイコミュニケーションズ創業社長、株式会社アメリカン・ブック＆シネマ発行人。起業前には経営コンサルティング、投資銀行業務経験。愛媛県立南宇和高校、米国アイオワ州ハンプトン高校AFS留学、一橋大学、ハーバードビジネススクール卒業。Twitter:@katsuyadebari　Blog: kuroinu.me

訳者
上原裕美子

1976年東京生まれ、翻訳者。主な訳書は『「無知」の技法　Not Knowing　不確実な時代を生き抜くための思考変革』（日本実業出版社）、『後悔せずにからっぽで死ね』（サンマーク出版）、『女性のキャリアアップ38の嘘』（すばる舎）、『Small Giants　事業拡大以上の価値を見出した14の企業』『経営の才覚　創業期に必ず直面する試練と解決』（ともにアメリカン・ブック＆シネマ）、『反転授業』『反転学習』（ともにオデッセイコミュニケーションズ）など。

Finish Big［フィニッシュ・ビッグ］
――起業家たちへの、悔いなき出処進退のためのアドバイス

発行日	2016年9月20日　第1版　第1刷
著　者	ボー・バーリンガム
監訳者	出張　勝也
訳　者	上原　裕美子
発行人	出張　勝也
発　行	株式会社アメリカン・ブック＆シネマ 東京都千代田区丸の内3-3-1　新東京ビルB1 電話 03-5293-1888（代表）FAX 03-5293-1887
発　売	英治出版株式会社 東京都渋谷区恵比寿南1-9-12　ピトレスクビル4F 電話 03-5773-0193　FAX 03-5773-0194
装　幀	柿木原　政広　10inc
編　集	荒木　純子
編集協力	株式会社インスクリプト
印刷製本	中央精版印刷株式会社

ISBN 978-4-903825-10-6

株式会社アメリカン・ブック&シネマの出版事業を始めるにあたって

二十世紀、世界のリーダーとなったアメリカは、さまざまな課題をかかえつつも、二十一世紀においても、政治、経済、文化、エンターテインメント、スポーツなどの各分野で世界のリーダーとして存在しつづけるのではないかと、私は考えています。アメリカが建国以来の「フロンティア精神」「未知の世界への挑戦」「自由な世界を創造していこうとする躍動的精神」を維持することができる限り。

日本とアメリカは、国の成り立ち、理念に対する取り組み姿勢において、非常に好対照な組み合わせです。それがゆえに、とかく閉塞的な状態に陥りがちな日本にとって、アメリカは唯一ではありませんが、非常に重要な「鏡」のひとつでありつづけるでしょう。

アメリカン・ブック&シネマでは、アメリカ発、あるいはアメリカ経由のユニークな書籍や映像作品を日本にご紹介して行きます。決して多数の作品を取り扱うことはありませんが、一つひとつの作品との出会いを大切にして行きます。

二十一世紀、われわれはインターネットの時代に生きています。出版事業を一つの柱としつつ、インターネットの双方向性、同時性、直接性を生かしながら、グローバル化する世界の動きに積極的に参加していこうとする人たちのコミュニティ作りを目指します。日本だけでなく、世界各地の人々が参加するコミュニティができあがることが、私たちの夢です。

アメリカン・ブック&シネマ　発行人　出張勝也